발칙한 후손의 내 역사 찾기

나의 천년

표정훈 지음

푸른역사

'나' 라는 존재의 역사적 연원을 찾아서

1

내가 초등학교를 다니던 시절 《소년 중앙》이니 《어깨동무》니 하는 어린이 잡지가 큰 인기였다. 만화 보는 재미가 쏠쏠했고 교양적 성격의 읽을거리도 풍부했다. UFO나 우주인에 관한 믿거나 말거나 수준의 글, 공룡, 네스호의 괴물, 설인雪人, 트로이 유적, 이집트 피라미드, 이런 이야기들이 지금도 기억나는 단골 메뉴들이다.

초등학교 4학년 때쯤 그런 잡지들 가운데 하나를 읽다가 깜짝 놀랐다. 불국사를 소개하는 글에서 '표훈表訓'이라는 이름을 보았기 때문이다. 나는 흥분하지 않을 수 없었다. 그런 기분은 인구가 많은 성씨에 속한 사람들은 느껴보기 힘들 것이다. 이순신 장군이 자기 조상이라고 뻐기던 친구 녀석에게 나도 자랑스럽게 내세울 조상이 생긴 것이다.

하지만 난감하게도 이순신 장군과 달리 표훈에 대해서는 도무지 알 길이 없었다. '신라 경덕왕 1년(751)에 불국사가 창건되자 그곳 주지가 되었다' 는 짧은 글이 내가 가진 정보의 전부였다. 하지만 어떠랴. 초등학생들도 불국사가 우리 민족의 뛰어난 문화유산이라는 것 정도는 익히 알고 있었기에, 나는 불국사의 명성에 기대어 '자랑스러운 우리 조상(?)' 표훈을 내세울 수 있었고 친구들도 수긍하는 분위기였다.

좀 더 철이 든 뒤 표훈에 대해 알아보았다. 표훈은 신라 후기 의상義湘대사의 10대 제자 중 한 사람으로 이미 언급했듯 불국사 주지를 지냈고 같은 문중 소속인 능인能仁 스님과 함께 금강산 표훈사表訓寺를 중창하는 데도 참여했으며, 훗날 흥륜사興輪寺 금당에 신라 10성聖의 한 사람으로 봉안되었다. 표원表員 스님의 저작으로 알려져 있는《화엄경문의요결문답華嚴經文義要決問答》이 사실은 표훈 스님의 저작이라는 설도 있다.

여하튼 어린 나는 표훈의 '표'가 나의 성과 같다는 이유만으로 표훈 스님을 나의 조상으로 여겨버렸다. '표훈'이라는 이름이 법명法名, 그러니까 불교에 입문한 이에게 주는 이름임을 몰랐기 때문이다.

무지의 소치라는 말이 어울리는 이 일은 그러나 나의 개인사에서 중요한 의미를 지닌다. 나의 아버지, 할아버지, 증조할아버지, 고조할아버지, 또 그 아버지……. 이렇게 거슬러 올라가면 어떤 사람이 나올까 하는 궁금증을 처음 품게 되었기 때문이다. '존재의 시원'에 관한 질문의 싹이 처음 고개를 쳐들었다고 말하면 과장이겠고, 현재의 내가 역사적 존재임을 어럼풋하게나마 느꼈다는 정도로 말하면 되겠다. 그것은 조상과 집안 내력과 족보를 유달리 강조하는 우리 문화 풍토 속에서 어쩌면 자연스런 일이었을 것이다.

한데 그때의 나는 어머니의 어머니, 그 어머니의 어머니……, 이런 식의 모계 조상에 대해서는 생각해 보지 못했다. 한 어린아이가 자신의 모계 조상에 대해서는 생각조차 해 볼 수 없게 만드는 사회·문화·교육 풍토가 지금은 부디 달라졌기를 바라면서도, 정작 나 역시 지금까지도 나의 모계에 관해 깊이 생각해 보지 못했다는 걸 자인한다.

2

초등학교 시절 잠깐 다닌 교회 주일학교에서 인류의 조상이 아담과 하와라고 배웠지만, 어린 마음에도 막연하게나마 그건 지식이 아니라 믿음이라는 생각이 들었다. 나라는 존재의 역사적 연원과 관련하여 품었던 궁금증은 어디까지나 믿음이 아닌 지식으로 풀어야 할 성격의 것이었다. 의미 있는 지식을 생산해 낼 주제는 못 되어도 의미 있는 지식인지 아닌지 판별해서 습득하는 요령만은 어설프게나마 갖춘 다음부터, 나는 어린 시절의 소박했던 궁금증을 풀어나가기 시작했다. 이 책은 그런 과정의 작은 결과물이다.

출발은 우연이었다. 지금은 폐쇄된 개인 홈페이지 운영자 소개란에 나의 조상에 관하여 자세히 적어놓았다. 좀 색다르게 보이고 싶다는 단순한 소망에서 비롯된 일이었다.

한반도에 처음 도착한 표대박, 공부도 잘했고 인간성도 좋았던 사림파의 선비 표연말, 왜란의 와중에 조선 최고의 역관으로 활약했지만 천리天理보다는 인욕人欲을 추구했던 표헌, 그리고 그의 아들 표정로, 또 간단치 않은 우리 현대사의 질곡을 온몸으로 겪어내야 했던 나의 할아버지와 아버지까지……, 자신이 처한 역사의 장면에서 열심히 살았던 여러 명의 '나'에게 고마움을 전하고 싶다. 섣부른 포폄褒貶에 앞서 일단 그들의 추함도 아름다움도 모두 끌어안을 수 있어야 한다고 생각했다.

어떤 책의 장르를 하나로 규정한다는 게 본래 무리한 일이지만, 이 책은 더욱 그러하다. 역사교양서도 아니고 처세실용서는 더욱 아니며 수필이라 하기에도 무엇하다. 픽션은 아닌 게 분명하니 논픽션이라 해야겠지만, 논픽션이라는 게 범위가 워낙 넓다 보니 이 책을 규정하는 말로서 적합할지는 의문이다. 다분히 실험적인 시도였다고 자위해 본다.

다만 이 책을 통해 각자의 역사와 각자의 역사 속 다른 '나'들에 대해 새롭게 돌이켜보는 독자들이 조금이라도 있다면, 이렇게 공간空間 소개紹介하는 것의 의미를 찾을 수 있지 않을까 한다.

3

한 권의 책을 염두에 두고 나서 스스로에게 던진 말은 다음과 같았다.

"작은 내들이 모여 큰 강의 도도한 흐름을 이루지 않던가. 거대해 보이는 역사의 흐름 역시 그러할 것이다. 그 흐름 안에서 개인이란 곧 스러져 버리고 말 한 자락의 포말에 불과해 보인다. 그래서 우리들 각자의 인생이란 덧없기 그지없다. 그 덧없음에 의미를 부여하려는 지극히 인간적인 노력, 역사란 때로는 부질없어 보이기까지 하는 바로 그런 노력이자 허무와 맞서는 투쟁이기도 하다. 만일 그렇다면 이 책은 어설프게나마 '나의 투쟁 Mein Kampf'의 기록이 될 것이다."

주자朱子가 〈답호관부答胡寬夫〉에서 충고했다. "안이하거나 조급하게 서둘거나, 평범한 것을 싫어하거나, 새로운 것만을 좋아하거나, 지극히 이해하기 힘든 추상적인 말만 골라 암중모색하거나, 제 생각으로 함부로 이리저리 따지면서 헛되이 마음과 힘을 낭비해서는 결코 안 된다."

나 자신을 돌이켜본다. 추상적인 말만 골라 하는 꼴에서는 겨우 벗어난 듯하다. 평범한 것을 싫어하는 편은 아니며, 새로운 것만을 좋아하는 편도 아니다. 그러나 안이하거나 조급하게 서둘거나 늘 둘 중 하나였다.

제 생각으로 함부로 이리저리 따지는 일도 잦았다. 헛되이 마음과 힘을 낭비하는 일이 다반사였다. 안이함, 조급함, 지적인 방종과 방만⋯⋯. 모두가 두려워진다.

그러나 '내 안에 천 년이 있다'는 생각으로 나의 그러한 것들을 여실하게 드러내 보임으로써, 결과적으로는 그러한 것들로부터 벗어나기 위한 탈출로를 겨우 찾았다는 생각도 든다.

늘 고마움과 미안함을 느끼는 메이칭에게 이 책을 건넨다. 글을 쓸 때마다 느끼는 발설지옥拔舌地獄에 대한 공포가 이번에도 예외는 아니었다. 무량의 자비를 구할 수밖에.

2004년 8월

표정훈

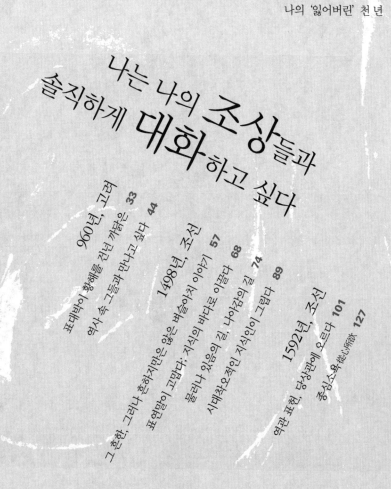

나는 역사의 관람객이고 싶다

1928년, 경성京城

할아버지의 커밍아웃 **139**
식민지 조선이 만들어낸 근대인 **151**

1945년~1953년, 태백산맥

그의 장정長征 **173**
기억 저편의 전쟁 **183**
나는 역사를 몸소 살고자 한다 **202**

1961~1980년, 서울 그리고 광주

들어라 양키들아 **213**
그날이 오면 **226**
장군의 아들 **236**

발칙한 후손

나의 천년

나는 지구의 **만보객**이고 싶다

내 역사' 찾기

프롤로그

1995년, 북경

나의 '잃어버린' 천 년

천 년 만에 이루어진 동포 상봉

1995년 겨울, 중국의 북경 서직문西直門 근처 어느 호텔 식당에서였다. 홀로 배낭여행 중이던 나는, 중국에서의 마지막 밤을 중국 요리로 화려하게(?) 장식할 요량이었다. 중국 요리라는 게 본래 여러 사람이 함께 주문해야 감당할 수 있는 양이었지만, 나는 개의치 않고 이것저것 주문했다.

음식을 나르는 아가씨들의 '복무 태도'도 내가 마음껏 주문하게 된 까닭 가운데 하나였다. 콧노래라도 부를 것 같은 흥겨운 태도가 마음에 들었던 것이다. 더구나 허벅지가 보일 듯 말 듯 깊게 파인 화려한 색상의 치파오旗袍를 차려입은 모습은 이국 총각의 마음을 설레게 하기에 충분했다. 결코 날씬하다고 보기 힘든 아가씨들인데도 몸의 곡선이 무척이나 아름답게 보이는 것도 치파오 덕분인 듯했다.

바로 옆 테이블에서는 중국인 셋이 식사 중이었다. 나의 행동은 그들의 주의를 끌기에 충분했다. 더구나 종업원에게 건네는 나의 중국어는 중국어라고 하기 미안한 수준이었으니 내가 외국인임을 금세 알아챘을 법하다. 내가 버섯과 죽순이 가득 든 탕 요리 맛에 감탄하며 칭다오青島맥주 한 병을 더 주문할 무렵, 그들이 말을 건네왔다. 대화를 나누면서 그들 중 한 사람이 나와 비슷한 수준의 영어회화 실력을 갖추고 있다는 것을 알게 되었다. 그래서 중국어 반, 영어 반의 대화가 이어졌다.

"일본에서 왔느냐?"

"아니다. 나는 대한민국 사람이다."

"대한민국?…… 아하! 남조선에서 왔구면."

"남조선이 아니라 대한민국이라니깐!"

"뭐 그건 그렇고, 중국어는 어디서 어떻게 배웠는가?"

"물론 대한민국에서 배웠고, 혼자 카세트 테이프를 들으며 배웠다."

"정성이 갸륵하다. 남조선 사람이 중국어를 배운 특별한 까닭이라도?"

그 순간 나는 잠시 망설였다. 여행 마지막 날이기도 하거니와 맥주도 두 병을 비운 터라 적당히 취기도 올라 있었다. 일종의 장난기가 발동하기 시작했다. 나의 대답인즉 이러했다.

"나의 조상은 아주 오래 전에 중국에서 한반도로 건너왔다."

앞의 질문에 대한 대답치고는 모호한 점이 없지 않았다. 조상이 중국인이어서 중국어를 배웠다는 말이 되는데, 그 중국인들 입장에서는 다양한 의미로 받아들일 수 있었다. 물론 나의 조상이 중국에서 한반도로 건너왔다는 말은 거짓이 아니다. 본관을 신창新昌으로 하는 우리나라 표씨의 시조는 지금부터 천여 년 전인 960년(광종 11) 바다를 건너 지금의 충청남도 아산시 신창면 지역에 도착했다. 이런 경우를 일컬어 귀화 성씨라고 하던가. 어쨌든 나는 그들이 어떤 반응을 보일지 궁금했다.

"으흠! 그랬구만. 타향에서 얼마나 모질게 고생했으면 고국 말도 잊어버리게 되었는가?"

그 순간 나는 '이런, 이게 아닌데' 싶었다. 중국인들 특유의 중화주의랄까, 그런 것이 작동하기 시작했다는 느낌 때문이었다. 아니나다를까 그들의 말이 다음과 같이 이어졌다.

"우리 동포가 조상의 땅을 못 잊어 이렇게 찾아왔는데 환영하지 않을 수 없다. 합석하자."

졸지에 나는 자신의 뿌리를 찾아 아프리카를 방문한 미국 작가 알렉스 헤일리(Alex Haley : 1921~1992)*가 되어버리고 만 것이다. 테이블을 옮긴 나는 어쩔 수 없이 주종도 맥주에서 고량주로 바꾸어 나의 '잃어버린 천년'에 관해 '동포'들과 이야기를 나누었다. "언제 중국에서 한반도로 건너갔느냐?" "한반도에서 어떻게 살아왔느냐?" "중국 출신이라고 박해받지는 않았느냐?" "'남조선'에도 중국 사람이 많이 사느냐?" 뭐 이런 질문들이

---

* 미국의 흑인 작가. 《뿌리》로 1977년 퓰리처상을 수상하였다. 흑인으로서 자신의 과거와 유산을 조사하고자 했던 헤일리는 서부 아프리카 강비아의 한 마을에 대한 사실을 끈질기게 추적하여, 노예로 처음 잡혀온 쿤타킨테 이후 6대에 걸친 모계측 내력을 《뿌리》라는 소설로 완성하였다.

쏟아졌다.

대화 중 우연치 않게 《삼국지三國志》* 이야기도 나왔다. 세 명의 중국인 가운데 쓰촨성四川省 출신이 한 사람 있었는데, 그가 고향 자랑을 하면서 청두成都 근처 무후사武侯祠, 그러니까 촉한蜀漢의 승상 제갈량을 기리기 위해 서진(西晉 : 265~316) 시대에 세운 사당을 방문해 보았느냐고 물었던 것이다.

나중에라도 꼭 가보고 싶다고 대답한 나는, 천하삼분지계天下三分之計** 니 육출기산六出祁山***이니 하는 말을 주워섬기며 제갈량의 뛰어난 지략에 관해 말했다. 그런 나의 이야기에 대한 중국인들의 반응도 흥미로웠다. 《삼국지》 지식에 관한 한 중국인인 그들이 나의 적수가 되지 못했기 때문이다. 급기야 그들은 나를 고국의 역사와 문화를 탄탄하게 챙기는 기특하기 짝이 없는 동포로 여기기 시작했다. 그런 그들의 반응을 입장 바꿔 생각해 보면 전혀 이해 못할 바도 아니었다. 우리나라 식당에서 우연히 만난 외국 사람이 우리 고전 문학 작품의 줄거리와 등장인물 등을 좌르르 꿰고 있다면?

나는 그 중국인들에게 대한민국의 많은 사람들이 《삼국지》의 내용을 잘

---

* 이하 모두 진수의 정사正史 《삼국지》가 아니라 나관중의 《삼국지연의》를 가리킴.
** 천하삼분지계: 제갈량이 유비에게 권고하기를, 먼저 익주와 형주를 취하여 근거로 삼아, 북쪽의 조조, 강동의 손권과 천하를 셋으로 나누어 솥발 같은 형세를 이룬 뒤, 천하통일을 추진하라 했다.
*** 육출기산: 제갈량은 위나라 공격 루트로 기산 방면을 택하여 여섯 차례에 걸쳐 출정했다.

알고 있노라 말할 수 없었다. 적어도 그때만큼은 나는 그들의 동포로 남아 있어야 했기에……. 대화를 시작한 지 두 시간쯤 지났을까? 그들 일행 가운데 한 사람이 말했다.

"아쉽지만 우리는 일어설 시간이다. 사실은 내가 이 식당 지배인인데 오늘 네가 먹은 음식값은 치르지 않아도 좋다."

그 말을 들은 나의 심정은 당연히, '오호라! 동포들 잘 만난 덕에 공짜 저녁 한번 잘 먹었다'였다. 그 고마운 동포(?)의 말이 이어졌다.

"비록 고생 많은 타향살이일지언정, 위대한 화하족華夏族으로서의 긍지와 자부심만은 잃지 말기 바란다."

너무도 진지한 그의 말에 나는 '그게 아니고 나는 어디까지나 대한민국 사람이며……' 이런 말을 도저히 할 수 없었다. 얼떨결에 나의 정체성이 동이족東夷族에서 화하족으로 바뀌는 순간이었다.

이날의 우연한 경험은, 내가 초등학교 1학년 때 할아버지께 우리 조상이 중국 사람이라는 이야기를 처음 들었을 때와 비슷한 강도의 여운을 남겼다.

"우리 표씨의 조상은 중국에서 건너왔단다."

"중국이요? 그럼 우리는 중국 사람인가요?"

"아니지. 우리는 한국 사람이야. 우리 먼 조상이 중국 사람이었지."

"그럼 단군 할아버지는 우리 조상이 아니겠네요."

"음, 우리 집안 조상은 물론 아니지. 하지만 우리는 한국 사람이니까 단군의 후손이기도 하지."

"에이 엉터리! 그런 게 어딨어요?"

"한국 사람과 피가 많이 섞였으니 한국 사람이나 마찬가지야."

"피가 섞였다고요? 드라큘라처럼?"

"녀석 참! 더 크면 다 알게 된다."

이런 집안 내력을 알고난 뒤 나는 내가 개천절 노래를 부르고 개천절에 태극기를 다는 것이 합당한 일인지 사뭇 심각하게 고민했다. '우리가 물이라면 새암이 있고, 우리가 나무라면 뿌리가 있다. 이 나라 한아버님은 단군이시니, 이 나라 한아버님은 단군이시니…….' 위당爲堂 정인보(鄭寅普 : 1892~1950)가 지은 노랫말인데, 나는 나의 새암과 나의 뿌리, 나의 한아버님은 단군이 될 수 없다는 사실을 너무 이른(?) 나이에 알아버린 것이다.

돌이켜보면 학교에서는 아무도 민족의 정확한 의미를 가르쳐주지 않았다. 물론 민족과 국가가 늘 동시동연적이지 않다는 사실은 사회나 지리 시간에 배우기는 했지만, '국사國史＝민족사＝단군의 자손＝국민교육헌장'의 단단한 연결고리에 너무나도 익숙해진 내게 그런 사실은 실감하기 힘든 것들이었다. 국사가 민족사와 같지 않다면 나는 중국사를 내 민족사의 일부로 받아들여야 하는가? 이런 질문도 스스로에게 던져보곤 했다.

귀화인, 민족의 불순물?

우리나라 역사에서 귀화한 사람을 찾기란 어렵지 않다. 사연도 가지각색이다. 정치적 망명자, 바다를 표류하다가 우연히 한반도에 상륙한 사람,

종교를 전파하러 온 사람, 전쟁에서 항복한 사람, 무역 일로 드나들다가 정착한 사람, 본국의 전란을 피해 온 사람, 죄 짓고 도망 온 사람, 왕실 간 정략결혼으로 이주한 사람, 정략결혼이 이루어질 때 시종 자격으로 들어온 사람. 심지어 '아무튼 떠나보자' 식으로 무작정 고향을 떠나온 사람이나, 돈 키호테가 라만차를 떠날 때와 비슷한 마음으로 들어온 사람도 아주 없지는 않을 것이다.

성씨를 예로 들면, 경주慶州 설씨의 조상 설손偰遜은 위구르인, 연안延安 인印씨의 조상 인후印侯는 몽골인, 덕수德水 장張씨의 조상 장백창張伯昌은 아랍인이다. 신안新安 주朱씨처럼 중국의 원적지를 본관으로 하는 경우도 드물지 않다. 신안 주씨는 유명한 주희(朱熹 : 1130~1200)의 증손 주잠朱潛이 고려 고종 때 중국 신안현에서 건너와 나주에 자리잡은 것이 시작이다. 또한 화산花山 이씨의 조상 이용상李龍祥은 안남安南, 그러니까 오늘날의 베트남 왕족으로 1226년에 고려로 건너왔다. 그 밖에 임진왜란 때 왜군 장수로 조선에 왔다가 귀순한 김충선(金忠善 : 일본 명 沙也可)은 사성賜姓 김해 김씨 혹은 우록友鹿 김씨의 시조가 됐다. 또한 김해 허許씨의 시조인 김수로왕의 왕비 허황옥은 인도의 아유타국 공주로 알려져 있다.

또한 국사 교과서에 등장하는 영광을 누린 귀화인으로 중국의 후주後周에서 고려로 귀화한 쌍기雙冀가 있다. 그는 귀화 후 한림학사가 되었으며 여러 차례 지공거知貢擧, 그러니까 과거 시험관 역할을 맡기도 했다. 쌍기가 국사 교과서에 등장하는 이유는 광종이 그의 건의를 받아들여 958년(광종 9) 과거제도를 시행했기 때문이다. 그 밖에 해주海州 석石씨의 시조는 임진왜란 당시 명나라가 조선에 원군을 파견하는 데 큰 역할을 한 명나라 병부상서 석성石星으로 알려져 있다. 석성의 유언에 따라 그의 두 아들이 조선으로 이주했던 것이다.

반대로 조선 사람이 중국으로 귀화한 경우도 있다. 임진왜란 때 원군을 이끌고 와 1593년 평양성 전투에서 왜군을 물리치는 데 공을 세운 명나라 장수 이여송李如松의 5대조가 명나라에 귀화한 성주星州 이씨라는 설이 있다. 이여송이 조선에 머물던 중에 조선 여자를 부인으로 맞아들여 아들을 얻었고, 그 자손들이 경남 거제군 지역에 마을을 이루고 있다고 한다. 이여송의 조상과 마찬가지로 중국으로—정확히 말하면 청나라 때 만주족으로—귀화한 조선 사람으로 김간金簡이 있다. 만주어에 능통하여 건륭제의 신임을 받은 김간은 자청하여 만주족으로 귀화했다고 한다. 김간은 유명한 《사고전서四庫全書》 편찬에서 부총재의 직책을 맡아 주로 인쇄 관련 업무를 관장했고, 《요사遼史》《금사金史》《원사元史》의 인명, 지명, 관직명 등을 검토, 고찰하기도 했다.*

귀화는 다른 나라의 국적을 얻어 그 나라의 국민이 되는 것을 뜻하지만, 생물학적으로는 원산지에서 다른 지역으로 운반된 생물이 그곳에 뿌리를 내려 야생 상태로 번식하는 일을 뜻한다. 사람도 생물의 한 종이고 보니,

---

* 귀화와 직접 관련이 있다고 보기는 힘들지만, 우리 지명 중에 중국 사람들이 많이 거주하였다고 이름 붙은 경우가 드물지 않다. 서울의 당인리唐人里, 당주동唐珠洞 등이 그렇고, 중국과의 해상교역으로 인해 붙여진 지명으로는 충남 당진唐津, 경기도 화성군의 당성唐城 등을 예로 들 수 있다.

사람의 귀화는 법적 · 사회적 의미와 생물학적 의미를 모두 아우르지 않을 수 없다. '물 설고 땅 설다'는 말처럼 귀화는 낯선 땅과 물, 즉 낯선 자연 환경에 새롭게 적응하는 일이기도 하다.

거기에 더해 문화적 귀화 혹은 역사적 귀화를 추가시킬 수 있다. 법적으로는 다른 나라의 국적을 취득하고 새로운 자연 환경에도 적응했지만, 문화적으로는 새로운 나라에 적응하지 못하고 혹은 적응하려 하지 않고 겉도는 경우가 드물지 않기 때문이다. 꼭 맞는 예는 아니지만, 팔레스타인 지역 바깥에 살면서 전통적인 유대 민족의 종교규범과 생활관습을 유지하던 유대인 또는 그들의 거주지 디아스포라Diaspora를 하나의 예로 들 수 있겠다. 그들은 유대인으로서 문화적 정체성과 역사의식을 온전히 계승, 유지했다는 점에서 문화적 귀화 혹은 역사적 귀화를 하지 않은 셈이다.

결국 귀화 중에서도 문화 · 역사적 귀화가 가장 어렵다고 할 수 있다. 세계 여러 나라에는 차이나 타운 · 코리아 타운 같은 이민자 거주 구역이 자연스럽게 형성되어 있다. 이는 한 사람이 자신이 속한 공동체의 문화적 정체성과 역사적 체험으로부터 자유롭기가 얼마나 힘든지 보여주는 예이다.

물론 끼리끼리 모이는 것은 이역만리 타국에서 생존을 위해 필수불가결한 측면도 지닌다. 특히 고대 사회일수록 더욱 그러했다. 《성서》를 보면 예수는 나그네를 잘 대접하라는 권고를 한다. 여기에서 말하는 나그네란 일정한 거주처 없이 떠돌아다니는 사람, 바꾸어 말하면 속해 있는 공동체가 없는 사람을 뜻한다. 오늘날의 여행자와는 뜻이 다르다. 여행자는 이동할 뿐이지 떠돌지는 않는다. 물론 정처없이 떠도는 여행도 있을 수 있지만 그것은 어디까지나 일시적인 일이다. 고대 사회의 나그네는 삶의 조건이 가장 열악한 편에 속했다.《성서》를 보면 나그네가 고아, 과부와 함께 언급되곤 한다.*

나그네가 된 사연은 여러 가지겠지만, 동족 집단으로부터 추방당한 사람이야말로 가장 비참한 신세의 나그네일 것이다. 철학자 스피노자(Baruch de Spinoza : 1632~1677)가 그러했다. 네덜란드 유대인 사회로부터 파문을 선고받고 추방당한 스피노자는 이름까지 바루흐Baruch에서 라틴어식 이름 베네딕투스Benedictus로 바꾸었다. 스피노자는 정처없이 떠돌아다니는 신세는 아니었지만, 동족 집단으로부터 추방당한 나그네였다. 파문의 사전적 정의는 '신도로서의 자격을 빼앗고 종문宗門에서 내쫓는 것'이지만, 파문 의식에서 선포되는 다음과 같은 말을 보면 그렇게 간단치 않음을 알 수 있다.

낮이나 밤이나 그에게 저주 있으라. 일어나 있을 때나 누워 있을 때나 그에게 저주 있으라. 바깥에 나갈 때나 안에 있을 때나 그에게 저주 있으라. 주여! 그에게 절대로 자비와 은총을 내리지 마소서. 당신의 분노의 불길로 그를 치소서. 토라**에 씌어진 모든 저주가 그에게 임하게 하소서. 하늘 아래 모든 것에서 그의 이름과 그에 관한 모든 것

---

* 고아와 과부의 인권을 세워주시고 떠도는 사람을 사랑하여 그에게 먹을 것, 입을 것을 주시는 분이시다. 너희도 한때는 이집트 땅에서 떠돌이 신세였으니, 너희도 또한 떠도는 사람을 사랑해야 한다. 〈신명기〉 10절 18~19장.
** 모세 5경. 구약성서의 맨 앞에 있는 〈창세기〉 〈출애굽기〉 〈레위기〉 〈민수기〉 〈신명기〉.

들을 흔적도 남김 없이 지워버리소서.

유대인의 경우 어느 누구도 파문당한 이에게 음식을 제공하거나 쉴 곳을 마련해 주지 않는 게 원칙이었다. 심지어 말을 걸거나 미소를 지어서도, 글을 써서 의견을 나누어서도, 파문당한 이가 쓴 글을 읽어서도 안 되며, 한 지붕 아래 기거하거나 자서도 안 되었다. 파문당한 유대인은 동족들 사이에서는 살아 있는 유령 비슷한 존재가 되는 것이다.

이러한 파문이나 추방을 당한 것도 아니고, 또 역사적 배경도 워낙 달라 단순 비교하기는 곤란하지만, 천 년 전 나의 조상도 중국에서 한반도로 이주할 결심을 하기까지 엄청난 고민을 했을 법하다. 지금의 내가 그 고민을 추체험하기는 힘들지만, 도대체 무슨 까닭에서 바다를 건너왔는지, 그 사연을 추적해 보고 싶어졌다. 이것이 이 글을 쓰게 된 출발점이기도 하다.

나는 나의 조상들과 솔직하게 대화하고 싶다. 맹목적인 숭배와 존경의
대상이 아니라, 자신들의 시대를 각자의 방식대로 살아갔던 역사 속
그들과 만나고 싶다. 그런 만남이야말로 우리들 각자의 '나의 천 년'이
고립적이고 배타적인 가계와 종족의 차원에서 벗어나, 온전한 '우리의
천 년'이 될 수 있는 출발점이 아닐까?

나는 나의 조상들과 솔직하게 대화하고 싶다

960년, 고려

상서공(표대박) 이하의 사실은 심히 소략하기 때문에 오직 휘(이름)와
관직만 썼고, 또 중간에 와서는 세대를 이어 고찰하지 못하고
평장사공(표인려)으로부터 세대를 잇는 머리로 한 것이다.
– 《남계선생문집》〈연보〉의 세계약서 중에서

표대박이 황해를 건넌 까닭은

배를 저어가자, 희망의 나라로!

신창이 본관인 우리나라 표씨의 조상은 960년(광종 11) 중국에서 건너와 지금의 충남 아산시 신창면 지역에 도착했다. 그 조상의 이름은 표대박表大朴이며, 표씨 집안 족보에는 중국 오대五代 시대(907~979)의 마지막 왕조 후주後周에서 이부상서吏部尙書 벼슬을 했다고 전한다.

조상 이름을 처음 접했을 때 나는 웃지 않을 수 없었다. 이름이 대박이라니, 우습지 않은가? 물론 중국 사람 이름을 우리식 한자어로 발음하면 우습게 들리는 경우가 드물지 않다. 예컨대 내가 만난 어느 중국 사람의 이름은 왕발광王發光이었다.

이름이 아무리 우스워도 지금의 나로 하여금 이런 글을, 그것도 한글로 쓰게 만든 조상이니 내게 각별하지 않을 수 없다. 표대박이 후주에서 맡았던 이부상서는 관리들의 인사 및 훈봉勳封 업무를 담당하는 장관이니 꽤 높은 직책이다. 한편 후주는 후주 자체로서보다는 '후주의 최고사령관 조광윤趙匡胤이 송나라를 건국했다'는 사실로 사서에 자주 등장한다. 후주는 951년부터 960년까지 불과 9년 동안 3대에 걸쳐 명맥을 유지했다. 2대 황제 세종世宗이 군 개혁과 권력체제 개편을 추진*하고 통일까지 꾀함으로써 오대 시대 제일의 명군으로 평가받기도 하지만, 그의 뒤를 이은 나이 어린 황제 공제恭帝는 무신들이 옹립한 최고사령관 조광윤에게 제위를 양도해야 했다.

한데 나의 선조 표대박은 정말 후주에서 이부상서 벼슬을 했을까? 그의 후손으로서 불경스런 말일지 모르나 솔직히 나는 족보의 기록을 신뢰하지 않는다. 표대박이 이부상서 벼슬을 지냈다는 것은 신창 표씨 족보와 조선 성종~연산군 대의 문신 표연말表沿沫의 문집《남계선생문집藍溪先生文集》** 이외의 그 어떤 문헌에서도 확인할 길이 없기 때문이다.《고려사》는 물론, 후주를 포함한 오대 시대의 역사를 기록한《구오대사九五代史》와《신오대사新五代史》***에서도 표대박에 대한 구절은 찾아볼 수 없었다. 심

---

* 세종은 병제 개혁은 물론 중앙집권화를 추진하였는데, 조세 삭감, 토지 개간, 황하 치수 등에 두루 힘썼다.
**《남계선생문집》은 후손 표석준表奭駿이 1854년에 간행한 것으로, 현재 규장각 소장본은 1854년 간행본을 좀 더 후대에 필사한 것이다. 무오사화 연루 인사 35명의 처벌 내용을 기록한 '무오당적戊午黨籍', 사화의 발단과 전모를 기록한 '사화수말士禍首末' 등도 수록하고 있어, 당시 사림의 판도와 동향을 살피는 데 하나의 자료가 되기도 한다.
*** 합쳐서《오대사》로 일컫기도 한다.

하게 말하면 표대박이라는 사람이 실존 인물인지도 의심이 간다. 신창 표씨 족보와 《남계선생문집》 이외의 다른 문헌에는 등장하지 않으니 말이다.

이쯤 되면 표대박이든 표연말이든 표씨 족보에 기록된 인물들이 '표'라는 성을 가진 사람이라는 것 외에 오늘날의 나와 무슨 상관, 무슨 관계인지, 근본적인 회의가 들기도 한다. 그런 회의를 잠재워버릴 정도로 족보의 권위, 아니 내가 부지불식간에 족보에 부여하는 권위가 큰 것일까? 하지만 나는 그렇게 권위를 부여해야 한다고 교육받아왔고, 교육받은 것에 충실한 모범생이었다.

그런데 족보는 한술 더 떠 내 조상 표대박이 장張·방方·위韋·변邊·윤尹·진秦·감甘·황보皇甫 등 여덟 성씨들을 '이끌고' 고려에 들어왔다고 전하며, 일부 집안 어른들은 여덟 성씨들을 '거느리고' 들어왔다는 표현까지 서슴지 않는다. 그러나 족보에 기재된 기록을 사실로 인정한다고 하더라도 내 생각에는 바다 건너 고려로 함께 이주하기로 뜻을 모아 실행한 사람들이 표대박을 비롯해 아홉 명, 그러니까 아홉 집안이었다는 정도로 말하는 편이 타당할 듯싶다.

다만 '이끌었다'는 표현은 표대박이 먼저 나서서 나머지 여덟 사람들에게 고려로 함께 떠나자고 제의했을 가능성, 그러니까 표대박이 일종의 주동자 역할을 했을 가능성을 남기기는 한다. 그가 배를 마련하는 데 가장 많은 돈을 부담하여 일종의 지배 주주 노릇을 했을지도 모른다. 아니면 그 아홉 명은 다만 중국의 극심한 혼란 상태에 넌덜머리를 낸 끝에, 지푸라기라도 잡는 심정으로 배 한 척 마련해 바다를 건넜을지도 모른다. 어떤 경우든 표대박은 그 이름과는 달리 대박 터질 팔자를 타고난 사람은 아니었던 듯하다. 이유가 무엇이든 자신의 고향을 떠난다는 건 전통 사회에서 목숨을 건 모험과 다름없는 경우가 많기 때문이다.

덧붙이자면 현재 중국에는 표씨 성 자체가 존재하지 않는다. 중국 성씨 사전들을 찾아보아도 표씨는 없다. 본래 그 수가 극히 적었던 표씨 집안 일가붙이 대부분이 이때 고려로 건너왔다는 추정이 가능할 뿐이다.

또 하나 내가 주목한 점은, 표대박이 고려로 건너온 960년에 바로 후주가 멸망했다는 것이다. 물론 960년에 표대박이 고려로 건너왔다는 기록 역시 족보 이외의 문헌에서는 확인할 수 없지만 후주가 멸망하고 송 왕조가 등장하는 왕조 교체의 혼란기라는 점만은 내 눈길을 끌었다. 오늘날도 정권 교체로 인한 혼란이 만만치 않은데 옛날 왕조 교체 때야 오죽 했겠는가. 이럴 때일수록 이른바 한자리 하던 사람들은 그 사회적 지위의 부침이 심할 수밖에.

이런저런 정황들을 고려하여 나는 이렇게 정리해 보았다. 만약 표대박이 정말로 후주의 이부상서였다면 마지막 이부상서였을 가능성이 크다. 눈치 없이 줄을 잘못 선 경우든 후주 왕조에 대한 충성심 때문이었든, 후주의 마지막 이부상서였던 표대박이 새로 들어선 송 왕조에서 기용될 가능성은 없었다. 오히려 핍박받는 처지에 놓였을 가능성이 농후하였다. 이제 그에게 남은 선택은 두 가지였다. 사회적 지위를 잃고 몰락하는 것을 감수하면서 그럭저럭 살아가는 것과 고려로 이주하는 것. 이 가운데 표대박은 후자를 택하지 않았을까?

물론 표대박이 멸망한 후주 왕조의 신하로서 절의를 지키고자 고심하던 끝에 고려로 이주할 결단을 내렸을 수도 있지만, 지금의 내가 그의 마음속까지 들여다볼 수는 없는 일이다. 공자는 중국에 도道가 행해지지 않음을 한탄하여 바다 건너 구이九夷 땅으로나 가볼까 말했다고도 하지만, 표대박이 그런 숭고한(?) 뜻에서 바다를 건넜다고 보기는 어려웠다.

'사교육비 부담이 장난이 아니다. 직장에서는 언제 잘릴지 모른다. 번듯한 아파트 한 채 마련하자면 허리가 여러 번 휠 지경이다. 경기가 나아질 기미도 좀처럼 보이지 않는다. 저희들끼리 싸움질만 하는 정치인들의 행태에 신물이 난다. 핵 위기다 뭐다 해서 뒤숭숭하다. 아! 떠나고 싶다. 캐나다, 뉴질랜드, 호주, 미국, 남태평양 섬나라 어디라도 좋다.'

표대박의 심정은 이런 요즘 사람들의 심정과 비슷했을 가능성이 크다. '배를 저어가자 험한 바다물결 건너 저편 언덕에, 산천 경개 좋고 바람 시원한 곳 희망의 나라로.'

표대박이 정말로 후주의 이부상서였다면, 고려 광종은 그를 브이아이피로 우대했을 가능성이 크다. 《고려사》〈서필전徐弼傳〉을 보면 광종은 신하들의 집을 빼앗아 귀화한 중국인에게 배정하고 심지어 그들에게 관직을 골라 벼슬할 수 있도록 했다고 한다.

잘 알려져 있듯이 광종은 호족 세력을 제압하는 개혁 정책을 추진했다. 그런 광종의 입장에서는 세력 기반을 지니지 않은 새로운 인물들을 많이 기용하는 것이 유리했다. 고려 광종은 후주에서 귀화한 쌍기를 통해 후주의 명군으로 손꼽히는 세종의 여러 개혁 정책을 참고했을 가능성이 크다.

그런 까닭에, 표대박이 바다를 건널 결심을 하는 데 광종의 귀화인 우대 정책이 크고, 결정적인 영향을 미쳤을 수 있다. 그의 입장에서는 '나도 고려에 가면 각별히 우대받으며 한자리할 수도 있지 않을까' 하는 기대감을 가졌더라도 무리가 아니다. 하지만 나는 선조인 표대박이 천신만고 끝에 신창 지역에 도착한 이후 어떻게 되었는지는 알 길이 없다. 다만 표대박에게는 표덕린表德麟, 표덕봉表德鳳, 표덕귀表德龜, 그러니까 기린〔麟〕, 봉황〔鳳〕, 거북〔龜〕 삼형제가 있었고, 이들이 각기 관작官爵을 받은 것만을 확인할 수 있었다.

그로부터 350여 년의 시간이 지난 후인 충숙왕(忠肅王 : 1314~1330) 때, 내게는 중시조가 되는 표씨 한 사람이 등장한다. 정7품에 해당하는 합문지후閤門祗侯와 정2품에 해당하는 평장사平章事를 지냈다는 표인려表仁呂가 바로 그 사람이다. 표인려는 온창백, 그러니까 오늘날의 아산시 신창면 지역의 백伯으로 봉해졌다. 《남계선생문집》〈연보年譜〉의 세계약서世系略敍 부분을 보면, '상서공(표대박) 이하의 사실은 심히 소략하기 때문에 오직 휘(이름)와 관작만 썼고, 또 중간에 와서는 세대를 이어 고찰하지 못하고 평장사공(표인려)으로부터 세대를 잇는 머리로 한 것이다' 라고 되어 있다.

350여 년이라는 짧지 않은 세월이 가로놓여 있지만, 표대박이 도착한 지역의 백으로 그 후손 표인려가 봉해졌다는 점이 내 눈길을 끌었다. 표대박이 도착한 이후 표씨 일가가 광종의 귀화인 우대 정책에 힘입어 신창현 지역에서 나름대로 세력 기반을 쌓았을 가능성은 없지 않았을 것이다. 하지만 당시 고려에서 백으로 봉해진다는 것은 해당 지역에 대한 실질적인 관할권을 부여받는 것과는 거리가 멀고, 상징적인 의미만을 지닐 뿐이었다. 당시의 백은 원적지原籍地에 봉해지는 일종의 명예직 이상이 아니었다. 맥락은 조금 다르지만 오늘날 대한민국에 이른바 이북 5도지사가 있는 것을 떠올려 보면 될 것이다. 더구나 많은 족보에서 봉작 관련 기록은 과장인 경우가 부지기수인 점을 감안하면, 표인려가 실제로 봉해졌는지 여부도 의심스럽다.

사실과 상상의 집합체, 족보

여기까지가 대략 중국에서 한반도로 이주한 표씨 집안의 정착기라고 할 수 있겠다. 문벌 귀족과는 거리가 멀었고 역사서에 이름을 남길 만한 인물도 없었기 때문이겠지만, 이 시기에 관해서는 족보 외에 별달리 참고할 만한 문헌도 사실상 없다. 무명의 표씨들이 태어나고 사랑하고 일하다가 죽기를 여러 대에 걸쳐 했다고 할 수밖에.

그런데 표씨 집안 족보와 《남계선생문집》을 보다보니 이상한 점이 하나 눈에 띄었다. 표인려를 비롯하여 고려 시대 표씨들 가운데 문하시중을 비롯한 고위 관직에 오른 사람들이 적지 않은 것이다. 어느 집안이나 조선 중기 이후 편찬된 족보에는 고려 시대 조상들이 여러 대에 걸쳐 시중, 평장사, 상서, 시랑 등 고위 관직을 지냈다고 기록된 경우가 많다. 그러나 실제 여러 대에 걸쳐 고위 관직에 올랐던 경우는 무척 드물다. 속된 말로 문하시중이나 평장사가 누구 집 개 이름이 된 꼴인데, 이는 모두 제 조상을 높이려는, 그래서 결국 그런 조상의 후손인 자신을 높이려는 욕심에서 비롯된 치졸한 거짓이다. 이런 이유로 족보는 사료적 가치는 물론 조상에 대한 기초 정보의 측면에서도 그다지 신뢰하기 어렵다.

그래서 나는 고려 시대 표씨 인물들에 대한 족보와 《남계선생문집》의 기록을 신뢰하지 않을 뿐 아니라 기본적으로 족보라는 것 자체를 불신한다. 물론 전적으로 불신하진 않는다. 완전히 날조된 경우를 제외한 거의 모든 옛 문헌들이 그렇듯, 족보도 진실과 거짓, 사실과 상상이 버무려져 있을 것이다. 그래서 진실과 거짓을 분별하는 문헌학자, 역사학자의 텍스트 비평 작업이 필요하다. 그런 작업을 거친다는 전제에서 족보가 사회사 연구에 요긴한 자료가 될 수 있다. 하지만 다른 문헌들과의 상호 참조와 확인이 여의치 않은 내용이라면 신뢰할 수 없다. 그래서 나는 나의 조상인 표대박의 실존 여부까지 의심할 수 있다는 불효막심, 환부역조換父易祖한 말까지 한 것이다.

내가 처음 우리 집안 족보의 실물을 확인한 것은 초등학교 5학년 때쯤이었다. 그때 할아버지는 족보를 보여주시며 이렇게 말씀하셨다.

"불이 나면 다른 것 제쳐두고 이 족보부터 챙겨야 한다. 전쟁이 나도 피난 갈 때 족보부터 챙겨야 한다. 나와 우리 집안의 뿌리를 알 수 있는 책이 바로 족보이니 우리 집안에서 가장 소중한 물건이다."

이런 할아버지의 말씀은 당시 내게 금과옥조처럼 느껴졌다. 그러니 어린 내게 족보가 어떤 의미와 위상으로 자리잡았을 것인지는 쉽게 상상이 갈 것이다. 하지만 우리 집안 족보를 좀 더 객관적인 역사의 눈으로 바라보고 족보 일반에 대한 이런저런 사항들을 조사하면서 내 생각은 바뀌어갔다.

한 개인을 다른 사람들과 구별시켜주는 다분히 편의적 분류 기능 외에 오늘날 성씨의 역할과 의미는 과연 무엇일까? 더구나 이제는 하나의 성씨에 속한 사람들의 수가 워낙 많아져 성씨의 편의적 분류 기능도 무척 제한적이 되었다. 김金, 이李, 박朴, 최崔, 정鄭씨가 우리나라 전체 인구 가운데 절반 정도를 차지하니 말이다.

드문 성씨일수록 그 분류 기능이 강해지는 셈인데, 표씨의 인구는 잠실야구장 만원 사례 시의 입장객 수에도 못 미친다. 그래서 가끔 표씨를 만나면 반갑기는 하다. 연암 박지원(朴趾遠 : 1737~1805)의 〈서광문자전후 書廣文者傳後〉에도 등장하고 이규상이 〈장대장전張大將傳〉을 집필하면서 조선의 폭력조직 검계에 관한 정보를 얻은 인물로도 알려져 있는 표철주表鐵柱, 프로농구 선수 표필상과 표명일(이 선수는 실제로 나의 먼 친척이다), 만화 《헝그리 베스트 5》에 등장하는 표왕수, 개그맨 표인봉과 표영호, 아나운서 표영준…….

익숙한 것과의 결별

조선의 양반 제도가 무너진 지 오래된 지금, 족보는 옛것을 좋아하는 취미의 충족이나 허위 의식의 만족 외에 도대체 어떤 의미를 지닐 수 있을까? 양반층이 10퍼센트 미만이었던 17세기까지만 해도 한반도 거주민의 절대다수가 족보와는 아무 상관없는 사람들이었지 않은가? 양반을 사고 팔았다는 이야기를 전하는 연암 박지원의 《양반전》까지 들먹일 필요도 없다.

영조 40년(1764) 음력 10월 19일자 《실록》 내용을 보자. 사헌부에서 영조에게 다음과 같이 아뢰었다. '역관 김경희金慶禧라는 자가 사사로이 활자를 주조한 다음 사람들의 보첩譜牒을 많이 모아놓고 시골에서 군정軍丁을 면하려는 무리들을 유인하여 그들의 이름을 기록하고 책장을 바꾸어주는 것으로 생활하고 있습니다. 법조法曹로 하여금 엄중히 조사하여 중히 다스리도록 하소서.' 요즘 말로 바꾸면 김경희는 족보 위조라는 신종 벤처 사업을 통해 한몫 챙겼던 것이다.

조선 후기에 이르러 위조 족보가 유행하는 세태를 막을 수 없는 상황이 되자, 양반들은 급기야 현실과 타협하기 시작했다. 가계 구성원이 아닌 사람들도 족보에 실어준 것이다. 단, 별보別譜 또는 별파別派라는 명칭을 부여하여 본래의 가계와는 구분해 받아들였다. 유력한 가계의 족보일수록 별보나 별파가 많았을 것은 불문가지의 일이다. '같은 값이면 다홍치마' 라고 유력한 가계에 편입되는 쪽을 택했을 것이기 때문이다.

그렇다면 신창 표씨 집안의 족보는 상대적으로 때가 덜 묻었을 가능성이 있다. 물론 '때가 덜 묻었다' 는 것은 집안 자랑이 못 된다. 조선 시대를 통틀어 문과 급제자가 10명 남짓한 표씨 집안 족보에 편입되기 위해 돈을 쓸 사람이 몇이나 됐겠는가? 별보든 별파든 이왕이면 정승 판서를 줄줄이 배출한 집안에 편입되는 것이 폼 나는 일이었을 테니 말이다. 요컨대 '때가 덜 묻은 족보' 란 폼 내기 힘든 족보임을 뜻한다.

양반 제도라는 조선 특유의 신분 제도를 바탕으로 그것을 유지, 강화, 장식, 미화하는 데 기여한 족보가 여전히 많은 사람들의 의식 속에 불패의 신화로 자리잡고 있는 현실. 이런 현실은 나로 하여금 대한민국 헌법 제1

장 총강의 제11조 1항과 2항을 다시 들여다보게 만든다.

> 모든 국민은 법 앞에 평등하다. 누구든지 성별, 종교 또는 사회적 신분에 의하여 정치적, 경제적, 사회적, 문화적 생활의 모든 영역에 있어서 차별을 받지 아니한다.

> 사회적 특수계급의 제도는 인정되지 아니하며, 어떠한 형태로도 이를 창설할 수 없다.

족보에 대한 신뢰의 철회, 기원이라고 여겨왔던 것에 대한 의심의 시작이야말로 나의 개인사가 '신화 시대'에서 '역사 시대'로 처음 들어섰다는 분명한 징표가 아닐까 한다. '익숙한 것과의 결별'은 늘 어떤 대가를 치러야 한다. 모든 것이 불확실해지고 모든 것이 착종錯綜된다. 가뭇없이 사라진 기원의 신화, 족보의 신화를 대체할 새로운 '존재의 윤리'는 과연 무엇일까? 이 책에서 몇 마디 말로 대답하기에는 너무도 큰 질문이다. 그 대답이란 앞으로 내 삶을 통해, 실천을 통해 만들어나가야 할 것, 바꿔 말하면 내가 살아가야 할 앞으로의 삶 그 자체가 대답일 것이다. 길은 늘 멀고 스스로에 대한 책임은 항상 무겁다.

역사 속 그들과 만나고 싶다

뿌리 찾기의 열망

자신의 뿌리를 알고 싶어하는 마음은 호기심 차원이든 진지한 자세이든 누구에게나 조금씩은 있을 듯하다. 우리가 흔히 생각하는 것과 달리 인터넷 검색 엔진에서 'Genealogy'를 검색어로 입력하면 뿌리 찾기에 대한 외국인들의 열망도 장난이 아님을 알 수 있다.

미국 학계의 동아시아 사상사 연구를 실질적으로 정초한 윌리엄 시어도어 드 배리William Theodore de Bary* 역시 자신의 저서 《신유학의 심학心學

---

* 컬럼비아 대학에서 정년 퇴임한 윌리엄 시어도어 드 배리(1919~)는 같은 대학 명예 부총장이자 존 미첼 메이슨 석좌 명예 교수이다. 동아시아 신유학 사상을 범汎아시아사적 관점에서 기술하면서 그 현재적 의의를 탐구해 왔다. 아시아 연구협회 회장을 비롯한 학계의 요직을 두루 거쳤다. 많은 저작이 있지만, 비교적 최근의 것으로 《유학의 문제들 The Trouble with Confucianism》

The Message of the Mind in Neo-Confucianism》(Columbia University Press, 1989) 에서 드 배리 가문이 배출한 학자, 문인들에게 경의를 표한다.

그 가운데 가장 오래전 인물은 노르만-웨일스계 '역사가이자 신학자' 인 제럴드 드 배리(Gerald de Barri : 1146~1223)**이다. 시어도어 드 배리는 이 사람, 곧 자신의 조상을 '역사가이자 신학자Historian and Theologian' 라고 말하지만 오늘날의 관점에서 엄격히 말하면 역사학적 가치를 부분적으로 지닌 문헌을 남긴 사람 정도로 이야기할 수 있다.

시어도어 드 배리의 저서는 그가 유명한 콜레주 드 프랑스에서 1986년 5월에 행한 연속 강좌의 내용을 담은 것인데, 자신의 조상과 함께 콜레주 드 프랑스의 공개 강연 전통에 대해서도 경의를 표하고 있다. 드 배리의 조상 제럴드 드 배리도 신학 공부를 위해 비교적 오랜 기간 파리에 머무르 면서 '경신敬神과 학문의 모범을 보았노라' 고 말한 바 있다. 요컨대 시어도 어 드 배리는 자신의 식자識者 조상과 파리의 인연을 끌어내어 콜레주 드 프랑스 측에 경의와 감사의 뜻도 표하고(자신의 조상이 파리에 대해 그러했던 것처럼) 어떤 의미에서는 조상 자랑도 한 셈이다.

(1991), 《다섯 단계의 대화로 본 동아시아 문명 *East Asian Civilizations: A Dialogue in Five Stages*》 (실천문학사, 1988) 등이 있다.
** 라틴어식 이름이 지랄두스 캄브렌시스(Giraldus Cambrensis, 캄브리아는 웨일스 지방의 라틴 어식 옛 이름이므로 '웨일스의 제럴드' 라는 뜻)인 그는 1184년경부터 영국의 왕 및 궁정과 관련 을 맺고 활동했는데, 특히 아일랜드의 사정을 기록한 〈Topographia Hibernica〉와 〈Expugnatio Hibernica〉 두 건의 문헌과 웨일스 지방의 사정을 기록한 〈Descriptio Cambriae〉로 유명하다. 이 문헌들은 중세 아일랜드 및 웨일스 지방 사람들의 삶과 풍속, 전설 등을 담고 있는 무척 드 문 문헌이기도 하다.

'극단의 시대'의 맥락에서 파악해야 할 족보의 신화

이렇듯 나 자신에 대해 알기 위해 나의 뿌리를 거슬러 올라가보고 싶다는 욕망은 자연스러운 것이라고 생각한다. 거슬러 올라가보면 제럴드 드 배리 같은 각별한 조상이라도 만나게 될지 누가 알겠는가. 시어도어 드 배리처럼 저서 첫머리에서 그럴듯하게 경의를 표할 수 있을지 말이다.

그렇다면 나의 족보 탐험은 어떤 의미가 있을까? 초등학교 시절 단군할아버지와 나의 관계에 대한 의문과 고민이 즉자卽自적인 성격을 띠었다면, 철들고 떠난 중국 여행에서 뜻하지 않게 겪은 일에 대한 나의 반응은 대자對自적 성격을 지녔다. 바꾸어 말하면 나는 그 일을 계기로 '나의 천 년'에 대한 성찰을 본격적으로 시작한 것이다. 하지만 그 성찰이 반드시 연대기적일 필요도, 보학譜學의 차원일 필요도, 이른바 뿌리 찾기 차원일 필요도 없다고 생각했다. 요컨대 조상 내력이나 한번 알아보자는 인식욕이나 호기심, 조상 내력을 더 자세히 알아야 마땅하다는 당위적 차원은 아니었다.

나는 내 조상들과 솔직하게 대화하고 싶었다. 맹목적인 숭배와 존경의 대상이 아니라, 각자의 시대를 각자의 방식대로 살아갔던 역사 속 그들과 만나고 싶다. 그런 만남이야말로 우리들 각자의 '나의 천 년'이 고립적이고 배타적인 가계와 종족의 차원에서 벗어나, 온전한 '우리의 천 년'이 될 수 있는 출발점이 아닐까? 다만, 못나면 못난 대로 잘나면 잘난 대로 간단치 않은 역사의 험로를 헤쳐나가며 오늘날의 나를 있게 만들어준 그들의 노고에 대해, 작은 감사의 마음만은 잃지 않고자 했을 뿐……

영국 역사학자 에릭 홉스봄Eric Hobsbawm은 1차 세계대전에서 구소련

붕괴에 이르는 20세기 역사를 다룬 저작 제목을 《극단의 시대 : 20세기 역사 *The Age of Extremes*》(까치, 1997)라 했다. 근대의 프로젝트, 합리성을 좌표 삼아 사회와 역사를 인간의 힘으로 진보시킬 수 있다고 믿었던 그 위대한 낙관주의는 1차 세계대전을 계기로 좌절을 경험했다. 나는 그가 이야기한 '극단의 시대'가 순수의 신화와 상통하며 그것은 다시 획일주의와 맞닿아 있다고 생각한다. 순수란 그 사전적 의미와는 달리 극단 및 획일과 동전의 양면 관계이기 쉽다.

극단과 획일을 가장 비극적으로 보여주는 것은 폭력과 억압과 광기와 대량학살이며, 이는 순수 신화의 줄거리이기도 하다. 나치즘이나 유대인의 순수주의는 물론이고 강경한 계급적 순수주의를 포함하여 혈통에 있어 혼혈과 잡종과 애매성과 모호성에 대한 배격의 정서가 대체로 모두 그러하다. 심지어 현대 신화학Mythology의 3대 스타, 조지프 캠벨Joseph Campbell, 칼 구스타프 융Carl Gustav Jung, 미르체아 엘리아데Mircea Eliade* 등도 이런 차원에서 의심의 눈길을 피하기 힘들다. 현대는 옛날 옛적 어떤 시대의 원형原型으로부터 점차 타락해 온 결과이며, 그 타락을 극복하고 원형성을 회복하는 데 신화가 실마리가 된다는 생각, 이것은 순수주의의 또 다른 모습이다. 원형의 순수성보다는 변종의 잡다성을!

---

* 이들 세 사람에 관해서는 종교학자 로버트 엘우드Robert Elwood의 《신화의 정치학 *The Politics of Myth*》(SUNY, 1999)이 필독의 가치가 있다. 엘우드는 세 사람의 개인적 성장 배경과 학적 성장 과정 및 활동상 등을 두루 살피면서, 그들의 신화학 연구가 갖는 정치적, 이데올로기적 함의를 다분히 비판적으로 천착한다.

족보에 대한 집착을 전통 사회의 유습 또는 가부장적 유교 문화의 잔재로 비판하기도 한다. 물론 그런 비판도 일리가 있지만 나는 좀 다르게 생각한다. 오늘날 우리 사회에서 족보에 대한 집착의 정서가 남아 있다면 그것은 다분히 20세기적 현상, 요컨대 '극단의 시대'의 맥락에서 파악할 필요가 있다. 족보의 신화란 나와 나 아닌 것 사이의 다름을 다름 그 자체로 인정하는 상호 이해와 소통의 지평이 아니라, 그 다름을 틀림으로 치부해 버리는 배타의 고집, 요컨대 배타적 자기동일성의 신화이기 때문이다.

순수한 혈통을 따지는 족보는 공적인 합리성과 상통하기 힘든 폐쇄적 공동체주의의 터전인 가족家族을 떠받치는 이념적 장치에 불과하다. 더구나 그 폐쇄적인 공동체주의 안에는 남성중심주의라는 또 하나의 폐쇄적 이념이 존재한다. 이렇게 족보를 폄하하는 나를 향해 누군가 '에미 애비도 없는 놈!'이라고 욕할지도 모르겠다. 그러나 정확히 욕하려면 '애비도 없는 놈!'이라고 해야 할 것이다. 족보를 통해 '에미'의 계보를 찾기란 무척 힘드니 말이다. 더구나 '애비'의 계보인 '족보'마저도 이미 거론했듯 '역사적으로' 신뢰하기 힘들며, 다만 '신화적으로' 믿어야 할(믿으라고 강요받아 온) 대상에 불과하다.

우리의 족보는 부계로 이어지지만 생물학적인 족보, 자연의 족보는 어디까지나 모계를 통해 추적해 볼 수 있을 뿐이다. 미토콘드리아 DNA는 신체의 모든 세포 속에 존재하는데, 어머니로부터 딸에게 거의 변하지 않고 전해지는 것으로 알려져 있다. 이는 보통의 DNA와는 달리 세포의 핵 바깥에 있는 미토콘드리아에 존재하며, 흔히 게놈 프로젝트에서 말하는 일반적인 DNA와는 달리 그 구조가 안정돼 있고 매우 간단한 구조를 갖고 있다. 때문에 이 DNA 고리의 돌연변이를 정량화하고 분석함으로써 인류의 기원에 대한 의문을 풀어나갈 수 있다는 게 많은 생물학자들의 의견이다.

잡종의 공동체를 꿈꾸며

지금의 나에게 유전자를 물려준 사람의 수를 가늠해 보자. 일단 10대까지만 거슬러 올라가도 2의 10승, 그러니까 1,024명이 된다. 30대까지 거슬러 올라가면 2의 30승, 그러니까 1억 명이 넘어간다. 그 이상 한참을 더 거슬러 올라가면? 더 이상 계산하기도 귀찮아진다. 살을 에는 추위를 뚫고 베링 해협이 해협이 아니었을 때 아메리카 대륙을 향하던 어느 몽골로이드, 고대 중국의 황토 고원 어디쯤에서 땀방울을 흘렸을 농부, 전쟁에 나서 용감하게 싸우다가 최후를 맞이한 스키타이 전사, 고려의 무역항 벽란도를 드나들었을 어느 아랍 상인, 말 위에서 일생의 대부분을 보냈을 몽골의 유목민…… 그들 모두가 나의 '가능한 조상'들이 아닌가.

거슬러 올라갈수록 당시 인구의 대부분이 나의 조상일 가능성이 있다는 것, 그래서 사실상 우리 모두가 같은 조상으로부터 비롯되었다는 것, 그렇게 보면 양반과 상놈의 구분은 물론 오로지 하나로 이어져 내려온 순수 혈통 신화가 얼마나 허구적인지 금세 알 수 있다.

'나의 천 년'은 하나의 핏줄이 직선으로linear 이어져 내려온 천 년이 아니다. 이른바 '상상의 공동체'로서 신화화된 민족에서, 상상과 신화와 허구를 벗겨버리면 무수히 다양한 갈래의 핏줄들이 다양한 역사적 상황에서 얽히고 설켜 이루어진 '우리의 천 년', '잡종의 공동체'가 드러나지 않을 수 없다.

그렇다. 나는 분명한 잡종이다. 불교의 연기설緣起說과 무아설無我說까지 들먹일 필요도 없이, 나는 나를 이루는 무수한 역사와 인연의 더께 그 이상도 이하도 아닐 것이다. 그 더께를 방편적으로 털어내보는 것, 나를 무화無化시키는 것이 역설적으로 어떤 진아眞我 같은 것을 드러내는 지름길이 아닐까?

단지 꿈속을 헤매는 철학자들만이 원격적 관계맺음의 확산에 반대해서, 사랑이나 특별한 가치 그리고 문자 등의 낡은 권위들에 마력을 불어넣으려고 시도한다.

노르베르트 볼츠Norbert Bolz의 《구텐베르크—은하계의 끝에서》(문학과지성사, 2000)의 표지에서 인용한 말이다. 동일한 핏줄기(라고 여기는 것)에 대한 사랑, 순혈주의純血主義라는 특별한 가치에 대한 옹호, 그리고 족보라는 문자 기록의 낡은 권위의 마력. 이 모든 것들이 '원격적 관계맺음의 확산', 즉 동일하지 않은 것들 사이의 상호 이해와 소통을 가로막는다. 우리 집안 족보를 희생(?)시키면서라도 나 자신에게 그리고 우리 모두에게 묻고 싶다. '나는, 아니 우리들 각자는 단지 꿈속을 헤매는 철학자에 불과한가?' 고은광순의 시 〈족보?〉를 옮겨 적어본다.

뿌리찾기 운동 본부,

올라가 올라가 거슬러 올라가

조상 한 명 붙잡고 책 만들고 CD 만들고

통신에 메일 띄워 조상 찾아주겠노라?

얼러이여?

어느 집안 시조 모시기 연중 행사에

문화재 관리국에서 보조금 기천만 원?

껄러이여?

선거판 후보들이 같은 XX씨 XX공파라서

붓뚜껑을 어디에 찍을지 모르겠다고?

옴멈머?

중학생한테

시조 중시조 파 알아오기 숙제를?

시조에게 느-을 감사해야 허느니!

조상이 없었으면 네가 어찌 존재허겄냐!

자-알 모셔야 허느니라아!

그래야 네가 복을 받느니라아!

고려 태조 왕건

지역 호족에게 성씨 분배, 본관 성씨 정착했지.

16세기, 전 인구 40%가 성姓이 없었고

오래 후에 새로 이름 만든 사람들,

김 이 박 최 정 유명 성씨 선택했지.

본격적인 족보 출현은 조선시대.

왕실의 많은 처첩, 그 자녀들이 뒤엉켜

특권분배 둘러싸고 싸움, 충돌 자주 하니

왕실 위계질서 확립이 족보편찬 이유라.

누가 처? 누가 첩? 누가 적손? 누가 서손? 누구 많이? 누구 조금?

양반들도 따라 만들었지.

혈족은 모여라! 에헴!

하층민과 우린 절대로 다른 핏줄이라카이!

고귀한 혈통! 뛰어난 조상! 넘보지 마란 마리야!

그나마 조선 전기

딸 아들, 재산도 평분平分하고 제사도 순번제로.

아들 딸 친손 외손 동일하게 기록하여

안동 권씨 족보(성화보)엔 전체 9,120명 중 타성他姓이 90.5%

조선 후기 들어와

아들 없어? 양자 들여!

여자는 필요 없어. 기록도 하지 마!

성씨와 본관은 조작하고 윤색하자!

높낮이 있는 사회, 가짜 족보 출현은 필연적이니

신성불가침 성씨! 화려한 가문!-우리의 믿음도 가짜 아니리?

네가 감사해야 할 것은

진흙도 아메바도 시조 XX씨도 아니거니

태양의 따스한 에너지,

땅의 포용력.

남보다 더 많이 애써 노력한

에디슨, 슈바이처, 유관순, 김구……

성실한 너 자신!

1498년, 조선

"유배되어 가던 표연말이 은계역 도중에서 죽었다.
연말은 성품이 순후하고 성실한 데다가 서사를 통하여 문명이 있었다.
오래 경악에서 모시었으며, 여러 벼슬을 거쳐 동지중추부사까지
이르렀다."

— 연산군 10년 음력 8월 19일

그 흔한, 그러나 흔하지만은 않은
벼슬아치 이야기

표씨 집안, 전성기를 구가하다

적지 않은 사람들이 자신의 가문이 정승판서를 줄줄이 배출했다는 점을 내세우곤 하는데 신창 표씨 집안은 조선 시대를 통틀어 문과 급제자를 10명 남짓 배출했을 뿐이다. 높은 벼슬을 지낸 인물도 무척 드물다. 그런 중에도 비교적 뚜렷한 자취를 역사에 남긴 인물이 있었으니 남계藍溪 표연말(表沿沫 : 1431~1498)이 바로 그러하다. 960년, 나에게 몇 대조 할아버지가 되는지도 알기 힘든 표대박이 한반도로 건너온 다음 무려 500년 만에 등장한 표씨 집안의 스타, 이미 말한《남계선생문집》의 그 남계다. 무명인에서 무명인으로 이어진 500년이었으니 표씨 가문은 한미하다는 표현이 딱 어울리는 셈이다. 스포츠에서 스타는 위기에 강하거나 결정적인 순간에 부각되기 마련이다. 스타 표연말 역시 하수상한 시절을 살았다.

표연말은 사림파의 영수로 일컬어지는 김종직(金宗直 : 1431~1492)의 제자로서 공조좌랑(정5품), 홍문관 직제학(정3품), 우승지(정3품), 대사간(정3품), 이조참판(종2품) 등의 벼슬을 지냈다. 그 밖에 종2품에 해당하는 동지중추부사 벼슬을 지내기도 했지만, 중추부라는 관청은 당상관(정3품 이상의 품계를 지닌 벼슬아치) 가운데 일정한 직무가 없는 사람들을 우대하기 위한 곳이었으니 형식적인 직책에 지나지 않을 뿐. 누가 누구를 낳고 하는 식으로 집안 내력 이야기를 잠깐 하자.

표연말은 세종 때 현감을 지낸 표계表繼의 3남 가운데 막내로 함양咸陽에서 태어났다. 표계는 지방관인 감무監務 벼슬을 지낸 표하表河의 3남 가운데 장남이다. 표하는 군기시소윤軍器寺少尹을 지낸 표을충表乙忠의 아들이며 원적지인 상주에서 함양으로 이주했다. 표을충은 종부령宗簿令을 지낸 표광원表光遠의 아들로 조선 건국 이후 '세 차례에 걸쳐 초빙되었으나 출임出任하지 않았다'고 하며, 상주의 백화산에 은거한 것으로 알려져 있다. 정리하면 표광원—표을충—표하—표계—표연말, 이렇다.

여기서 표을충이 조선 건국 이후 '세 차례나 초빙되었지만 출임하지 않았다'는 《남계선생문집》의 기록을 그대로 믿을 수는 없다. '세 차례'라는 점에서 《삼국지》에 나오는 삼고초려三顧草廬 고사를 연상시키는데, 상징적인 표현일 가능성이 크다. 한두 번으로는 폼이 나지 않고 네 번 이상이면 오버하는 것 같으며, 세 번이 제일 폼 나는 횟수다. 출임하지 않았다는 것, 즉 새로 건국한 조선에서 벼슬자리에 오르지 않았다는 것도 실제 절의를 지켜 초빙에 응하지 않았는지, 아니면 초빙을 받지 못하여 벼슬자리에 오르지 못했는데 후손들이 폼 나게 기록해 놓은 것인지 여부는 불분명하다.

'백화산에 은거했다'는 표현은 고려 왕조에 대한 절의를 끝까지 지킨 두문동杜門洞 72현賢을 상기시키지만, 《남계선생문집》이 길재(吉再 : 1353~1419), 김종직 등으로 이어지는 사림 전통에 속하는 표연말의 문집임을 고려하면, 그가 증조부 표을충을 절의를 지킨 사람으로 미화했을 가능성도 있다. 다만 실제로 그러한 이상화 혹은 미화가 이루어졌다 해도, 사림파의 절의 정신을 역투사시켜 자기 조상을 이해했다는 사실 자체는 의미가 있다.

고려 시대 및 여말선초 인물이라고 할 수 있는 표광원과 표을충은 (적어도 족보 기록에 따르면) 상주 지역에 기반을 두고 고려의 관리로 일했다. 이들을 고려 말의 이른바 신진 사대부 세력으로 간주할 수 있는 근거는 없지만, 권문세족 출신이 아닌 것만은 틀림없다. 어떤 의미에서 상주와 함양 지역에 기반을 둔 표광원, 표을충, 표하로 이어지는 3대는, 사림파의 선비이자 고위 관리인 표연말을 예비했다고 할 수 있다.

한편 현감을 지낸 표계 이후를 잠깐 살펴보면 이렇다. 표계의 장남 표연원表沿源은 현감 벼슬을, 차남 표연한表沿漢은 도호부사都護府使 벼슬을 지냈다. 표연말의 세 아들 역시 장남 표준表準은 사헌부 감찰監察, 차남 표빙表憑은 홍문관 수찬修撰·교리校理·응교應敎와 사간원의 정언正言, 삼남 표충表庶은 참봉參奉·어사御使·동궁東宮의 시강侍講 등을 지냈다. 표계 이후 3대는 관직에 오르는 일에 관한 한 신창 표씨 집안의 최전성기였다.

표씨 집안의 스타, 표연말

이쯤에서 집안 내력 이야기는 그만 하고, 표연말이라는 인물에 초점을 맞추어보겠다. 표연말은 세종 때 태어나 연산군 때 세상을 떠났으니 간단치 않은 시대를 살았다고 할 수 있다. 표연말은 1498년 무오사화戊午士禍 때 태형 100대에 처해진 뒤 경원慶源으로 유배를 떠나던 중 세상을 떠났으며, 1504년에는 부관참시에 처해졌다. 사림 세력의 영수로 일컬어지는 김종직과 떨어뜨려 논할 수 없는 표연말은, 연산군 시대를 다룬 TV 사극에 가끔 등장하기도 했는데, 특히 내가 초등학교 시절 문화방송에서 방영한 사극에 상대적으로 자주 등장했다. 당시 담당 PD가 표재순 씨였던 것으로 기억한다. 인지상정이라 할까?

표연말이 김종직과 처음 만난 때는 그의 나이 39세 때 생원과 진사에 모두 합격하여 성균관으로 올라온 무렵이다. 당시 김종직은 표연말을 제자로 받아들였지만 표연말은 염열炎熱, 즉 선비들이 벼슬길에 오르고자 열을 내어 서로 반목하고 시기하는 현실에 실망하여 고향으로 돌아갔다. 이후 함양 군수가 된 김종직은 당시 경상도 관찰사 오백창吳伯昌에게 함양 출신인 표연말을 천거했고, 오백창은 표연말을 다시 예조에 천거했지만, 사정을 알게 된 표연말은 김종직에게 사양하는 편지를 보냈다. 표연말의 편지에 대한 김종직의 답서에는 다음과 같은 말이 나온다. '나는 그대를 서울에서 안 지가 여러 해 지났지만, 다만 문학文學을 통해 서로 교유했을 뿐이었고, 그대의 덕성德性이 이러한 줄은 미처 몰랐다.' 바꾸어 말하면 '공부만 잘하는 줄 알았는데 인간성도 좋네.' 이후 1472년(성종 3) 42세 때 표연말은 문과 별시에 급제하여 예문관 검열檢閱로 관직 생활을 시작했다.

1478년 48세 때 표연말은 임사홍(任士洪 : 1445~1506)의 잘못을 아뢰는 상소를 올렸다가 유배당하는 파란을 맞기도 했지만 1482년에 복직되었고, 이후《동국통감東國通鑑》편찬에 참여하고 이미 언급한 여러 관직을 지냈다. 1486년(성종 17)에는 서거정(徐居正 : 1420~1488)의 요청으로《필원잡기筆苑雜記》*의 서문을 쓰기도 했는데, 서거정은《동국통감》을 편찬할 때 표연말과 함께 일한 적이 있고, 그 이전에도 젊은 문신들에게 휴가를 주어 학문에 전념하게 하는 '사가독서賜暇讀書'의 해당 문신으로 표연말을 선발한 인연이 있었다. 표연말이 집필한〈필원잡기서筆苑雜記序〉에 '연말은 공(서거정)의 문인門人이다'라는 표현이 나오는 것으로 보아 둘의 관계가 각별했음을 알 수 있다.

표연말과 서거정

〈필원잡기서〉에서 흥미로운 것은, 표연말이 전체적으로는 입에 침이 마

---

* 《필원잡기》는 1487년 서거정의 요청으로 유호인(兪好仁 : 1445~1494)이 간행했는데, 유호인은 표연말과 마찬가지로 김종직에게 사사했고 시詩, 문文, 서書에 두루 뛰어난 인물이었다. 유호인이 세상을 떠난 뒤 표연말은 추모의 글을 지어 그와의 각별한 사귐을 회상하기도 했다.
"옛 마을에는 차가운 달이 비치고 새 무덤에는 연기가 자욱하구나, 그대와의 정의情誼는 두텁기만 했었지. 그대는 비록 이미 갔지만 지란芝蘭에는 빛이 여전하다네."
또한《필원잡기》는 패관문학稗官文學으로 분류된다. 정치에 참고할 목적으로 항간에 떠도는 이런저런 이야기들을 모아 엮은 일종의 설화문학을 패관문학이라 한다. 패관은 고대 중국에서 민간의 풍속이나 정사를 살피기 위해 거리에 떠도는 이야기를 모아 기록하는 임무를 행하는 관직 이름이다.

를 정도로 서거정과 그의 글을 칭찬하면서도 다음과 같이 비판을 망설이지 않았다는 점이다.

어찌 수신, 잡조 등의 편에서는 기괴한 것을 기꺼이 뽑아 실어 두루 앎이 넓음을 과시하고, 지껄이기 좋아하는 이의 하찮은 이야깃거리를 제공하는 데 그쳤을까?

나는 이 대목에서 나라를 올바르게 다스리고 백성을 도덕적으로 교화시키는 데 참고할 만한 것이 아니라면 철저하게 배척하고자 하는 유학자 특유의 비타협적 자세를 엿볼 수 있었다.

표연말은 《필원잡기》에서 고대 중국의 패관 전통에 비교적 충실한 부분, 즉 정치에 참고할 수 있는 부분은 긍정적으로 평가했지만, 그렇지 않다고 판단한 부분에 대해서는 '하찮은 이야깃거리'에 지나지 않는다고 비판하였다. 여기에서 '하찮은 이야깃거리'를 요즘 말로 하면 소설小說*이 된다.

---

* 동아시아에서 '소설'이라는 말이 처음 등장한 것은 기원전 4세기경이다. 대략 전국 시대 말기라고 할 수 있는데, 《장자莊子》〈외물〉편과 《순자荀子》〈정명〉편에는 각각 다음과 같은 말이 나온다. "소설(작은 말)을 꾸며서 벼슬을 얻고자 하는 것은 큰 도리와는 역시 멀다. 지혜로운 사람은 도를 논할 뿐이다. 소가小家의 진설珍說이 목적하는 바는 다 쇠퇴하고 만다. 여기에서 소가의 진설이란 '(대가들이 아니라) 소가들이 꾸며내는 진기한 이야기'를 뜻한다. 이 소설이 《장자》에서는 대달大達 즉 대도大道와 대립되고, 《순자》에서는 지자智者와 대립되는 의미로 등장한다. 요컨대 소설은 대도나 지자와는 거리가 먼 것, 하찮은 것으로 간주된다. 한나라의 반고가 편찬한 《한서漢書》〈예문지藝文志〉의 '제자략諸子略' 부분에는 유儒, 도道, 음양陰陽, 법法, 명名, 묵墨,

한나라의 반고班固는 소설을 대도가 아닌 소도小道이며, 무지렁이나 미치광이의 이야기라고 폄하했다. 하지만 그럼에도 그것이 아주 없어지지는 않고 있으며, '조금 유식한 사람'들이 알고 있고 채택할 만한 것이 아주 없지는 않음을 부정적인 방식으로나마 인정했다. 전통적인 대부분의 동아시아 지식인에게 '소설'은 오늘날 우리가 '소설 쓰고 앉아 있네'라고 말할 때의 그 소설과 위상이 비슷했다. 그런데 '조금 유식한 사람'이 아니라 당대 최고의 지식인이자 문장가였던 서거정은《필원잡기》는 물론《태평한화골계전太平閑話滑稽傳》**도 남겼다. 역시 항간에 떠도는 재미있는 이야기를 모아 정리한 것으로, 요즘 식으로 말하면 유머집에 가깝다. Y담에 가까운 다음과 같은 이야기도 포함되었다.

재상을 지내고 부인과 사별한 뒤 아들 내외와 함께 살고 있는 한 노인이 어느 날 뜰에서 개들이 교접하는 모습을 보게 되었다. 이 모습을 보고 춘정을 이기지 못한 노인은 마침 앞을 지나가던 여종을 불러들인다. 이 모습을 엿보던 아들 내외는 늙은 아버지를 딱하게 여긴 끝에 여종으로 하여금

종횡縱橫, 잡雜, 농農, 소설小說 등 이른바 10가가 거론되어 있지만, 소설가를 제외한 나머지 9가는 볼 만하다고 함으로써 소설의 가치를 낮추어보고 있다. 다만 다양한 사상 유파를 분류·정리하면서 소설을 빼놓지 않았다는 사실에서, 소설을 완전히 무가치한 것으로 보지는 않았음을 알 수 있다.
** 서거정 본인은《골계전》의 서문에서 이렇게 변명한다. 내가 이것을 지은 데는 애초부터 후세에 전할 뜻이 없었다. 다만 세상 근심과 무료한 일상을 달래보고자 했을 뿐이다. 공자께서도 장기나 바둑 따위를 두는 것도 마음 쓰는 데가 없는 것보다는 낫다고 말씀하지 않으셨는가. 요컨대 내가 마음 쓰지 않는 것에 대한 스스로의 경계이기도 한 것이다."

편안하게 아버지를 모시도록 한다.

도학道學의 고원한 이상과 엄격한 도덕주의적 관점에서 본다면, 이런 이야기를 모아 책으로 펴낸 서거정의 행태, 그러니까 어떤 의미에서 '소설이나 쓰고 앉아 있었던' 그의 태도는 불경스러워도 여간 불경스러운 게 아니었을 것이다.

서거정의 예는 성리학 이념에 의해 완전히 지배당하기 전 조선 초기 지식인들이 누린 상대적인 지적 자유를 보여주는 사례인지도 모른다. 성리학 이념을 현실 속에서 철저하게 구현하고자 했던 사림파는 성종 때만 해도 정치, 학술, 문학 등의 측면에서 지배적인 위치를 차지하지 못하고 있었다. 도학파의 이른바 재도문학載道文學, 즉 문장을 참된 이치로서의 도를 담아 표현하는 일종의 수단으로 파악하는 문학관 역시 지배적인 위치에 이르지는 못한 상태였다.

서거정의 《필원잡기》에 대한 표연말의 부분적인 비판은 이러한 상황과 함께, 그가 도학을 무척이나 열렬하게 추구했음을 보여준다. 덧붙이자면, 이른바 '주례사 비평'이나 립 서비스가 아닌 비판적 서문을 수용한 서거정의 태도에 점수를 주고 싶다.

표연말의 시대

나는 《남계선생문집》에서 표연말과 학문적·인간적으로 교유했던 인물들을 기록한 〈사우문인록師友門人錄〉에 등장하는 이들을 보면서, 사림파 혹은 도학파로서 표연말의 정체성을 읽어낼 수 있었다. 김종직, 정여창, 김굉필, 김일손, 남효온, 권오복, 박한주, 이원, 이주, 권경유, 이목, 강경서, 이수공, 정희량, 강겸, 홍한, 정승조, 이총, 강백진, 최부, 이인형. 이들은 모두 무오사화와 갑자사화甲子士禍 때 태형, 유배형, 사형, 부관참시 등에 처해졌으니, 표연말과 뜻을 같이 한 사람들의 운명은 모두 비극적이었다.

여담이지만 〈사우문인록〉에서 이채로운 인물 임희재任熙載를 잠깐 보고 가자. 임희재는 임사홍의 아들인데, 이미 언급했듯이 표연말은 1478년 임사홍의 잘못을 아뢰는 상소를 올렸다가 유배당한 일이 있었다. 임사홍의 아들 가운데 임광재任光載는 예종의 사위, 임숭재任崇載는 성종의 사위였다. 그런데 임희재는 아버지 및 형제들과 달라도 사뭇 달랐다. 아버지 임사홍의 입장에서는 골치 아프기 그지없는 자식놈이었을 터.《남계선생문집》의 기록에 따르면 '임희재는 늘 그 아버지인 사홍을 간했기 때문에 사홍이 미워하여 참언을 했다는 말이 있다'고 한다.《남계선생문집》에 기록되어 있는 참언의 전말은 다음과 같다.

글씨에 능했던 임희재는 다음과 같은 내용의 시를 병풍에 써놓았다.

요순을 본받아 따르면 자연히 태평성대를 이루게 되거늘, 진시황제는 어찌해서 창생들을 괴롭혔단 말인가. 화난禍難이 제 집안에서 일어날 줄 모르고서 공연히 오랑캐 막으려 만리장성을 쌓았구나.

그런데 임사홍의 집을 방문한 연산군이 문제의 병풍을 보고는 누가 썼느냐고 물었다. 임희재가 썼다는 말에 연산군은 화를 내며 "경의 아들은 불초막심한 자로다. 내가 죽이려 하니 경의 뜻은 어떠한가"라고 말했다.

이에 대한 임사홍의 반응은 다음과 같았다. "이 아이는 평소 성정이 불순하니 과연 전하의 말씀과 같나이다. 신은 일찍부터 이 아이를 깨우치려 했지만 아직 뜻을 이루지 못했나이다." 임희재는 결국 갑자사화 때 죽임을 당하고 말았다. 물론 병풍에 쓴 시 때문에 임희재가 죽임을 당했다고는 할 수 없다. 임희재는 김종직의 제자인 이목(李穆 : 1471~1498)과 함께 윤필상尹弼商을 탄핵한 바 있었는데, 이목은 무오사화 때 윤필상의 모함으로 죽임을 당했고 갑자사화 때 다시 부관참시되었다. 임희재는 진작부터 이목의 도당으로 지목되었던 것이다.

임희재는 연산군 10년에 대벽大酸, 즉 목을 베는 형에 처해졌다. 《실록》에 따르면 연산군은 전교를 내리면서 "임희재가 대나무를 그려 족자를 만들고 뜻을 붙여 시를 썼으니, 이런 불초한 무리를 어디에 쓰겠는가"라고 말했다. 앞서 언급한 《남계선생문집》의 기록을 상기시키는 대목이다. 임희재의 목을 베라는 전교를 내린 바로 그날 연산군은 표연말, 정여창을 부관참시하라는 전교도 내렸다.

《실록》의 사관은 표연말이 세상을 떠난 연산군 10년 8월 19일에 이렇게 기록해 놓았다. '유배되어 가던 표연말이 은계역銀溪驛 도중에서 죽었다 연말은 성품이 순후하고 성실한 데다가 서사書史를 통하여 문명文名이 있

었다. 오래 경악經幄*에서 모시었으며, 여러 벼슬을 거쳐 동지중추부사同知中樞府事까지 이르렀다.'

* 경악이란 군주에게 유교 경서와 역사를 가르치던 교육제도, 또는 그 자리를 뜻하는 말로, 경연經筵과 같은 뜻이다. 경서는 그 주석집을 정독했고 역사서는 통독했으며, 일정은 매일 아침 조강朝講이 원칙이고 주강晝講과 석강夕講을 포함 세 번 강의하는 일도 많았다. 조강에는 대신 2, 3명, 승지 1명, 홍문관원 2명(이상 경연관), 사헌부, 사간원 각 1명, 사관史官이 교대로 참석했고, 주강과 석강에는 승지, 홍문관원, 사관만 참석했다.

표연말이 고맙다; 지식의 바다로 이끌다

만약 복권에 당첨된다면?

'순후하고 성실했다' '서사를 통하여 문명이 있었다' 고 평가를 받은 조상을 대하는 것은 후손으로서 솔직히 기분 좋은 일이다. 도학을 추구하는 선비로 자신의 신념에 더없이 충실하고자 했던 표연말의 삶도 어느 정도 존경할 만하다고 생각한다. 물론 여기에 정파적 이해관계와 도덕적 순수성이 착종되어 있을 가능성에 대해서는 경계해야 하겠지만.

지역적 기반을 함께하면서 사승師承과 동문수학의 관계로 끈끈하게 이어진 학문·정치 집단으로서의 사림과, 옛 성현이 제시한 참된 길을 함께 추구하는 일종의 도덕 수행 집단으로서의 사림. 학정學政이 분리되지 않는 유교 사상의 특성상 위와 같은 두 측면을 무 자르듯 구별하기는 힘들다. 바꾸어 말하면 사림은 선善이고 훈구는 악惡이라는 단순한 도덕적 이분법은 성립되기 힘들다.

우리나라의 이른바 대유大儒들을 주제로 한 학문적(?) 연구 성과의 상당수는 일종의 문중학門中學, 나아가 '우리 조상 빛내기 쇼'에 지나지 않는다.

내가 로또 1등 당첨의 대박을 맞았다. 갑자기 사는 게 시시해지고 딱히 할 일도 없다. 어디에 돈을 쏠까? 나는 스폰서, 그러니까 물주가 되어 '남계사상연구소'를 발족시키거나 《남계학보》라는 제목의 학술지(?)를 창간한다. 한국사와 한국사상사 분야에서 제법 이름 난 원로급 학자 한두 명을 대표 선수로 고액 스카우트한다. 당연히 그 학자 밑의 제자들이 행동 대원으로 딸려온다. 학술대회도 폼 나게 매년 개최하고 그 성과를 책으로도 출간한다.

그런 학술대회 발표 논문이나 학술지 및 단행본의 내용이 어떨 것인지는 미루어 짐작할 수 있다. 표연말 신화화의 도구가 되는 것이다. 그런 쇼의 밑바탕에는 나의 조상 표연말이 도덕적으로 순수하고 고매하며 '정의의 편'이라는 의식, 그런 조상의 후손인 나 역시 그런 사람으로 알려지고 싶다는 의식이 도사리고 있다. 객관화, 상대화시켜 바라볼 수 있는 거리를 애당초 상실한 채 시작되는 문門·학學 야합의 쇼가 학술 활동이라는 허울 좋은 이름으로 포장되는 일은 이제 더 이상 없기를!

삶의 과제를 부여하다

표연말이 속했던 사림파에 대해 현재 충분한 연구가 이루어졌는지 나로서는 알 수 없다. 물론 개별 학자의 사상이나 사림파 전반의 사승 관계, 그들의 정치적·이념적 지향 등에 관해 역사학이나 사상사 분야에서 적지 않은 연구 성과가 나와 있다. 하지만 그들이 지니는 일종의 보편사적 의미까지 충분히 숙고되었는지는 의문이다. 개인적으로 조선의 사림파는 서양의 청교도주의처럼 내면적인 윤리나 초월적인 존재와의 내밀한 교통 등의 요소를 지니지 못했다고 생각한다. 단지 지극히 현세적인 도덕률로 유교를 파악하는 막스 베버의 입장에 대한 이의 제기 그 자체라고 생각한다.

사림파에게는 왕권을 정점으로 하는 현세적 질서만이 전부가 아니었다. 오히려 현세적 질서를 비판적으로 조망하고 그것을 개혁하기 위한 또 하나의 질서가 그들의 생각과 삶의 중추를 이루었다. 물론 그 또 하나의 질서란 출세간적이고 초월적인 질서가 아니라 고대의 성현들로부터 이어져 내려온다고 그들이 간주한 도통道統, 즉 참된 길의 올바른 계승 과정이라는 질서였다. 이런 의미에서 그들은 두 세계에 속한 사람들이었고, 조선 사상사를 이해하기 위해서는 그러한 두 세계의 길항拮抗과 상호 영향 관계를 정치사(제도사를 포함한), 사회사, 경제사 등을 배경으로 파악하는 것이 가장 관건이라고 생각한다.

그 관건을 붙잡아 대략 고려 후기부터 시작되는 성리학 사상의 전개 과정을 통사通史적으로 연구하는 것이 내가 스스로 설정한 '라이프 워크' 가운데 하나였다. 늘 예외적인 일이 생기는 삶 속에서 그러한 과제는 현재

정도전과 권근이 활동한 시기에 대한 대략적인 검토와 그 시기 주요 성리학 문헌에 대한 연구에 멈춰 있는 형편이지만, 내게 있어 표연말은 그러한 과제를 지속적으로 상기시켜주는 하나의 계기이자 동력이다.

지식의 바다로 이끌다

사실 표연말이 지금의 나에게 의미하는 바는 고등학교 국사 시간을 통해 본격적으로 증폭되기 시작했다. 특히 연산군 때의 사화에 대해 배울 때는 남다른 관심을 가지고 수업에 임했다. 할아버지께 표연말의 행적을 들어서 알고 있었기에, 나의 조상이 처했던 시대적 배경에 대해 좀 더 자세히 알고 싶은 욕구가 발동한 것이다. 표연말이란 조상을 통해 나는 여러 학과목 가운데 하나였던 국사를 각별하게 여기게 됐다.

먼지를 뒤집어쓰고 있던 집안 족보를 꺼내어 새삼스럽게 살펴보기 시작한 것도, '소년소녀~' 제목이 붙은 역사책이 아니라 '~ 연구' 식의 제목이 붙은 역사책을 읽기 시작한 것도 그즈음이었다. 아놀드 토인비(Arnold Toynbee : 1889~1975)의 《역사의 연구》 축약판 번역서가 그 첫 책이었는데, 물론 내용을 이해하며 읽었다기보다는 글자를 읽으며 넘어가는 꼴이었다.

이해하기 어려운 부분이 너무 많다는 것이 오히려 좋은 약이 되었다. 생소한 역사적 사건이나 인물이 나오면 밑줄을 그어놓고 백과사전을 비롯한 다른 책에서 확인하는 습관을 들일 수 있었기 때문이다. 한 권의 책을 제대로 이해하기 위해 얼마나 많은 배경 지식이 필요하고 얼마나 많은 책을 읽어야 하는지, 또한 다양한 분야의 개별적인 지식이 그물처럼 서로 연관되어 있다는 사실과 지식의 바다가 넓디넓다는 것도 처음 깨달았다.

예컨대 이런 식이었다. 국어 교과서에 《홍길동전》의 일부가 실려 있는데, 그 저자 허균(許筠 : 1569~1618)에 대해서는 학교 수업 시간에 간략하게나마 배우고 참고서에서도 관련 정보를 얻을 수 있다. 하지만 그 간략한 설명에 만족하기 힘든 나는 일단 국사 교과서에서 허균이 살았던 시대를 찾아보고, 백과사전에서 허균 항목을 찾아보고, 《홍길동전》 전체 내용이 담긴 책을 찾아 읽어본다. 그리고 대형 서점에 갈 때 허균이나 《홍길동전》 관련 연구서를 찾아 뒤적여본다. 그 과정에서 한자 실력도 쌓을 수 있었다. 고등학생인 나로서는 이 단계에 이르면 이해하기 힘든 책이 대부분이기 때문에 일단 멈춘 뒤 책 제목을 적어놓고 훗날(대학 입학 후)을 기약한다. 대입 수험생으로서 그렇게 외도하는 사이 모의고사 성적은 갈수록 떨어졌지만, 재미있는 걸 어쩌랴.

대학 입학 후에는 이기백의 《한국사신론》의 영어판 《A New History of Korea》를 암기하는 것으로 영어 공부를 대신했다. 지금은 다 잊어버렸지만, 이미 많이 알고 있는 우리 역사가 영문으로 씌어 있어 상대적으로 암기하기가 쉬웠고, 외국인에게 우리 역사를 설명하는 데도 요긴했다. 나중에 번역 일을 할 때 두고두고 도움이 되었음은 물론이다.

역사의식이라는 말이 있다. 이를 간략하게 풀이하면 '역사적 존재로서 인간의 자각'이라고 한다. 고등학교 시절 조상 때문에 국사 과목에 각별한 흥미를 지니게 된 일을 두고 역사의식에 눈떴다고 말한다면 과장일지도 모른다. 그러나 돌이켜보면 그것은 적어도 나에게는 '역사적 존재로서의 나를 자각한 것'이었다. 역설적으로 족보의 신화로부터 벗어나게 된 계기도 바로 표연말에 대한 관심 덕이었다. 그 덕분에 족보라는 것 자체를 전반적으로 되돌아볼 수 있었기 때문이다.

간단치 않은 시대를 살았던 한 인물의 삶을 통해 전체 시대상을 파악해 나갈 수 있다는 것, 한 인간은 그가 처한 시대로부터 결코 자유로울 수 없다는 것, 조금씩 다른 때에 일어난 무수한 사건들이 의외로 긴밀하게 연결되어 있다는 것, 그 연결을 총체적으로 파악하려는 노력이 필요하다는 것, 고등학교 시절의 내가 어렴풋하게나마 깨우쳤던 사항들이다.

처음으로 내 자신을 역사적 존재로 느끼게 해 주었다는 점에서, 스스로 조사해 보고 책을 찾아봄으로써 모르는 것을 알아나가는 기쁨을 느끼게 이끌어주었다는 점에서, 사람의 무늬(人文)가 새겨진 모든 것에 대한 호기심의 싹을 체계적으로 키워나갈 수 있게 해 주었다는 점에서, '공부도 잘하고 인간성도 좋았다'는 내 조상 표연말에게 고마움을 느낀다.

물러나 있음의 길, 나아감의 길

표연말의 또 다른 모습

한 여름 더위 피해 루樓에 오르니,
푸른 그늘 매미 소리 물가에 가득하다.
파초 잎에 비가 개니 빈 뜰이 맑기만 하고,
치자꽃에 바람 이니 작은 시내 고요하다.
세상을 멀리하니 마음은 물과 같고,
흰머리로 한가로이 거니니 기운은 가을 같다.
술이 없으니 강물도 허전하기만 하구나.

시와 술과 거문고와 바둑도 병 때문에 못하면서,

그대와 이야기하니 이 마음 상쾌하오.

차갑게 솟는 샘이 친구가 되고,

밝은 달이 나타나니 도를 깨달은 중을 만난 듯하구려.

가득한 매미 소리에 사람은 백발이오,

한해의 버들 빛은 금릉金陵으로 가는구려.

동천洞天 옥피리 소리 신선은 어디 있나.

학이 날아가 비어버린 바위에나 올라볼까.

자연에 의탁하여 자신의 감정을 솔직 담백하게 표현한 표연말의 시다. 첫 번째 시에서 '술이 없으니 강물도 허전하다'고 했는데, 표연말은 1475년 술 때문에 곤욕을 치른 적이 있다. 당시 예문관 대교待敎였던 표연말은 이예견 · 안진생 · 정회 등과 함께 신참자들에게 술을 강요하면서 함께 모여 통음했고, 이를 알게 된 사헌부에서 그들에게 장杖 70대의 형을 내릴 것을 성종에게 아뢰었다. 표연말 등은 금주령이 내려진 상태에서 신참자들의 신고식 때 술을 마시는 모험(?)을 감행했던 것이다.

요즘도 신고식이라는 걸 치르다가 사람을 죽음에 이르게 하는 일이 가끔 일어나곤 한다. 냉면 그릇에 소주나 막걸리를 가득 부어 원샷 아니 완完샷하게 하거나, 술을 못 이기는 신참자에게 술을 연신 강권하는 것이다. 인류학에서 말하는 '통과의례'의 말류末流라 할 수 있겠는데, 다행히도 똑똑한 요즘 젊은이들은 왕따를 예감하면서도 당당하게 거부하는 경우가 많다고 한다. 여하튼 성종은 너그럽게도 장형을 면해 주었다. 시로 보나 불법 신고식 전력으로 보나 표연말은 이 글을 쓰고 있는 후손만큼이나 술을 즐겼던 듯하다.

우리가 몰랐던 유학자들

원칙주의자에 깐깐하기만 했을 법한 표연말에게 그런 면이 있었다니 의외다. 하지만 조선의 유학자들이 숭상해 마지않던 중국 유학자 주희(朱 熹 : 1130~1200)를 보자. 사람들은 그를 근엄하기 그지없는 인물로 생각하기 쉽다. 도덕 원칙을 고수하는 데 추호도 타협의 여지가 없는 고집불통의 선비를 떠올리기 십상인 것이다. 물론 주희는 공자를 비롯한 성현의 언행을 절대적으로 신뢰한 도덕주의자였고, 자신이 옳다고 판단한 것에 관한 한 고집불통의 사람이었다. 그러나 과연 그게 다일까?

주희는 술을 마시다가 흥이 오르면 큰 소리로 노래를 부르곤 했다. 요즘 우리가 밤거리에서 볼 수 있는 취객의 고성방가 수준은 아니었겠지만, 주희의 그런 습관을 걱정한 나머지 편지를 보내 자제할 것을 권한 친구도 있었다. 주희의 친구 장남헌(張南軒 : 1133~1180)은 이렇게 충고했다. "자네가 있는 곳에서 온 사람들이 나에게 말하기를, 자네가 술자리에서 흥이 도도해지면 큰 소리로 노래를 부른다고 하더군. 그런 행동이 몸에서 제멋대로 뿜어져 나오는 활력을 자네가 아직까지 제대로 다스리지 못한다는 것을 보여주는 것만 같아 걱정스럽네."

물론 장남헌이 다소 과장된 소식을 전해듣고 그런 걱정을 했을 수도 있지만, 주위 사람들이 보기에 다소 지나친 면이 있긴 했던가 보다. 어떤 상황에서도 흐트러짐 없는 꼬장꼬장한 선비의 모습과는 거리가 있는 셈이다. 주희는 둘째 가라면 서러워할 모범생 공부벌레였지만, 술을 알고 흥을 알고 자연스런 감정의 움직임에 자신을 내어 맡길 줄도 아는 사람이 아니었을까? 그렇다면 주희보다 더 주희답고자 했던 또 한 명의 모범생 공부벌레, 이황(李滉 : 1501~1570)은 어떠했을까? 이황의 시 한 수를 보자.

군옥산 꼭대기 제일의 신선, 얼음 살결 눈빛이 꿈에도 고와,

월하에 일어나 만나보니, 미풍 휘감아 한 번의 찬연함.

—《국역퇴계시》 1

이황은 도학의 세계, 도덕의 세계, 유학의 기반이 되는 일용인륜日庸人倫의 세계와는 거리가 먼 신선의 세계를 꿈꾸고 있다. 여기에서 군옥산群玉山은 신선이 산다는 곤륜산을 뜻한다. 이러한 이황의 태도는 유학의 관점에서 볼 때 실학實學이 아닌 허학虛學, 즉 일용인륜의 세계에서 벗어나 있는 헛된 것을 추구하는 그릇된 태도라고 볼 소지마저 없지 않다.

이황을 비롯한 조선의 유학자들이 절실하게 닮고자 했던 주희는 유명한 〈무이구곡가武夷九曲歌〉에서 아홉번째 굽이를 다루면서 이렇게 노래한다.

구곡이 끝날 즈음 눈앞이 탁 트여,

상마桑麻는 우로雨露에 젖고 평천平川이 보이네.

도원桃源으로 가는 길 찾는 어부,

인간 세상 아닌 별천지가 있네 그려.

-《주자문집》권5.

이황, 주희, 그리고 표연말 모두 역사와 노동의 세계, 일용인륜의 세계에서 벗어난 곳을 노래하면서, 어떤 의미에서는 그런 곳을 동경하는 듯한 태도를 보여준다. 신선, 도원, 별천지 등의 말은 다분히 도교적인 분위기마저 풍긴다. 이황, 주희, 표연말 등이 모두 절대적으로 신뢰했던 공자孔子를 보자.

《논어》〈선진先進〉편을 보면 공자가 자로, 증석(증자의 아버지), 염유, 공서화 등 네 사람의 제자들과 나누는 대화가 나온다. 공자는 스승 앞이라고 너무 조심하지 말고 허심탄회하게 말해 보라고 한 뒤 제자들에게 다음과 같이 묻는다. "너희들은 내 재능을 제대로 평가하여 써주는 이가 없다고 말하는데, 만일 등용될 기회가 있다면 무엇을 하고 싶으냐?" 자로, 염유, 공서화는 국가를 다스리는 일과 의례 절차를 제대로 집행, 준수하는 일에 대해 말한다. 그런데 증석의 대답은 사뭇 달랐다. 증석은 "제 생각은 앞의 세 사람들과 너무 다르기에 말씀드리기도 좀 무엇하다"라고까지 말한다. 증석의 대답인즉 이러하다.

춘사월이 되면 봄옷으로 갈아입고, 젊은 사람 대여섯 명과 동자 예닐곱 명을 데리고 나가 기수沂水에서 목욕하고 무우舞雩에서 바람을 쐬고 노래를 부르면서 돌아오고 싶습니다.

공자의 반응은? "나는 점(點 : 증석)을 따르고 싶구나!"였다. 공자의 이러한 반응에 대해 여러 가지로 해석할 수 있겠지만 나는 '그대로' 받아들이고 싶다. 요컨대 공자는 자연 속에서 한가로이 노닐고 싶다는 제자의 바람에 동감을 표했을 뿐이다. 인위의 범주에 속하는 정치와 의례를 거론한 나머지 세 사람의 바람보다는 자연에서 노닐고 싶다는 증석의 바람이 그 누구에게든 훨씬 더 매력적이지 않은가?

공자가 만일 이렇게 말했다면 어땠을까? "이놈, 증석아! 팔자 편한 소리하지 마라. 이 어지러운 세상에 정치와 예악을 바로잡을 생각은 안 하고 한가롭게 놀 궁리를 하다니." 정말 확 깨는 말이 아닌가. 그러나 공자는 오히려 증석의 한가로운 꿈에 동감을 표했다. 그런 꿈이란 인간이라면 누구나 지니는 보편적인 꿈이다. 이제 이이(李珥 : 1536~1584)가 남긴 〈욕기사 浴沂辭〉를 보자.

봄바람은 불어오고, 봄날은 길기만 하다.
봄옷 이미 마련했으니, 벗들과 놀러가리라.
기수 沂水가 저만치 보이니 맑은 물에 목욕하리라.
나의 옷 떨쳐 입고, 나의 갓 털어 쓰고,
무우 舞雩에서 바람 쐬고, 만물의 변화 관찰한 다음,
노래하며 돌아오리라.

하나의 이치를 깨닫고, 만 갈래의 다름을 통찰했다.

하늘을 우러러보고 땅을 굽어보니,

물고기는 뛰놀고 솔개는 나는구나.

훈화勳華가 이미 가버렸으니, 누구와 함께 돌아갈까?

즐겁구나 저 행단杏壇, 스승으로 모시리라.

　잠깐 어구 풀이를 하면 이렇다. 기수는 노나라 남쪽에 자리한 물 이름이
며, 무우는 산 위의 기우제를 지내는 장소이고, 훈화는 요堯와 순舜을 일컫
는 말이다.* '물고기는 뛰놀고 솔개는 나는구나' 부분은《시경詩經》〈대아
大雅〉의 '한록旱麓'에 나오는 '솔개는 하늘 위에 날고 물고기는 물 속에서
뛰논다〔鳶飛戾天, 魚躍于淵〕'는 구절에서 가져온 것이고, 행단杏壇은 공자가
제자들에게 강의하던 곳으로, 이이는 공자 혹은 공자의 가르침을 뜻하는
표현으로 사용했다.

　이이는 앞부분까지《논어》〈선진〉편 이야기를 그대로 반복했다. 그런데
만물의 변화를 관찰하고, 하나의 이치를 깨닫고, 만 갈래의 다름을 통찰했
으며, 행단을 스승으로 모신다고 말함으로써 '확 깨게' 만든다. 이른바 도
학시道學詩, 그러니까 성리학적 세계관·도덕관을 주제로 삼는 시에 가까
워져버린다. 나는 이것이 자연으로 물러나 노니는 것을 동경하면서도 역
사와 노동의 세계를 결코 버리지 못하는 유학자들의 전형적인 태도라고

* 훈은 요임금의 별칭인 방훈放勳이고 화는 순임금의 별칭인 중화重華이다.

생각한다.

음풍농월과 치국평천하의 경계에서

유학에서는(혹은 어느 한 유학자에게서도) 늘 자연주의와 인문주의가 교
차한다. 여기에서 내가 말하는 자연주의란, 인간은 자연의 일물—物 이상
이 아니며 태어난 바 그대로의 상태로 돌아가는 것이야말로 인간의 본연
이라고 보는 입장을 뜻한다. 그리고 인문주의는 스스로 그러한 자연 세계
에서 벗어나 역사와 문화를 창조, 발전시켜 나아가는 데 인간의 본연이 있
다고 보는 입장을 뜻한다. 이것을 무위와 유위, 자연성과 인륜성이라는 범
주로 바꾸어 말해도 좋다.

단순화의 오류를 범할 가능성을 무릅쓰고 중국 사상을 자연과 인위의
범주를 대극對極으로 하는 스펙트럼으로 파악한다면, 자연 범주에 가장 충
실한 것이 도가道家이고 인위 범주에 가장 충실한 것은 법가法家이며 유가
儒家는 그 둘을 사실상 포섭하는 중간쯤에 위치한다고 볼 수 있다. 중국 사
상은 실체와 현상, 영靈과 육肉의 수직적 이원론이 부재한 대신 천과 인, 자
연과 인위 등의 수평적 이원론이 발달했다.

이러한 중국 사상에 대한 가장 큰 오해는 그것을 서양의 주류 형이상학
고유의 개념을 통해 파악하는 데서 비롯된다. 예컨대 천인天人 관계에서
천은 어떤 실체 개념이 아니며 어디까지나 '스스로 그러함'으로서 자연自
然을 뜻한다. 도道니 무無니 하는 개념들도 철저하게 비非형이상학적, 비非

존재론적 개념이다. 때문에 무의 형이상학이니 도의 존재론이니 하는 말로 중국 사상을 기술하려는 시도는 가당치 않다.

공산 혁명 이후 중국 본토의 학자들은 중국 사상을 유물론과 유심론 계열로 정리·평가하는 작업에 몰두하기도 했다. 예컨대 기氣를 중시한 장재張載가 유물론자라면 이理를 중시한 정호(程顥 : 1032~1085)·정이(程頤 : 1033~1107)·주희朱熹, 심心을 중시한 왕양명(王陽明 : 1472~1528) 등은 유심론자가 된다. 요컨대 기의 강조는 유물론, 이와 심의 강조는 유심론으로 간주하는 셈인데, 이러한 구분은 어디까지나 서양의 실체 형이상학 전통에 바탕을 두고 있다.

서양 철학에서는 우리가 감각 기관을 통해 인식하는 현상의 배후, 근저에 실체가 있다고 본다. 실체는 그 어떤 다른 존재에도 의존함 없이 스스로 존재하는 존재, 즉 자존자自存者를 뜻한다. 그런 실체를 물질이라고 보는 입장이 유물론이며 정신이라고 보는 입장이 유심론이다. 실체를 둘이라고 보면 이원론이고, 하나라고 보면 일원론이며, 여럿이라고 보면 다원론이다. 예컨대 데카르트의 철학적 입장을 심신이원론이라고 일컫는 것도, 그가 정신 실체와 물질 실체, 이렇게 두 실체를 인정했기 때문이다.

서양의 주류 형이상학은 눈으로 보고 귀로 듣고 손으로 만질 수 있는 현상 세계에 대한 불신에 바탕을 두고 있다. 때문에 기본적으로 그것은 '현상의 구제'를 목표로 삼아왔다. 철학, 즉 필로소피philosophy라는 말이 잘 알려져 있듯이 '지혜에 대한 사랑'이라고 할 때, 여기에서 지혜는 현상적·세속적인 지혜가 아닌 초월적인 지혜, 불변의 존재 세계에 대한 지혜를 뜻한다.

그러나 중국 사상 전통에서 현상은 결코 구제의 대상이 아니며, 현상의 배후 혹은 근저에 어떤 실체나 궁극적인 존재 따위는 없다. 특히 유학의 입장에서 보면 그런 실체나 존재를 추구하거나 설정하는 일은 실학實學이 아닌 허학虛學에 불과하다. 어떤 의미에서는 유물이니 유심이니 하는 범주로 중국 사상을 설명하려는 노력 자체가 허학인지도 모른다.

중국 사상에서 '유위' '인륜성' '인문주의'는 사회적 가치와 규범, 사회와 역사 세계의 일원으로서의 인간, 후천적 습득과 노력의 중시, 노동하는 인간, 목표를 향해 노력하는 인간, 문화주의 등을 특징으로 한다. 이에 비해 '무위' '자연성' '자연주의'는 자연의 이치, 자연 세계 일원으로서의 인간, 타고난 본성의 중시, 놀이하는 인간, 자족하는 인간 등을 특징으로 한다.

그러나 한 사람의 유학자 안에서도 음풍농월하며 자연으로 물러나 침잠하려는 바람과 치국평천하의 책임 의식이 늘 중첩되어 있다. 요컨대 유위, 인륜성, 인문주의 등과 무위, 자연성, 자연주의 등이 상호 배척의 관계가 아니라 상호 포섭의 관계를 이룬다. '마땅히 해야 할 바 책임은 무겁고, 가야 할 길은 멀기만 하다[任重而道遠]'는 증자의 말은 유학자들이 역사와 세계에 대해 느꼈던 책임감의 무게를 가늠케 한다. '기수에서 목욕하고 무우에서 바람이나 쐬고 싶다'는 증석의 말은 무거운 책임과 가야 할 먼 길에서 벗어나 유유자적하고 싶은 바람을 담고 있다. 이러한 중첩은 유학자들의 구체적인 삶 속에서 나아감[出]과 물러섬[處]의 긴장으로 나타난다.

제갈량의 선택

나아감과 물러섬을 좀 더 구체적으로 말하면, 벼슬자리로 나아가느냐 나아가지 않느냐 (혹은 물러나느냐)의 선택이라고 할 수 있다. 여기에서《삼국지》의 제갈량과 관련한 삼고초려의 고사를 상기한 만하다. 유비는 작은 초가에 숨어 지내던 제갈량을 모시기 위해 세 차례나 거듭 방문한 끝에 결국 뜻을 이루었고, 제갈량을 등용한 다음부터 곤궁한 처지에서 벗어나기 시작했다. 제갈량은 왜 세상 속으로 뛰어들었을까? 물론 세 번씩이나 찾아와 도와달라고 부탁하는 유비의 간곡한 정성에 감동했을 수도 있다. 그러나 과연 그 때문만일까?

제갈량은 조용히 은거하고 있었지만 천하의 형세를 누구보다도 정확하게 판단하고 있었다. 제갈량은 유비가 세 번째 찾아왔을 때 지도까지 펼쳐놓고 천하의 형세를 자세하게 설명한다. 그리고 어떻게 하면 유비가 독자적인 세력과 근거지를 마련하여 천하통일에 나설 수 있을지, 구체적인 방안까지 제시한다. 제갈량이 애당초 세상으로 뛰어들 마음이 전혀 없었다면 천하의 형세에 그토록 깊은 관심을 기울이고 있을 까닭이 없다. 제갈량은 숨어 지내면서도 세상으로 나아가 자신의 뜻을 펼칠 기회를 기다리고 있었던 것은 아닐까?

그렇다면 왜 하필 유비였을까? 제갈량은 유표가 다스리던 지역에 살고 있었다. 더구나 제갈량의 뛰어난 학식과 지략은 이미 어느 정도 널리 알려져 있었다. 세력도 미미하고 근거지도 없는 유비보다는 차라리 유표, 조조, 손권과 같은 제후를 택하는 편이 좋지 않았을까? 그러나 제갈량은 그렇게 하지 않았다. 왜일까? 무너져버린 한 황실을 회복하겠다는 유비의 대의명분이 제갈량에게는 중요했을 것이다. 세상으로 나아가기 위한 올바른 명분을 유비에게서 찾을 수 있었던 것이다. 또한 뛰어난 모사들을 많이 거느리고 있었던 다른 제후들과 달리 유비에게는 뛰어난 모사가 없었다. 명분으로 보나 실리로 보나 제갈량으로서는 유비를 택하는 편이 최선의 선택이었을 듯하다.

유학을 내성외왕內聖外王의 도, 즉 '안으로 자기 자신을 닦고 밖으로 다른 사람을 다스리는 길'이라 일컫기도 한다. 외왕에 충실하자면 부득불 벼슬자리로 나아가지 않을 수 없다. 그러나 외왕은 내성, 즉 철저한 자기 수양의 바탕 위에서 이루어지지 않으면 그릇된 방향으로 나아가기 쉽다. 조용히 숨어 지내면서 자기 수양의 방편으로 학문에 전념하는 것이 내성의 길, 물러나 있음의 길[處]이라면, 벼슬자리에 나아가 군주를 섬기고 백성을 다스리는 역할을 하는 것은 외왕의 길, 나아감의 길[出]이다. 유학자들은 이러한 물러섬과 나아감을 올바르게 하는 것을 매우 중요하게 생각했다. 그들은 군주가 덕이 없고 간신들이 판을 친다고 판단하면 벼슬자리에 나아가는 일을 삼가고자 했다.

당대의 지식인, 표연말

표연말은 1497년 음력 2월에 '조정이 점차 그릇된 방향으로 나아가는 것을 보자 병을 칭탁하고 홀연하게 벼슬자리에서 물러났다'고 한다. 출처

出處의 판단에서 처 쪽을 택한 표연말은 그러나 끝까지 처할 수는 없었다. 물러난 지 불과 한 달 만에 표연말은 사간원 대사간에 임명되었다. 이때의 일을 《남계선생문집》 연보에서 보면 다음과 같다.

선생은 그때 조정에서 물러나와 수양하시고 계시다가 홀연히 소명이 내리니, 장차 이 틈을 타서 올바르고 간곡한 말로 임금께 아뢴다면 사특한 것을 막고 올바른 것을 세울 수 있으리라 판단하셨다.

대사간의 가장 중요한 역할은 임금에 대한 간쟁諫諍, 즉 임금의 잘못을 지적하여 바로잡는 일이다. 어떤 의미에서는 왕권에 대한 일종의 견제 역할을 했던 셈인데, 표연말은 바로 그런 대사간에 임명된 것을 조정의 시폐를 바로잡을 수 있는 좋은 기회로 여겼던 것이다. 표연말은 대사간에 임명된 지 닷새 후부터 기다렸다는 듯이 공신들의 후손에게 부당하게 많은 녹봉을 지급하는 것에 대한 간언을 시작으로, 간관들이 무례하게도 임금을 이기려 한다는 연산군의 말이 잘못임을 지적하는 간언, 임사홍의 잘못을 성토하는 간언 등을 했다. 이 가운데 음력 3월 13일의 간언 내용의 일부를 보면 다음과 같다.

어제 하교에 스스로 이기려고 한다 하셨는데, 신 등이 이기려는 것이 결코 아닙니다. 대저 간관의 책임은 인군과 시비를 다투는 것입니다. 인군이 허물이 있으면 간하여 중지시켜서 바른 데로 돌아가게 해야 하고, 일이 잘못된 것이 있으면 임금의 노여움을 사면서까지 감히 말하여 기어이 소청을 윤허받습니다. 만일 간관의 말을 이기려고 하는 것이라 하여 거절한다면 누가 감히 천위天威를 거스르면서 항거하여 말하겠습니까. 옛날 당唐나라 태종太宗은 영명英明한 임금이로되 하려는 일을 위징魏徵이 자주 간하여 중지시켰습니다. 이래서 인군은 잘못한 일이 없었고, 나라 또한 다스려지고 평안했습니다.

그러나 자신의 간언이 하나도 받아들여지지 않자 표연말은 5월에 다시 사퇴했다가 같은 달에 다시 소명을 받고 복직했다. 그러나 역시 다시 사퇴했고 6월에 다시 복직했다. 그리고 이듬해인 1498년, 김종직이 작성한 〈조의제문弔義帝文〉이 빌미가 되어 시작된 무오사화에 연루된다. 〈조의제문〉은 항우項羽에게 죽임을 당한 초나라 회왕懷王, 즉 의제義帝를 조상하는 내용의 글인데, 이는 세조에게 죽임을 당한 단종端宗을 의제에 비유한 것으로, 세조의 찬탈을 은근히 비난하는 뜻을 담고 있었다. 이 글을 김종직의 제자인 김일손金馹孫이 사초史草에 적어 넣은 것이다.

연산군 즉위 뒤《성종실록》편찬 책임을 맡은 이극돈李克墩은 김일손이 작성한 사초 가운데 자신의 비행이 기록되어 있는 걸 보고 앙심을 품고 있던 중, 사초에서 〈조의제문〉을 발견하고 김일손이 김종직의 제자임을 꼬투리삼아 김종직과 그 제자들이 대부분인 사림파의 대대적인 숙청을 꾀했다. 이극돈은 이른바 훈구파勳舊派에 속한 사람이기도 했다. 그는 유자광柳子光을 시켜 김종직 일파를 세조에 대해 불충한 마음을 먹은 무리로 탄핵

함으로써, 급기야 옥사를 일으키고 말았다. 유자광은 과거 함양에 놀러갔다가 시를 지어 현판懸板하게 한 일이 있는데, 뒷날 함양 군수로 부임해 온 김종직이 그 현판을 떼어버리자, 이때부터 원한을 품었던 것으로 알려져 있다.

표연말은 그런 김종직과 사제의 연을 맺고 있던 데다가 김종직의 행장行狀을 작성한 바 있다. 또한 유호인과 함께 함양에 김종직의 사당을 건립하는 일에 주도적으로 나섰으며, 심지어 김종직의 시호를 공자孔子라 해야 하지 않겠느냐는 논의를 했다는 혐의도 받았다. 더구나 연산군의 입장에서 보면 줄기차게 간언을 해대는 성가신 인물이다. 그렇게 '성가신 인물'로 지목된다는 것은 적어도 예전에는 그 사람이 지식인이라는 가장 확실한 징표였다. 지식인은 '세계와 불화하는 자' 혹은 부정적으로 표현하면 '세상 물정 모르고 제 생각이 올바르다고 나서거나 사사건건 따져 묻는 처치 곤란의 족속들'이었던 것이다.

시대착오적인 지식인이 그립다

지식인이라 말할 수 있는 자, 누구인가

세상에 ○와 ×만 있는 건 아니다. □도 있고 △도 있으며 그 밖의 우수한 모양새들이 있다. 그러나 표연말에게는 ○와 ×만 있었다. '○×지식인' 표연말과 달리, 오늘날의 지식인은 테크노크라트technocrat, 스페셜리스트specialist, 엑스퍼트expert, 엔지니어에 가깝다. 시시비비를 판단하기보다는 지식의 환전 가치를 재빨리 판단하는 지식인, 세상과 불화하기보다는 영합하는 지식인……. 물론 지금도 어떤 의미에서는 현실과 불화하는 태도를 보여주는 지식인들이 있다. 하지만 불화하는 (것처럼 보이는) 지식인들 가운데 상당수는 불화가 아니라 투정을 부리고 있다고 생각한다. 요컨대 비판과 불화의 모습을 보여주지만 사실은 기성established 현실의 어느 지점에 스스로를 편입시키고 싶어하는, 혹은 편입시켜달라고 투정 부리는 꼴인 셈이다.

그런 투정을 부리는 지식인에게 나아감과 물러섬은 전략·전술 차원 이상의 의미를 지니지 못한다. 예컨대 지식인의 현실 참여 운운하면서, 합리적 정책 대안을 제시하고 우리 사회의 올바른 방향을 모색한다는 목표를 갖고 싱크탱크 비슷한 모임을 결성하는 자칭·타칭 지식인들을 심심치 않게 볼 수 있다. 정권이 바뀌면 그들 가운데 주도적인 위치에 있던 사람들은 어김없이 권부로 자리를 옮기곤 한다. 그런 사람들은 나아감은 있을지언정 물러섬은 좀처럼 찾아보기 힘들다. 설사 물러섬이 있다 해도 그것은 일보 전진을 위한 이보 후퇴의 차원일 경우가 많다.

이에 비해 조선의 적지 않은 지식인들이 최고 권력자에게 올린 상소문이나 간언은 투정이 아니라 근본적인 불화의 선언이자 온 삶의 기투企投였으며, 그들에게 나아감과 물러섬은 차라리 우주론적인 주제에 가까웠다. 그들에게 물러섬이란 기성 질서 안에서 바깥으로 물러섬이라기보다는, 그러한 안과 바깥을 아우르는 총체적인 세계 질서 자체를 괄호 안에 넣는 것, 영원의 상相으로부터 영고성쇠榮枯盛衰의 갈마듦을 조망하려는 스피노자의 물러섬에 가깝다.

레지 드브레(Regis Debray : 1940~)가 《지식인의 종말》(예문, 2001)에서 말했듯이 오늘날의 많은 지식인(?)들은 자신들 속에 갇혀 대중 혹은 민중과 단절되어 있으며(집단 자폐증), 공부도 제대로 하지 않고 현실을 제대로 인식하지도 못하면서(현실감 상실증), 여전히 사회의 모럴을 선도한다고 자만하고(도덕적 자아도취증), 들어맞지도 않는 예측을 쏟아놓고(만성적 예측

불능증), 자신의 이름이 자칫 잊혀질까 매스컴의 리듬에 맞추어 설익은 견해들을 유창한 언변으로 늘어놓는다(순간적인 임기응변증).

'대학 교수＝지식인'이라는 등식도 이제는 성립하기 힘들다. 대학 교수들의 입시 관련 비리나 연구비 착복 등의 여러 비리가 터질 때마다 각종 언론 매체에는 '양심의 최후 보루인 교수 사회마저 부패했다'느니, '지식인의 도덕적 해이'니, '학자적 양심의 실종'이니 하는 표현들이 등장한다. 그러한 표현에는 '다른 사람은 몰라도 모름지기 대학 교수라면'이라는 전제가 깔려 있다. 대학 교수에게 보통 이상의 윤리적 기준과 사회적 책임을 요구하고 있는 셈이다. 하지만 이제 교수라는 직업인은 전문적인 지식을 가르치고 새로운 지식을 생산, 가공하는 전문 직업인 이상의 의미를 지니지 못한다. 교수 입장에서 그런 위상이 마음에 들지 않는다 해도 어쩔 수 없다. 대학도 이미 일종의 보편 교육 기관이 되어버린 지 오래다. 대학생이란 말이 취업 준비생과 동의어가 되어버린 현실 아닌가.

지식인 개념의 변화

고전(학) 지식을 중심으로 전방위적인 교양을 갖추는 곳으로 대학(학부)을 인식하는 사람이 과연 얼마나 될까? 이른바 대학의 교양 과목이라는 것도 1, 2학년 때 치러야 하는 거추장스런 통과의례, 《삼국지》의 표현을 빌리면 계륵鷄肋 같은 것이 된 지 오래가 아니던가. 대학 교수가 실제로 담당하고 있는 사회적 기능과 현실적인 위상은 전문 직업인의 그것임에도 불구하고, 우리의 의식 속에서는 여전히 전통적인 선비 또는 군자의 이미지를 오늘날의 대학 교수들에게 투사시키고 있다.

이러한 현실은 '체계 구축으로서의 학문'이라는 서양의 공부관과 '수양으로서의 학문'이라는 동아시아의 전통적인 공부관이 어설프고 기묘하게 오버랩되어 있는 현실이라고 볼 수도 있고, 학자 또는 학문이라는 것이 대학이라는 한정된 공간 안에서만 가능하다고 보는, 그리고 실제 어느 정도 그렇기도 한 현실과 맞닿아 있다. 요약하면 현실과는 상관없이 '지식인 = 학자 = 대학교수 = 선비 = 군자 = 높은 윤리적 기준 = 고매한 인격' 이런 등식이 우리의 의식 속에 깊이 뿌리박혀 있는 셈.

대학은 지식인이 먹고 살 수 있는 기반, 이른바 물적 토대를 제공한다는 점에서 지식인들에게는 거부하기 힘든 유혹이 되곤 한다. 여기에서 미국 지성의 풍토를 알기 위한 필수 관문이라고 할 수 있는 러셀 야코비Russell Jacoby의 《마지막 지식인 The Last Intellectuals》*을 보자.

그는 《마지막 지식인》에서 특히 미국 지식인의 제도권 아카데미즘 세계로의 '투항'을 이야기한다. 그에 따르면 예컨대 《핀란드 역까지To the Finland Station》로 유명한 작가이자 비평가인 에드먼드 윌슨Edmund Wilson 이나 대니얼 벨Daniel Bell이 아카데미즘, 정확히 말하면 대학 사회에 편입

---

* 야코비는 20세기 후반 지식인의 정치적 지형도를 심층적으로 규명한 역작 《유토피아의 종언 The End of Utopia : Politics and Culture in an Age of Apathy》으로도 유명하다. 야코비는 뉴욕에서 태어나 시카고 대학에서 공부했고, 로체스터 대학에서 1974년에 박사학위를 취득했다. 현재 UCLA 역사학과에서 20세기 유럽 및 미국 지성사를 연구, 강의한다.

되지 않은 독립적인 지식인의 마지막 세대였다(물론 대니얼 벨은 결국 컬럼비아 대학, 하버드 대학으로 투항하기는 했지만).

야코비의 그러한 논지는 (미국의) 대학이라는 제도 기관이 얼마나 강력한 흡인력을 지닌 블랙홀인지 보여준다. 미국의 두뇌(대학)는 이미 미국이라는 한 국가의 두뇌가 아니라, 제국의 두뇌로서 제국의 영역 안에 있는 제후국의 일급 두뇌들까지 모조리 빨아들인다. 데리다, 푸코, 에코……, 제국의 수도에서 공인받지 않았다면 지금처럼 제국의 변방 거주민들에게까지 그들의 말이 전해졌을지 의문이다. 제국의 수도는 지식의 유통망과 지식 시장의 효율성이 고도로 발달되어 있고, 프로모션의 기회도 상대적으로 많다.

시대착오적인 것에 대한 그리움

루카치의 총체성은 가뭇없이 사라졌다. 발터 벤야민의 아우라(靈氣)는 종적을 찾아보기 힘들다. 총체성과 영기를 대신하여 파편화와 즉물성(卽物性)이 대세로 자리잡은 느낌이다. 물론 파편화와 즉물성을 부정적으로만 바라볼 필요는 없다. 예컨대 작은 목소리, 일상적인 것, 비근한 것에 대한 각별한 관심의 대두는 어떤 의미에서는 '여실한 삶의 목소리, 현장의 목소리'의 복권이라는 긍정적인 측면을 지닌다.

구체적이고 개별적인 물(物 : event)에 즉하여 생각과 말과 행동의 갈피를 잡는 일, 그리고 우리, 여기, 지금이라는 삶의 자리를 보살피고 되새기는 일에서 과유불급過猶不及이란 없다. 전지全知의 욕망에서 벗어난 근사近思의 겸손은 더없이 소중하다. 시대가 바뀜에 따라 지식인 개념 자체가 바뀌는 것도 어쩔 수 없다. 지사적志士的 지식인, 사상가로서의 지식인, 한 사회나 시대를 총체적으로 파악하여 괄호 안에 넣고 끊임없이 회의하고 질문을 던지는 지식인, 그 사람의 삶을 되새겨보는 것이 한 시대를 되새겨보는 것과 마찬가지가 되는 삶을 살았던 지식인, 지금은 찾아보기 힘든 그런 지식인을 그리워하는 것이 오히려 시대착오적일 수도 있다. '반시대적 고찰'을 통해 '이 사람을 보라'고 외쳐본들 씨도 안 먹힐 가능성이 크다.

그럼에도 나는 그런 지식인들이 그립다. 내가 그러하지 못하기 때문에 더욱 그리운지도 모른다. 그래서 표연말을 바라보는 나의 여러 시선 가운데 가장 중요한 것이 바로 그런 '시대착오적인' 것에 대한 그리움의 눈길이다. "의관을 바로하고 존중하는 눈빛을 갖추도록 하고, 마음을 가라앉혀 생활하기를 마치 상제上帝를 앞에 모시고 있는 듯하라"고 권한 주희의 태도는 학자 이상의 학자가 갖추어야 할 태도다. 학자 이상의 학자, 그것이 오늘날 대안이 되기는 현실적으로 힘들다. 그렇다면 (적어도 개인 차원에서) 가능한 대안은 도대체 뭘까?

'자기 성찰에 대한 열려 있음'이 아닐까 한다. 나는 지식인이 자신의 삶이든 내세운 이론理論이든 자기 성찰의 부담을 마다하지 않는 것이야말로 지식인의 지식인됨을 보증하는 최소한의 모럴이라고 생각한다. '도대체 나는 지금까지 뭘 했고, 지금은 뭘 하고 있으며 앞으로 어떤 방향으로 나아갈 것인지' 끊임없이 되새김질하는 것, 더 줄여 말하면 '너 자신을 알라'

가 된다.

말은 이렇게 하지만 정작 나 자신을 돌이켜본 적은 별로 없다는 점에서 부끄럽다. 무한하게 느껴지는 지식의 바다에서 갈피를 잡지 못하고 이것 저것 관심 가는 것들을 살짝 들춰보기에 바빴던 것이 지금까지 나의 삶이 었다. 하나의 주제나 분야를 대상으로 정하고 나면, 책과 인터넷을 통해 관련 지식을 긁어모아 파일(비트 파일과 아날로그 종이 파일)로 정리하고 편 집한 뒤 다른 표적을 찾아 나서는 일의 반복이었다. 그런 반복을 통해 표 적들 사이의 관계와 상호 맥락을 어느 정도 파악해 나가다 보면 어느 사이 일이관지—以貫之의 경지에 도달할 수 있지 않을까 하는 파우스트적인 '헛 된 소망'이 지금까지 나를 사로잡고 있었다.

나는 그런 소망을 추구하는 가운데 누군가 나의 지식을 필요로 하는 사 람, 즉 수요가 있을 때 그 수요에 응하여 내가 정리한 파일의 일부를 가공 한 뒤 제공함으로써 대가를 받는 걸 생계 수단으로 삼아왔다. 물론 이러한 일종의 지식 날품팔이라는 밥벌이 방식 자체를 부끄러워하지는 않는다. 더구나 사람이란 가능하기만 하다면 자신이 좋아하는 걸 하면서 살아야 한다는 게 평소지론인지라 지식 날품팔이 생활이 스스로 좋다면 그 생활 에서 벗어나려 하는 건 억지스럽다고 생각한다.

하지만 지금의 나에게는 '배우되 생각하지 않으면 종잡을 데가 없게 된 다〔學而不思則罔〕'는 공자의 경고가 각별하게 다가온다. 요컨대 지금의 나는 박람강기博覽强記에만 열심인 나머지 망罔, 즉 종잡을 데가 없고, 체계성이 부족하며, 미혹되기 쉽고, 남는 것이 없는 지경에 빠져 있다. 사思를 강조한 예로 유성룡柳成龍의 '학이사위주學而思爲主'가 있다. 그는 이렇게 말한다. "성현의 학문은 오직 사思를 위주로 했으니, 사가 아니면 입과 귀로만 하는 피상적인 학문에 불과하다."

더구나 나는 일종의 '망이불사網而不思', 풀이하면 '인터넷을 주유하되 생각하지 않는' 형편이다. 인터넷 상에서 얻을 수 있는 각종 지식 정보를 갈무리해 다시 발신하는 게이트키퍼 역할에 매몰되다 보니 좀처럼 스스로 사고할 줄 모르는 지경에 빠져들고 있는 것이다. 특정 지식 정보가 지니는 사회적, 문화적, 역사적 의미와 자리를 원려遠慮 혹은 심려深慮하기보다는 그 자체의 새로움에 마음을 빼앗기고 있다.

잠시 책에서 눈을 떼기

최근 들어 많은 사람들이 '정보통신 활용 기술과 네트워크식 사고로 무장한 새로운 유형의 지식인', 이른바 신교양인新敎養人 시대의 도래를 이야기한다. 내적 성찰과 경험 축적을 중시했던 아날로그적 전통 교양인이 아니라, 이질적 요소들의 복제, 융합, 변형에 능숙한 네트워크적 지식인이 부각되고 있는 것이다. 그런 의미에서라면 나는 나 자신이야말로 신교양인의 전형이라고 생각한다. 나는 '이질적 지식 요소들의 복제, 융합, 변형'을 밥벌이 수단으로 삼아왔으며, 그 수단의 중요한 인프라가 정보통신 활용 기술이었다.

하지만 그것만으로는 2퍼센트, 아니 그 이상 부족하다는 생각이 자꾸만

든다. 그 부족분은 삶의 원체험일 수도, 고전 텍스트와 벌이는 지난한 진검승부일 수도, 치열한 내적 성찰일 수도, 사회와 역사에 대한 책임 의식일 수도 있다. 어떤 것이 되었든 지금의 나에게는 분명히 부족한 것들이며, 내가 새삼스럽게 표연말의 행적을 길게 거론하고 나선 까닭도 어쩌면 그렇게 부족한 것들에 대한 아쉬움 때문일 것이다.

현재의 그리고 앞으로의 신교양인들에게 말하고 싶다. 현재에 더없이 충실한 건 물론 중요하지만, 그에 못지않게 역사를 돌이켜보는 것도 중요하다고 말이다. 역사를 돌이켜봐야 할 이유는 물론, 과거 지식인들을 일종의 모범으로 삼아 그것으로 돌아가는 단순한 복고復古에 있지 않다. 그런 복고는 바람직하지도 않고 가능하지도 않다. 다만 전거가감前車可鑑, 복거지계覆車之戒의 거車로 삼아야 할 필요 때문이다. 표연말은 나에게 그런 무수한 거車 가운데 중요한 하나라고 할 수 있다.

영국의 문필가 새뮤얼 존슨(Samuel Johnson : 1709~1784)의 시, 〈인간 소망의 헛됨〉의 일부를 떠올려본다.

지나가는 세상 위로 겸손하게 너의 눈을 돌려
잠시 책에서 눈을 떼고 쉬면서 현명해져라.

1592년, 조선

"소문을 들건대 역관 표헌, 임춘발이 지금 어가 앞에서 상언하면서
스스로 공이 있는데도 녹훈되지 않았다고 진달하였는데,
신 등의 이름까지 들먹여 다같이 억울하다는 증거로 삼았다고 하니,
어찌 심히 부끄러운 일이 아니겠습니까. 그들은 역관이란 미천한 신분으로
실제 호소할 만한 억울한 일이 있으면 홀로 호소하는 것이 무엇이
불가하기에 감히 이처럼 되지 않는 말을 한단 말입니까?"

– 광해군 1년 6월 24일, 우의정 심희수

역관 표헌, 당상관에 오르다

또 다른 조상, 표헌

표씨 집안의 스타이자 사림파의 선비로서 도덕 군자 스타일이었던 표연말. 그런 표연말과 신분이나 성품이나 행적 등 여러 측면에서 사뭇 달랐던 인물, 《실록》에서 줄기차게 간관들의 표적으로 등장하는 인물이 표씨 집안에 있다. 표연말이 고원한 이상주의를 추구했다면, 그는 비근한 느낌이 드는 현실주의를 추구했다고나 할까. 솔직하게 밝히자면, 개인적으로 표연말보다는 이 사람 표헌에게 더 끌린다.

사대부 집안에서 서자로 태어났던 걸까? 사화를 목격하면서 두려움을 느낀 나머지 사대부 신분을 버린 걸까? 표씨 성을 가진 어느 선비가 신분이 다른 여인과 벌인 '불장난'의 결과였을까? 중인 신분인 표헌表憲의 가계에 어떤 구구한 사연이 있었는지 알기는 힘들다. 그 사연은 아마도 표연말의 경우와는 무척이나 다른 이야기리라.

《실록》에서 간관들의 표적이 됐던 표헌은 선조 및 광해군 대에 걸쳐 활약하였다. 그의 이름 앞에는 역어지인譯語之人, 역어인譯語人, 역인譯人, 역자譯者, 설인舌人, 설자舌者, 상서象胥, 역관譯官, 통사通事 등 다양한 말을 붙일 수 있다. 그렇다. 그는 잡과인 역과譯科에 합격하여 통역관이 된 관원, 즉 통사通事였고 어전통사御前通事, 요즘 말로 하면 대통령 의전 통역 담당관으로 활동했다.

나는 중학교 때 표헌이라는 인물을 처음 알고 나서 조상이 중국에서 건너왔다는 사실과 역관 표헌을 연결지어 생각해 보기도 했다. 더구나 나의 부친도 중국어에 능통한 편이었다. 물론 그건 우연이었다. 그렇지 않다면 중국에서 건너온 성씨들이 모두 역관을 배출했어야 하고 오늘날에도 중국어에 비교적 능통해야 하니 말이다. 여하튼 정승판서도 아니고 폼 나는 장군도 아닌 중인 신분의 역관, 그것도 무척 유명했던 역관이 나의 성씨 가운데 있다는 사실은 각별한 흥미를 불러일으키기에 충분했다. 더구나, 적어도 족보에 따른다면, 내가 속해 있는 것으로 되어 있는 신창 표씨 심안당파의 '심안당審安堂'이 바로 표헌의 호號가 아니겠는가.*

표헌이 선조가 아닌 다른 치세에 역관으로 활동했다면 나는 그의 존재 자체를 몰랐을 가능성이 크다. 임진왜란 때 대규모의 명나라 원군이 조선

---

* 표헌에서부터 시작해 내게까지 오는 가계도는 다음과 같다. 표헌-표정보(표헌의 차남)-표종(표정보의 삼남)-표이당(표종의 사남)-표수-표시준-표창모-표원진-표윤영-표순상-표문학-표명렬-표정훈(중시조 표인려로부터 20세손).

에 파병됨으로써 표헌의 존재가 크게 부각되었기 때문이다. 명나라 장수 및 관리들과 연락하는 업무를 주로 담당했던 표헌은 임진왜란이 발발한 선조 25년(1592) 6월 11일《실록》에 처음 등장한다.

역관 표헌 성공기

왜군은 1592년 5월 초에 이미 서울에 도착하여 임진강을 건너 평안도, 황해도, 함경도 방면으로 진격하고 있었다. 표헌이 처음으로《실록》에 등장하는 6월 11일은 선조가 평양을 떠나 다시 피난길에 오른 날이며 그로부터 며칠 뒤 평양이 함락되고 선조와 조정은 명나라로 피신할 궁리를 하고 있던 시기이니, 임진왜란 전 시기를 통해 가장 힘들고 급박했던 때이기도 하다. 명나라에서는 파병 여부를 둘러싸고 논의가 분분하다가 병부상서 석성石星의 주장으로 원병 파견을 결정하게 됐다. 결국 요양부총병遼陽副摠 兵 조승훈祖承訓이 5천 병력을 이끌고 평양성을 공격하기로 했는데, 이 병력은 국경 수비군이었다.

《실록》의 7월 7일 기록을 보면 예조 판서 윤근수와 공조 판서 한응인이 역관 표헌과 한윤보를 시켜 중국 장수에게 진격로에 관한 의견을 전했고, 7월 9일에는 한응인이 명나라 부대가 내일이 길일이니 강을 건너기로 했다는 소식을 역관 표헌과 진효남에게 전해 듣는다. 그로부터 약 1주일이 지난 7월 17일 동틀 무렵에 조승훈과 유격 장군遊擊將軍 사유史儒, 왕수관王 守官 등이 평양성으로 돌격, 성에 포를 쏘고 성문을 부수면서 길을 나누어

쳐들어갔지만 사유와 무관 마세룡, 장국충 등이 전사한 끝에 결국 후퇴하고 말았다. 이후 표헌은 명나라 장군들과 조선 조정 사이의 군사작전 관련 연락이나 주요 기밀사항 연락에서 통역관으로 빠지지 않고 등장한다.

흥미로운 것은 선조 26년 3월 27일의 기록이다. 선조가 비망기(備忘記 : 임금이 명령을 적어 승지承旨에게 전하는 문서)를 통해 다음과 같은 명을 내렸다. '이번에 염초를 굽는 방법은 역관 표헌이 배워온 것이니 헌에게 가자하라.' 가자加資한다는 것은 정3품 통정대부通政大夫 이상인 당상관의 품계로 올린다는 뜻이다. 표헌은 명나라 원군에게 염초 굽는 방법을 배워온 공으로 일약 당상관의 품계를 받은 것이다.

비슷한 사례로 허준(許浚 : 1546~1615)을 들 수 있다. 허준은 선조 23년 (1590) 천연두에 걸린 왕자(훗날의 광해군)의 병을 고친 공으로 당상관의 가자를 명받았다. 그러나 아무리 공이 크다고 해도, 천직賤職으로 간주되던 의관이 당상관 품계에 오르는 걸 양반들이 기꺼워할 리가 없었다. 사간원에서 석 달에 걸쳐 허준의 품계를 물릴 것을 끈질기게 청했지만 선조는 듣지 않았다. 심지어 1596년 선조는 허준에게 동반東班, 즉 문과 양반직을 내리기까지 했다.

역시 의원으로 성종 때 활약한 신보종申補宗의 예도 있다. 성종 25년 (1494) 인수대비의 병을 치료한 공을 높이 산 성종이 신보종을 가자하려했다. 이미 성종 19년에 의원 김흥수金興守가 같은 공으로 당상관이 된 예도 있었다. 그러나 승정원은 신보종이 서얼인 데다가 의술에 특이함도 없다는 이유로 당상의 관작을 내리는 것이 외람되다고 주장했다. 이에 성종은 뜻을 거두고 안장을 얹은 말을 상으로 내리는 것으로 그쳤다.

허준과 신보종의 경우, 임금은 자신의 가족 그것도 아들과 어머니를 치료해 준 사람에게 보답하기 위함이었을 것이다. 하지만 사간원이나 승정원의 양반 관리들은 임금의 그러한 마음씀이 예교禮敎 질서를 손상시키는 처사라고 간주했을 것이다. 요컨대 사사로운 정에 이끌려 국가 기본 질서에 예외를 두는 바람직하지 못한 처사로 여겼던 것이다. 그렇다면 표헌의 경우는? 전란의 급박한 상황이어서 그랬는지 표헌을 가자하는 것에 대한 별다른 이의 제기는 찾아볼 수 없다. 그런데 광해군 8년(1616)에 완성된 《선조실록》에서 해당 부분을 기록한 사관의 의견이 흥미롭다.

나라를 지키는 도리는 인의仁義가 으뜸이고 갑병甲兵이 그 다음이니, 참으로 윗사람을 받드는 마음이 없으면 반드시 병기를 끌고 달아나는 자가 있게 된다. 우리나라의 병기가 정예롭지 않은 것은 아닌데도 마침내 왜구의 쓰임이 되는 것을 보면, 오늘날 먼저 힘써야 할 것은 아마도 염초를 굽는 방법에 있는 것이 아닌 듯하다.

'염초 굽는 방법을 배워온 게 무어 그리 대단한가? 중요한 건 인의와 충성의 정신이며 병기는 근본적인 게 아니다.' 사관의 견해는 이 정도였던 것 같다. 표헌을 가자한 일 자체에 대한 평가라기보다는 본말本末을 분명히 하려는 의도라고도 볼 수 있지만, 미루어 해석하면 결국 표헌을 가자한 게 바람직하지 않다는 주장으로 볼 여지도 있다.

그런데 후대 사관의 평가야 어떻든 염초 굽는 방법을 배워왔다는 이유로 표헌을 가자했다면, 그 염초 굽는 기술이 당시로서는 대단한 기술이었던 듯싶다. 요즘 말로 하면 대량 살상무기 제조를 위한 핵심 기술 가운데 하나였다고나 할까. 왜구의 침입에 시달리던 고려는 화약 무기의 필요성이 절박했지만, 명나라는 화약 관련 기술을 고려에 전해 주기를 무척 꺼려했다. 1374년에 이르러 명나라는 염초와 황을 비롯한 화약 원료를 고려에 제공했지만 만들 수 있는 화약의 양은 얼마 되지 않았다. 결국 최무선崔茂宣이 중국인 이원李元의 도움으로 염초 제조법을 터득함으로써 고려는 중요 군사 기술의 자주화를 달성할 수 있었다.

이후 조선 시대에 들어와 화약 제조법은 16세기와 17세기에 걸쳐 발전하게 되는데, 조선인 기술자들의 노력도 있었지만 부분적으로는 항왜降倭 즉 항복한 왜병들 가운데 염초 제조 기술을 보유한 이들의 기여도 있었다. 총검 주조 기술을 보유했거나 검술에 유달리 능하거나 염초 제조 기술을 지닌 항왜들에게 군직을 주어 서울에 머무르게 했던 것이다.

표헌이 명나라 원군에게 배워왔다는 염초 굽는 기술이 정확히 어떤 기술인지는 알기 힘들다. 다만 가자를 한 것으로 볼 때, 비교적 유망하고 혁신적인 기술이었을 거라 짐작해 볼 수 있다. 여하튼 표헌이 명나라 원군이 본격적으로 활동을 개시할 시기에 역관으로서 큰 활약을 했던 건 분명하다.

표헌의 실수

표헌은 선조 28년 《실록》에 다시 등장하는데, 예전과는 전혀 다른 이유에서였다. 선조 28년 5월 11일에 사헌부가 아뢴 기록의 일부를 보자.

의주부에 있는 중강中江의 여러 섬을 예전부터 개간하지 않는 것은 뜻이 있어서인데 전 정랑 이춘영, 역관 표헌, 전 직장 조의도 등이 그 토지의 비옥함을 탐하고 수확의 이익을 도모하여, 중국 관원에게 사사로이 편지를 통해서 소마와小麻窩를 얻고자 청했습니다. 그들이 소원을 이루어 크게 이익을 얻자, 중국 사람들은 이것을 보고 시샘이 생겨 빼앗아 경작하려 하였습니다. 그러나 이춘영 등이 비굴한 말로 애걸해서 끝내 자신들이 점유하고자 하니 중국 벼슬아치들은 마침내 만자도蠻子島로 의향을 돌려 처리하기 곤란한 일이 되고 말았습니다. 신하로서 사사로이 접촉하여 사건을 일으키는 데에는 거기에 맞는 죄가 있는 것이니 이들을 모두 잡아다가 국문하도록 명하소서.

선조는 사헌부의 청대로 하도록 했다. 결국 그로부터 한 달 뒤 의금부는 이춘영, 표헌, 조의도 등에게 장杖 90대를 때리고 도徒 2년 반에 처하며 고신告身을 다 빼앗는 형을 내리기를 청했다.* 표현은 가자된 지 불과 2년 만

---

* 도는 도형徒刑을 뜻한다. 복역 기간 1~3년에 장형 60~100대를 더하여 염전이나 제철소 같은 곳에서 일하게 하거나 국경 수비병으로 복무토록 하기도 했다. 한편 고신은 관리로 임명된 자에게 수여하는 증서로, 일종의 임명장과 신분증명서를 겸했다. 죄를 범하면 이를 박탈했다.

에 그동안 자신이 이룬 모든 것을 잃어버리고 말았다.

후손인 내가 생각해도 그의 행태가 괘씸하기 짝이 없다. 비록 전세가 나아지고 있다고는 해도 국가 존망의 기로에 선 전란의 시기에 사사로운 이익을 탐하다니 말이다. 더구나 역관인 그가 중국 관원에게 사사로이 편지를 써서 땅을 차지하려 했다는 건 일종의 직권 남용이 아닌가. 후손인 나에게 '욕심 내지 말고 분수에 맞게 살자'는 교훈을 남겨준 건 고맙지만 그래도 그렇지……

당시의 역관들이 이재에 밝은 건 어제 오늘의 일은 아니었다. 잘 알려져 있듯이, 궁중 나인에 불과했던 장희빈이 국모의 위치까지 오른 데에는 집안 재력이 중요한 요인으로 작용했다. 장희빈 집안은 그 조부인 장응인 대에 조선에서 가장 유력한 역관 가문이 됐다. 장응인 이후 그 집안이 배출한 역관만 해도 20명에 달한다. 이들은 중국과의 무역을 통해 막대한 부를 쌓아 장희빈 세력을 확대, 유지시킬 수 있었던 것이다.

역관들은 중국이나 왜와의 무역에 직접 혹은 간접적으로 개입하여 수익을 올릴 기회가 많았고, 상인들과 결탁하여 치부하는 경우도 드물지 않았다. 연암 박지원의 《열하일기熱河日記》 권10의 〈옥갑야화玉匣夜話〉에 실려 있는, 원래는 제명이 없었지만 훗날 '허생전許生傳'이라는 제목이 붙은 유명한 이야기에 등장하는 갑부 변씨*의 실존 모델도 역관 변승업이다.

---

* 남산골에서 공부하던 허생은 가난을 못 이겨 공부를 중단하고 장안의 갑부 변씨卞氏를 찾아가 10만 금을 빌려 지방으로 내려간다. 그는 이 돈을 밑천으로 장사를 벌여 큰돈을 벌고 좋은 일을 많이 한 다음 20만 금을 변씨에게 갚는다.

표헌의 경우는 특별히 나라가 쑥대밭이 된 전란의 와중에 사사로이 욕심을 채웠다는 점이 괘씸하지만, 전란의 와중이야말로 이재에 밝은 사람에게는 중요한 기회의 시기가 아니던가. 영화 〈바람과 함께 사라지다〉에서 미국 남북 전쟁의 와중에 암거래로 이익을 취하는 레트 버틀러(클라크 게이블 분)도 그런 예이고, 역사적으로는 유대계 금융 제국을 건설한 로스차일드 가문이 대표적이다. 이 가문은 워털루 전쟁 결과를 영국 국왕보다 먼저 파악하여 정부 공채를 싼 값에 매입했다가 비싼 값에 팔아치워 막대한 차익을 챙기기도 했고, 나폴레옹 전쟁과 1차 및 2차 세계대전 때도 여러 나라 왕실과 정부에 큰돈을 빌려주고 밀수를 하면서 치부했다.

그렇다면 비옥한 땅을 탐낸 표헌의 행태도 주변인의 계산적 합리성이라고 그럴 듯하게 말할 수 있을까? 중인 신분인 역관은 지배 계층이 공인하는 기성의 모럴로부터 상대적으로 자유로울 수 있다. 쉽게 말해 눈치 보고 체면 차릴 일이 상대적으로 적다. 기회는 찬스라는 말도 있지만, 표헌은 찬스가 왔을 때 마다하지 않고 재빨리 낚아채는 계산과 순발력을 발휘했던 것이다. 하지만 아무리 그래도 그렇지, 각지에서 의병들이 목숨 걸고 싸우는 판에 비옥한 땅이나 탐내다니. 어쨌든 그 순발력의 대가로 그는 큰 타격을 입었다.

다시, 역관의 길로

이제 표헌의 운은 다한 것일까? 그렇지는 않았다. 표헌에게는 중국어라는 비장의 카드가 있지 않은가. 얼마 후 중국으로 가는 사신들이 표헌을 역관으로 데리고 가겠노라 청했고 비변사도 그런 청을 했던 모양이다. 선조 29년 5월 13일, 그러니까 표헌이 도형에 처해진 지 1년 정도 지나 사간원은 이렇게 아린다.

역관 표헌은 사사로이 외국인과 사귀어 말썽을 일으킨 죄로 지금 도배徒配 중에 있습니다. 국법은 지극히 엄하여 쉽사리 변동할 수 없는 것입니다. 당초 사신이 데려가겠다고 청한 것이 실로 놀랍거니와 위에서 안 된다는 분부를 이미 내리셨으니 다시 번거롭게 굴지 말아야 할 것인데, 비변사는 감히 허튼소리로 굳이 청하였으니, 국법을 업신여긴 것이 심합니다.

역시 사간원다운 주청이다. 선조도 결국 사간원의 말을 들었다. 중국어에 능통하여 명나라 원군 장수 및 관리들과 친하게 지냈던 표헌이고 보니, 사신과 비변사의 입장에서는 그의 전문성과 일종의 인맥을 활용하고 싶었겠지만, 사간원은 그런 비변사의 청을 '허튼소리'로 일축했다. 그런데 이듬해인 선조 30년 3월 표헌은 북경에서 역관으로 활동한다. 선조 28년 6월에 도형 2년 반에 처해졌으니 요즘 말로 하면 형기를 다 마치지 않고 가석방 혹은 특별 사면된 셈이다.

선조 30년, 즉 1597년은 이른바 정유재란丁酉再亂이 일어난 해이다. 1596년 12월 고니시 군이 부산에 상륙하고 이듬해 1월 가토 군이 다대포에 상륙하여 양산梁山을 함락시키고 서생포西生浦에 진을 쳤다. 이에 조선 조정은 예문관 응교 벼슬을 하던 권협을 왜적의 재침을 알리는 고급사告急 使로 임명, 명나라에 가서 원군을 청하도록 했다. 표헌은 이때 권협과 명나 라 관리들 사이에서 통역을 맡았다. 선조 30년 4월 15일 권협이 올린 보고 에 당시의 일이 나와 있다. 흥미롭게도 중국 관리와 나눈 대화에서 결정적 인 순간에 권협이 아닌 표헌이 말하고 있다. "그대 나라의 병마는 얼마나 되는가?"라는 물음에 표헌은 이렇게 답했다.

우리나라는 잔폐가 이미 극심하여 군민軍民이 거의 모두 사망했으니 병마를 어디서 조달해 내겠는가? 겨우 쇠잔한 병졸을 수습하여 요해 지를 지키고 있을 뿐이다. 지금 경상도의 제장諸將이 거느린 군사는 모두 겨우 1만여 명이고 전라도도 겨우 수만 명인데, 그것도 모두 나 약하고 겁에 질려 있는 상태이다. 따라서 적이 대군을 몰아쳐 들어오 면 반드시 놀라 흩어질 것이요, 결코 저항해 낼 수가 없을 것이다.

표헌의 이러한 답에 대해 명나라 관리는 다음과 같이 말했다.

그대의 말이 옳다. 활에 다친 새는 본래 그러한 것이니 그대 나라의 일이 참으로 가엾다. 본부本府에서 이미 군문軍門과 상의하여 1만 5천 의 군사를 조발하였는데 남병과 수병은 거리가 매우 멀어서 필시 오 는 것이 더딜 것이다. 따라서 용이하게 달려가 구원할 수 없는 형세이다. 그리고 출병하는 것이 어려운 것이 아니라 군량 운반이 몹시 어렵다. 듣건대 그대 나라에 풍년이 들었다 하니, 군량을 조달할 수 있겠는가?

급한 대로 원군 병력을 구성하기는 했지만 그나마 일부 병력은 이동하는 데 시간이 오래 걸릴 것이고, 원군의 군량 조달도 조선 측에서 맡아야 하지 않겠느냐는 것이다. 표헌은 이에 대해 다음과 같이 길게 답했다.

우리나라는 병화가 있은 뒤로 전야가 황폐하여 가는 곳마다 쑥대만 보이는 것은 명나라 사람들도 목도한 바이다. 지난해에는 조금 풍년이 들긴 했으나 죽어가는 백성이 겨우 연명할 정도이니, 군량까지야 비축할 수 있겠는가? 그러나 국왕께서 애써 조처하셔서 가까스로 지나가는 일로一路의 양식은 준비하게 되었다. 명나라 측에서 계속 군량을 대주지 않으면 결코 조달하기 힘들다. 또 우리가 올 때 영평부永平府에 현존한 남병 수천여 명이 있는 것을 보았다. 바라건대 이 군사를 시일을 정하여 출발시켜 달라.
명나라에서 발병發兵하더라도 때맞추어 구원하지 못한다면 발병하지 않는 것과 무엇이 다르겠는가? 우리나라 종사宗社의 존망과 군부君父의 안위, 그리고 백만 창생의 생사가 모두 발병의 느리고 빠름에 달렸으니, 바라건대 가엾게 여겨 시종 구제하여 멸망을 모면하도록 하여 달라. 그러면 우리나라의 군신은 죽음에서 다시 살려주고 해골에 살을 붙여준 은혜를 입는 것이므로 몸 바쳐 결초보은하려 한다.

다급하게 원군을 청하는 입장이니 어쩔 수 없이 무척 저자세지만 여하튼 조리 있는 답임에는 틀림없다. 결국 명나라 관리는 이렇게 말했다.

이제 그대의 말을 들으니 그대 나라가 몹시 창황한 모양이다. 내가 하루 빨리 성지를 받들어 출발시키도록 하겠다. 그대들도 빨리 돌아가 군민君民의 마음을 위안시키는 것이 좋겠다.

도형에서 풀려나 지사역원사知司譯院事가 된 표헌으로서는 이번에야말로 확실하게 자신의 실력과 충성심을 보일 때라고 판단했는지도 모른다. 표헌은 이듬해 선조 31년(1598) 임진왜란이 막을 내릴 때까지 명나라 원군 및 관리들과 조선 조정과의 연락에서 통역 업무를 맡아 활동했다.

동묘 앞에서 표헌을 생각한다

나는 서울의 종로구 숭인동에 있는 보물 제142호인 동묘, 그러니까 동관왕묘東關王廟를 지나노라면 표헌을 떠올리곤 한다. 동관왕묘는 《삼국지》의 영웅 관우를 모시는 묘로 선조 34년에 준공된 단층의 정자丁字형 기와지붕집이다. 그 안에는 관우의 상이 안치돼 있고, 그 주위에 관평, 조루, 주창, 왕보 등의 상이 배치돼 있다. 당堂이 아니라 묘廟라는 말이 붙어 있으니 나라에서 제사를 올리는 중요한 곳이다.

왜 하필 관우를 모시는 묘가 서울 한복판, 그것도 흥인지문(興仁之門 : 동대문) 근처에 있는가? 먼저 '전설 따라 삼천리' 버전이다. 왜군이 한양 입성을 위해 흥인지문을 향해 진격하고 있을 때 갑자기 일진광풍이 일어났다. 그들의 눈앞에는 적토마를 타고 청룡도를 든 9척 거구의 관우가 떡 버티고 서 있는 게 아닌가. 더구나 수많은 병사들이 내지르는 고함 소리가 쟁쟁한 가운데 먼지와 흐릿한 기운이 가득하여 방향을 분간할 수조차 없었다. 앗 뜨거라 후퇴한 왜군은 다음날 다시 진격했지만 역시 마찬가지였다. 왜장 하나가 자신이 해결하겠노라 장담한 가운데 왜군은 사흘째 다시 진격했다. 이번에도 마찬가지였지만 왜군들은 그 장수의 지시에 따라 준비한 백마의 피를 뿌리며 진격했고, 결국 광풍과 안개는 물론 관우와 병사들도 사라지고 말았다.

관우의 청룡도와 백마가 등장하는 이 전설을 당시의 풍수사상과 연관지어 풀이하기도 한다. 서울의 지형지세에서 흥인지문 근처의 낙산은 좌청룡에 해당하며 이에 따라 관우의 청룡도가 등장한다. 그러면 백마가 뭘 뜻하는지는 눈치 빠른 사람은 이미 알아챘을 듯하다. 그렇다, 바로 우백호에 해당한다. 청룡의 기세(관우)를 백호의 기세(백마)로 눌렀다는 것.

물론 이건 그야말로 '전설 따라 삼천리'에 속하는 이야기이고, 실은 선조 33년 명나라 신종神宗 황제가 보낸 하사금을 재원으로 명나라 원군의 참전을 기념하고 전사자의 혼을 위로하는 의미에서 건립된 것이다. 신종 황제는 '현령소덕관공지묘顯靈昭德關公之廟'라는 여덟 글자의 현판 글씨를

써 보내기까지 했다. 요즘 말로 하면 참전 기념비와 전몰 위령탑을 겸하는 셈이다. 중국 민간 신앙의 중요한 신으로 신격화된 관우는 세상을 떠난 뒤에도 현령顯靈, 즉 그 영혼이 생시의 모습대로 나타나 어려운 사람을 도와준다고 여겨졌다. 더구나 무예와 용맹이 뛰어났던 관우는 전쟁의 신으로도 받들어진다. 임진왜란 참전 명나라 병사들에게는 일종의 수호신이었다고 할 수 있다.

그런데 선조 32년 7월 14일의 《실록》을 보면 해평海平 부원군 윤근수尹根壽가 바로 동묘 건립에 관한 일을 아뢰고 있다. 명나라 장수 한초명韓初命과 손방희孫邦熙가 사당 세울 장소를 돌아보려 한다는 말을 듣고, 윤근수가 풍수에 밝은 박상의朴尙義와 함께 지세를 살펴보았던 것이다. 윤근수는 명나라 장수들에게 자신이 박상의의 말에 따라 정한 장소가 풍수지리적으로 적합한 곳임을 설득했는데, 이때 통역을 맡은 사람이 바로 표헌이었다.

윤근수는 기분이 좋았던지 선조에게 아뢰면서 "사당 터를 원했던 곳에 정했는데 이는 표헌이 주선한 덕택이었습니다"라고 말했다. 윤근수가 명나라 장수들에게 전하고자 했던 동묘 위치 선택의 이유는, 진작부터 한양의 동쪽 즉 청룡이 낮고 허하니 묘를 그곳에 세움으로써 풍수상의 불리함을 보완해야 한다는 것이었다. 바꾸어 말하면, '이왕 세울 묘라면 우리 한양 지세의 득실을 종합적으로 고려하여 택한 바로 이곳으로 해달라'는 메시지였다고 할 수 있다.

광해군과 표헌

이후 표헌은 주로 선조가 명나라 사신을 접견하는 자리에서 통역을 맡았고, 광해군 1년 1월 5일에 한 급 더 올려 가자되었다. 그런데 같은 해 6월 1일에 사간원은 명나라의 책봉사가 은銀 1만 냥을 비롯한 과도한 예물을 요구하자 통역을 맡은 표헌과 정득鄭得에게 죄를 물어야 한다고 청했다. 사간원의 주장인즉 이러했다.

> 두 나라 사이에서 주선하는 것은 오로지 역관에게 달렸으니 참으로 역관으로 하여금 마음을 다해 진술해 허락을 받아내도록 했다면 어찌 끝내 마음을 돌리지 못할 리가 있었겠습니까. 표헌과 정득 등은 직급이 높은 역관으로서 잘 처리하지 못해 나랏일을 그르쳤으니 잡아다 국문해서 죄를 정하도록 명하소서.

그러나 광해군은 사간원의 청을 들어주지 않았다. 그러나 사간원이 어디 그렇게 호락호락한 곳인가? 끈질긴 걸 빼면 사간원은 속된 말로 시체 아닌가. 그로부터 이틀 뒤 다시 표헌을 국문하라는 청을 올리지만 광해군은 역시 거부했다. 그 다음날인 6월 4일에도, 6월 5일에도 같은 청을 올리지만 광해군은 역시 거부했다. 그런데 바로 같은 날 명나라 사신들은 계속해서 표헌을 비롯한 역관들에게 예물을 내놓으라고 노골적으로 요구했다. 그런 가운데 광해군은 6월 8일에 표헌의 품계를 더 올려준다. 명나라 사신이 그렇게 해달라고 요구했던 것이다. 가운데 낀 표헌의 처지만 더욱 곤란

해질 일이다. 아니나 다를까 이번엔 사헌부가 가만 있지 않았다.

원접사 이하에게 조사의 청으로 인해서 품계를 올리고 직을 제수하기까지 하였습니다. 이것이 비록 성상께서 왕인을 존경하는 지극한 뜻에서 나온 것이기는 하나, 그동안 왕래하면서 기록할 만한 공로가 털끝만큼도 없는데 은명恩命이 너무 지나쳐서 여론이 놀라고 있습니다. 이상의 허균, 유숙, 표헌, 장세용 등에게 준 상가賞加와 상직賞職은 모두 환수하소서.

하지만 광해군은 더 이상 번거롭게 논하지 말라는 말로 사헌부의 의견을 일축했다. 다음날인 6월 10일 사간원도 같은 의견을 내놓았지만 광해군은 역시 일축해 버렸다. 이걸로 끝인가 싶은데 그게 아니었다. 6월 24일 우의정 심희수가 이렇게 아뢰었다.

소문을 듣건대 역관 표헌, 임춘발이 지금 어가 앞에서 상언하면서 스스로 공이 있는데도 녹훈되지 않았다고 진달하였는데, 신 등의 이름까지 들먹여 다 같이 억울하다는 증거로 삼았다고 하니, 어찌 심히 부끄러운 일이 아니겠습니까. 그들은 역관이란 미천한 신분으로 실제 호소할 만한 억울한 일이 있으면 홀로 호소하는 것이 무엇이 불가하기에 감히 이처럼 되지 않는 말을 한단 말입니까.

요컨대 표헌과 임춘발이 녹훈에 대한 불만을 토로하면서 심희수 자신까지 끌어들여 말하니 이는 억울한 경우라는 것이다. 이에 심희수는 위와 같이 아뢰고 자신의 직명을 깎아내려 신하들로 하여금 염치를 알게 하라고 청했다. 광해군은 심희수의 충정을 이해하는 바이니 사직하지 말고 계속 자신을 보좌하라는 말로 타일렀다.

6월 25일, 이번엔 다시 사간원이 표헌과 임춘발을 파직시킬 것을 주장했다. 역관들의 교만 방자한 모습이 말로 다할 수 없는 데다가, 앞서 언급했듯 심희수까지 끌어들여 녹훈 운운하는 것이 너무도 외람되다는 게 이유였다. 하지만 광해군은 자신이 아직까지 사태를 정확하게 파악하지 못했다면서, 표헌은 명나라 사신들을 상대하고 있으니 파직해서는 안 되고 일단 다음에 다시 이야기하자고 말했다. 6월 29일 사간원은 표헌의 가자를 박탈하자고 주장했지만 광해군은 듣지 않았고, 7월 2일에는 사헌부가 표헌을 파직시킬 것을 주장했지만 광해군은 이렇게 말한다.

표헌 등이 공이 있는 데도 자랑하지 않는다는 것은 사군자士君子라 하더라도 하기 어려운 바이다. 이들이 처음에 녹훈에 참여되었다가 삭탈되었으니, 그들이 억울함을 호소한다 해서 안 될 게 무엇이며, 말이 대신에게 미친 것 역시 별 뜻 없이 나온 것이다. 이미 다음에 다시 논하기로 했는데 어찌 파직까지 하겠는가. 윤허하지 않겠다.

광해군 1년에 당한 위와 같은 일련의 위기에서 표헌은 광해군 덕분에 벗어났다.

광해군이 표헌을 아낀 까닭은

이후 광해군 10년 표헌에 관한 《실록》의 마지막 기록이 나온다. 광해군은 이렇게 말했다. "역관 표헌은 늙고 병든 사람이어서 반드시 질병이 있을 것이니 잘 구료하여 사망에 이르지 않게 하여 데리고 오라." 미천한 신분의 역관 한 사람에 대한 광해군의 마음씀이 무척이나 각별하다. 왜 그랬을까? 두 가지로 추측이 가능하다.

전란의 와중에 갖은 고초를 다 겪은 광해군으로서는 명나라 원군과의 연락, 교섭 업무에서 중요한 역할을 했던 표헌을 각별하게 생각했을 수 있다. 그리고 명나라와 외교 관련 사안이 갈수록 중요해지는 시기에 표헌처럼 대 명나라 외교에서 전문성을 갖춘 사람을 우대해야 한다고 생각했을 수 있다. 새롭게 떠오르는 금나라의 위협에 직면한 명나라가 조선에 거듭 원군을 요청하는 상황, 요컨대 신흥 강국 금나라와 이른바 재조지은再造之恩, 즉 나라를 다시 만들 수 있도록 은혜를 베푼 명나라에 보답해야 한다는 명분론 사이에서 외교적으로 줄타기를 해야 했던 광해군으로서는 당연한 태도였을 법하다.

그렇다면 사간원과 사헌부의 태도는 어떻게 볼 수 있을까? 물론 사간원과 사헌부의 주장은 기본적으로 진정성을 지닌 주장, 즉 표헌의 행태가 도리에 맞지 않는다고 판단하여 제기한 주장이라고 할 수 있다. 전란 때 공을 세운 표헌이 기고만장했을 가능성은 얼마든지 있으며, 전란이 끝난 뒤에도 명나라와의 외교에서 자신이 맡은 역할을 과시했을 가능성도 충분히 있다. 이에 따라 사간원과 사헌부는 '역관 주제에 중국어 할 줄 아는 작은 재주 하나로 뻐기는 태도라니, 정말 못 봐주겠다'고 판단했을지도 모른다.

한 고조 유방이 한신을 버린 토사구팽의 고사에 견주어 생각해 볼 여지도 있다. 전란시에는 표헌의 중국어 실력과 대 명나라 외교에서의 전문성이 절실히 필요했지만 이제 상황이 바뀐 것이다. 그러나 표헌에게는 다행히도 광해군이 있었다. 광해군은 표헌을 벌주라는 줄기찬 청을 계속 거부한 것은 물론, 늙고 병든 표헌을 배려하기까지 했다.

아버지의 이름으로

선조 25년 6월 11일 《실록》에 처음 등장한 표헌은 광해군 10년 7월 4일의 기록을 끝으로 《실록》에 더 이상 등장하지 않는다. 하지만 그걸로 모든 게 끝난 건 아니다. 표헌이 공식적인 역사의 무대에서 사라졌지만, 표헌 못지 않게 역관으로서 크게 활약했던 그의 아들 표정로表廷老가 인조 3년까지 《실록》에 등장하기 때문이다. 일종의 가학家學으로 중국어를 배웠을 표정로는 당대 최고 역관인 아버지의 가르침을 받아서인지 역시 최고 수준을 자랑했다.*

표정로는 선조 25년 12월 12일에 명나라 원군 도독都督 이여백李如栢과의 연락 업무에서 역관으로 첫걸음을 내딛었다. 이후 선조 대에는 30년,

31년, 39년에 각각 한 차례, 두 차례, 그리고 한 차례 등장하는데 모두 명나라 원군 장수 혹은 사신들과의 통역 업무와 관련된 내용이다. 이 시기는 아버지 표헌이 가장 활발하게 활동했던 때이기도 하다. 표정로가 아버지 못지않은 실력을 갖추고 있었음은 선조 39년 6월 28일 예조에서 아뢴 다음과 같은 내용에서 잘 알 수 있다.

성문 밖에서 천자의 조서를 가지고 온 명나라 사신을 맞이하는 일을 사신들의 뜻에 따라 거행하지 않는다면 그들이 화를 낼 수도 있으니, 품질이 높은 역관을 시켜 좋은 말로 주선하게 할 것을 계품하여 윤허받았습니다. 품질이 높은 역관 가운데 표정로, 이언화가 이 일을 맡을 만합니다. 표정로를 시켜 명나라 사신에게 잘 말하게 함으로써 일이 없게 되기를 기대하는 것이 마땅합니다.

두양신杜良臣은 하나의 간교한 인간입니다. 그의 본의는 천자의 조서를 맞이하는 의식 자체를 중히 여기는 것이 아니라, 이를 인하여 일을 야기시킴으로써 자신의 욕심을 이루려 하는 게 분명합니다. 따라서 인정人情에 필요한 물건을 호조로 하여금 넉넉하게 준비하여 주게 하

* 조선 시대 국립 외국어 대학이라고 할 수 있는 사역원은 기존 역관들의 추천과 관료들의 까다로운 심사를 통해 입학이 결정됐다. 때문에 여러 대에 걸쳐 한 집안에서 역관이 배출되고는 했다. 자기 자식을 역관으로 만드는 것은 이미 축적한 부를 자손에게 물려주기 위한 일종의 부의 세습 방법이었다. 이에 따라 역관 자녀들은 집안에서 어린 나이부터 외국어를 배우도록 하는 일이 많았다.

고, 표정로로 하여금 사세를 보아가면서 잘 도모하게 하는 것이 어떠하겠습니까?

표헌의 예나 표정로의 경우를 볼 때, 외교 업무에서 역관의 상대적 재량권 혹은 자율적인 역할이 생각보다는 크고 중요했다는 걸 짐작할 수 있다. 특히 공식적이고 의례적인 차원이 아닌 일에 관해서는 역관이 견기이작見機而作하는 것, 즉 사태의 진전 상황을 판단하여 적절하게 조처하는 유연성을 발휘하는 게 중요했다고 볼 수 있다. 물론 역관이 아닌 사대부 관리들도 필담을 통해 얼마든지 사신들과 의견을 주고받을 수 있었겠지만, 구어로 순발력 있게 의견을 주고받는 것만은 못하지 않았을까?

표정로에 관해서는 다음과 같은 일화도 전해진다. 원접사의 역관으로 의주에서 명나라 사신을 맞이한 자리였다. 명나라 사신은 연회석상에서 은행을 불에 구워 먹다가 다음과 같은 시 한 구를 써서 보여주었다. '은행껍질 속에 푸른 구슬이 감추어져 있구나[銀杏甲中藏碧玉].' 자신을 맞이한 조선 관리들이 어떻게 응대하는지, 즉 실력을 떠볼 생각이었던 것이다. 이에 표정로는 즉시 다음과 같은 시구로 답했다. '석류껍질 속에는 주사가 점점이 박혀 있구나[石榴皮裡點朱砂].' 이에 명나라 사신은 역관의 실력이 이러할진대 원접사로 온 사람의 실력이야 어떠하겠느냐며 태도가 사뭇 공손해졌다고 한다.

표정로는 광해군 2년 7월과 8월에 집중적으로 《실록》에 등장하는데, 모두 명나라 사신의 접대, 특히 중국 사신이 뇌물을 요구한 것과 관련된 일들이다. 표헌의 경우도 그러했지만 표정로도 명나라 사신의 청에 따라 다른 역관들과 함께 한 등급씩 품계를 올려받았다. 표정로는 뇌물을 챙겨 흡족해진 명나라 사신의 마음씀을 고마워했을까? 내가 표정로였다면 결코 기분 좋은 가자는 아니었을 것 같다.

표정로의 마지막

표정로는 이후 광해군 4년 1월 11일, 종2품 가의대부嘉義大夫가 됐고 같은 해 6월 7일에 또 한번 품계를 올려받았다. 그리고 아버지 표헌의 뒤를 이어 어전통사로 활동하게 된다. 표헌과 표정로 부자는 이처럼 광해군의 각별한 신임을 받았지만, 인조 대에 들어와 내리막길을 걷게 된다. 인조 3년 4월 19일, 사간원과 사헌부는 사신으로 명나라를 다녀온 이덕형李德泂 등을 국문하고 표정로의 목을 베라는 청을 올렸다. 사신 일행 가운데 30명을 임의로 중국에 머무르게 하고 돌아왔다는 이유에서였다.

이에 인조는 이덕형을 책벌하는 게 마땅할 듯하지만 선척船隻의 태반이 사고가 발생하여 일행 중 일부가 뒤처지게 된 것이고, 표정로의 목을 베라는 청도 너무 지나치니 번거롭게 논하지 말라고 답했다. 하지만 사간원과 사헌부가 거듭 청하자 인조는 결국 국문할 것을 허락했다. 그 결과 같은 해 5월 8일에 이덕형 등을 신문한 뒤 석방시켰고 역관 표정로 등 네 사람은 중도부처中道付處*하도록 했다.

이미 언급했듯이 표정로의 아버지 표헌은 사사로이 이익을 탐하다가 도형徒刑에 처해진 적이 있다. 그리고 이제 아들 표정로가 부처의 형벌을 받게 된 것이다. 표정로가 중도부처에 처해지고 나서 며칠 뒤인 5월 11일 사간원은 다시 한번 표정로의 목을 벨 것을 청했다.

표정로는 품계도 높고 사리를 아는 역관으로서 일행의 조종이 그의 지시에 달려 있었습니다. 그런데 감히 동류 30여 인을 창솔하여 공공연히 낙후하였으니, 이는 실로 2백 년 이후로 없었던 일입니다. 그가 재물을 탐독하여 방자하게 처신한 정상은 매우 해괴하니, 그냥 넘겨서는 안 됩니다. 청컨대 그를 효시하여 일벌백계하도록 명하소서.

사간원은 이덕형이 아니라 표정로에게 30여 명이 뒤처지게 된 책임을 묻고 있다. 우선 사간원은 이 사안이 재물을 취하기 위해 표정로가 내린 방자한 조치의 결과라고 판단했을 수 있다. 사신단의 수석 역관인 표정로가 일종의 사무역私貿易, 즉 조선의 물건을 명나라에서 팔거나 명나라의 물건을 조선에 가지고 들어와 이익을 남기려 도모했고, 이 일에 부하 역관들까지 동원했다는 것이다.

또는 일행 중 일부가 뒤처지게 된 것과 표정로가 재물을 탐한 것을 별도

* 중도부처는 부처付處라고도 하는데 황무지, 바닷가, 섬 등에 유배시키는 형벌이다. 유배지에서 가족과 동거할 수 있었고 유배 기한이 명시되지 않았으며 정치범을 제외하면 한 곳에 가두어두지 않고 유배지에 그냥 방치해 두는 것이 일반적이었다.

의 일로 판단했을 수도 있다. 뒤처지게 만든 책임도 물어야 하고 공식적인 업무 외에 사사로이 이익을 취하려 한 것에 대한 책임도 물어야 한다는 것이다. 중국에 가는 사신단이 사사로이 이익을 취하는 것은 물론 어제 오늘의 일이 아니었다. 사신단 중에서도 특히 중국어에 능통한 역관들은 비공식적인 무역을 통해 이익을 취하는 것은 일종의 관례였다.

인조는 사간원의 청에 대해 이렇게 말했다. "표정로의 일로 말하면, 일행이 낙후된 것은 역관의 죄만이 아닌데 매번 효시하기를 청하는 것은 너무 지나치다. 시행할 율법이 원래 정해져 있으니 다시 번거롭게 하지 말라." 인조와 사간원 사이에 견해 차이가 있는 셈인데, 사간원은 왜 그렇게 끈질기게 표정로의 목을 베라고 청했을까? 위의 인용문에 뒤이은 사간원의 다음과 같은 주장에서 단서를 찾을 수 있다.

중국에 가는 사신은 그 임무가 막중합니다. 일을 그르치고 나라를 욕되게 하는 것이 항상 여기에서 연유되기 때문에 반드시 시종侍從의 사람을 돌려가며 차출하였으니, 이것이 조종조에서 전해 내려오는 구규입니다. 일찍이 혼조(광해군 때) 때에는 사사로운 뜻이 공공연히 행해졌고 한번 바닷길이 열린 뒤로는 위험한 바다를 건너는 것을 꺼렸으므로 반드시 죄진 사람을 중국에 갈 사신으로 뽑았으니, 이 일이 어찌 교훈으로 삼을 수 있는 것이겠습니까. 반정한 뒤에 혼조의 어지러운 정치를 모조리 바꾸었는데도 워낙 익히 보고 들어온 터라 그 남은 기풍이 다 없어지지 않았습니다. (중략) 중국에 사신 가는 막중한 임무를 버림받은 사람에게 맡기므로 사람의 기용이 기른 사람이 아닙니다. 정체政體의 전도는 말할 것도 없거니와 성상께서 지성으로 사대事大하는 의리에 있어서도 어찌 이렇게 할 수 있겠습니까. 동지사 장자호張自好는 바로 장세철張世哲의 아들인데, 세철은 곧 이이첨의 모주謀主입니다. 대비를 폐위시키고 대군을 살해한 악행은 모두 세철 부자가 지휘한 것입니다.

표정로는 어전통사로서 광해군의 각별한 신임을 받았다. 1623년 광해군과 대북大北 세력을 몰아내고 정권을 장악한 서인西人 세력의 입장에서 볼 때, 비록 역관이지만 표정로는 청산해야 할 과거 중 하나로 보았을 것이다. 불의의 사고로 사신단의 일부가 뒤처지게 된 일의 책임을 표정로에게 묻고, 목을 베는 형벌로 다스리라고 요구하는 건 요즘 말로 오버이지만, 광해군 시대의 잔재를 청산하려는 정치적 의도에서 서인은 기회는 이때다 하고 몰아붙였을 것이다. 여하튼 표정로는 중도부처에 처해진 이후 《실록》에 다시는 등장하지 않는다.

종심소욕從心所欲

두 사람의 부침을 보면서

나는 표헌과 표정로를 생각할 때마다 희랍어의 '테크네techne'를 떠올리곤 한다. '테크네'는 기술, 예컨대 건축물·선박 등 사물을 만드는 기술, 그밖에 땅을 측정하거나 연설에서 청중을 사로잡는 기술 등을 뜻했다. 테크네는 추상이 아닌 구체, 원리보다는 응용, 이념보다는 현실, 대뇌大腦의 질서보다는 장기臟器의 질서에 좀 더 가깝다. 물론 테크네의 발전도 추상과 원리와 이념과 대뇌의 질서가 바탕이 되어야 가능하지만, 테크네는 몸으로 직접 겪지 않으면 감이 오지 않는 영역, 요컨대 원리와 추상과 이념의 세계와는 다른 영역이다. 표헌과 표정로는 원리를 표명하는 성인의 말씀이 아니라 타협하고 싸우고 거래하는 구체적인 생활어의 테크네를 익히고 실천한 사람들, 테크네의 프로페셔널들이다.

표헌과 표정로가 아무리 크게 활약했다고 해도 역관은 양반 사대부가 보기에는 하찮은 기술로 먹고사는 천직賤職에 불과하다. 요즘 같으면 전문직이나 전문 기술관료로서 높은 대우를 받을 수도 있을지 모르지만, 당시에는 요즘 식의 '전문'이란 본本이 아닌 말末에 속했다. 이 두 사람의 일생의 부침을 보면서 나는 신후담(愼後聃 : 1702~1761)*의 《서학변西學辨》을 각별히 떠올리게 된다.

《서학변》은 명대 중국에 와서 활동한 가톨릭 신부들이 지은 책 가운데 《영언여작靈言蠡勺》《천주실의天主實義》《직방외기職方外紀》** 등의 내용을 성리학의 입장에서 비판하여 유교와 천주교가 양립할 수 없음을 강조하는 문헌이다. 이 가운데 《직방외기》를 비판하는 부분에 서양의 지리 지식이나, 학술 및 교육 등에 대한 비판이 담겨 있어 특기할 만하다. 다음은 그 가운데 일부다.

의학醫學은 본래 축사祝史나 활 쏘고 말 타는 무리들처럼 기술을 가지

---

* 신후담은 자가 이로耳老이며 호는 하빈河濱, 돈와遯窩 등이다. 이익李瀷의 문인이며 도가道家, 불가佛家, 병가兵家 등에 두루 통달한 기재였다. 20세에 진사가 된 뒤 학문에 몰두하여 《하빈집河濱集》을 비롯한 100여 권을 저술했고, 《속열선전續列仙傳》, 《태평유기太平遺記》, 《금화외편金華外篇》 등 여러 편의 한문 소설도 썼다. 그러나 도불에 심취해 있던 초기의 많은 저술을 스스로 불태워 버렸다.

** 《직방외기》는 중국 명나라 말기 예수회 소속 이탈리아 선교사 알레니(艾儒略 : 1582~1649)가 한문으로 저술한 세계지리도지로서, 마테오 리치의 《만국도지》를 증보한 것이라고 할 수 있다. 아시아, 유럽, 아프리카, 아메리카, 해양 등에 관한 내용을 담고 있다.

고 윗사람을 섬기는 데 속하는 것이다. 그것은 선왕先王의 제도에서는 선비들 사회에는 낄 수 없게 되어 있다. 그런데 저들은 먼저 소학에서 가르치고 다음으로 중학에서 가르쳐서 장차 덕업을 성취시키는 것같이 하고는 나중에 대학大學에 가서 이러한 천한 기술로 최종적인 공부의 경지로 삼으니 말할 수 없이 너무 심하지 않은가?

지금도 가끔씩 신문 사회면에 오르는 사건, 혼수가 성에 차지 않는다고 마누라를 구타하는 한심하기 짝이 없는 의사 이야기를 감안하면 차라리 신후담의 시대가 잠깐이나마 그리워지기도 한다. 의과대학은 고등학교에서 성적이 가장 좋은 학생들이 앞다투어 지망하는 학과가 아닌가. 의사라고 하면 이른바 사회 지도층 반열에 넣어주지 않던가. 그러나 신후담의 주장대로라면 의학은 '윗사람을 섬기는 천한 기술'에 불과하며, 그것을 대학大學에서 가르친다는 건 말이 안 된다.

물론 이것은 일종의 학문관, 나아가 동아시아와 서양의 세계관의 차이를 여실히 보여주는 하나의 사례라고 할 수 있다. 신후담은 《직방외기》가 '학교를 세우고 선비를 길러내는 법'도 기록하고 있다고 하였는데, 모름지기 학교라면 선비를 길러내는 곳이어야 한다는 인식이 전제되어 있는 셈이다. 의학, 아니 의술은 양반 선비가 익혀야 할 바가 아니라고 생각했던 조선의 선비 신후담으로서는, 명색이 대학이라는 곳에서 의술을 가르친다는 게 도무지 이해하기 힘들었을 것이다.

여기서 대학이라는 말에 대한 의도하지 않은 오해, 일종의 부득이한 오해도·볼 수 있다. 신후담은 서양의 대학을 유교 경서 《대학》에서 말하는 대학지도大學之道의 관점에서 파악했다고 볼 수 있다. 즉 교육기관으로서 대학의 목표가 있다면 그것은 배우는 이들이 밝은 덕을 구현하고, 백성과 더불어 그들을 새롭게 하며, 지극히 마땅하고 선한 것에 머무르도록 하는 데 있다고 본 셈이다. 더구나 《대학》에는 '모든 것에는 그 근본과 말단이 있고, 일에는 처음과 끝이 있으니 그 먼저와 나중을 알면 참된 길에 가깝다'는 언명이 나온다. 신후담이 보기에 서양의 대학에서 의술을 가르치는 것은 근본과 말단, 먼저와 나중을 제대로 분별하지 못하는 처사였을 것이다.

신후담의 이러한 인식은 조선의 선비들이 의술을 비롯한 전문 기술을 바라보는 일반적인 시각과 다르지 않다. 그런 시각에서 본다면 외국어 구사 능력이라는, 당시로서는 숙달자가 무척 드문 전문 기술도 예외는 아니었을 것이다. 광해군이 표헌을 벌주라는 청을 물리치면서 '표헌 등이 공이 있는 데도 자랑하지 않는다는 것은 사군자士君子라 하더라도 하기 어려운 바이다'라고 한 말은 표헌이 사군자가 아니라는 것, 그래서 사군자에게 요구해야 할 높은 도덕성을 요구하기는 힘들다는 것, 이런 의미도 부분적으로는 지닌다고 볼 수 있다.

조선의 지배층이 가진 이런 시각을 오늘날의 관점에서 단순히 고루하다고 비판할 수 있을까? 물론 오늘날의 누군가가 신후담과 비슷한 논지를 펴면서 대학에서 의대를 퇴출시키라고 주장한다면 그는 무척이나 고루하고 시대착오적인 사람임에 틀림없다. 그러나 오늘날의 대학이 단순히 전문 기술 전수 기관에 머무르고 있는 현실, 초·중등 교육이 그런 대학에 입학하는 것을 절대적 목표로 삼고 있는 현실에 대해서는 비판적으로 생각해 볼 여지가 있다.

사적인 이익 영역과 공적인 의무 영역을 제대로 분간하지 못하고 그 두 영역을 개인의 삶에서 자율적으로 결합, 조절하지 못하는 사람(이미 언급했 듯이 표헌도 그런 경우에 해당하는 잘못을 저지른 바 있다), 고등 교육을 통해 오랜 기간 고도의 수련을 거친 특정 분야의 이른바 전문가들 가운데 그런 사람들이 나옴으로써 타인과 사회에 커다란 피해를 끼치는 일은 예나 지금이나 드물지 않다.

보통 사람의 연대기

유교의 왕국, 주자학의 왕국 조선은 사대부 관리의 도덕성을 기반으로 하지 않으면 빠르게 부패·변질되는 숙명을 안고 있었다. 조선 성리학性理 學의 그 복잡해 보이는 의론들은 결국 '존천리, 거인욕存天理, 去人欲'의 과제로 수렴되며, 그것은 현실적으로는 공적인 의무 수행에서 사익을 추구하지 않는 관리의 양성이라는 과제로 귀결된다. 인간이 얼마나 잘못되기 쉬운 존재인지를 조선의 성리학자들처럼 분명하게 깨닫고 있던 사람들도 드물다.

그래서인지 그들은 인간에게 무욕無欲이나 절욕絶欲을 요구하지 않으며, 그렇다고 종욕從欲을 허락하려 하지도 않는다. 대신에 절욕節欲, 즉 욕망의 자율적 관리를 요구한다. 그런 자율적 관리의 궁극은 공자가 일흔에

도달했다는 '종심소욕, 불유구從心所欲, 不踰矩' 즉 마음이 시키는 대로 좇아도 도리에 어긋나지 않는 경지이다. 그 얼마나 도달하기 어려운 경지인가. 마음이 시키는 대로 좇다가 죄를 짓고 벌을 받은 표헌이 대부분 사람들의 여실한 모습일 것이다.

욕망은 상대적이다. 절대 무욕의 경지에 도달한 사람이 있다면 그런 사람은 제외하고, 보통 사람들의 욕망이란 남이 가진 것과 비교하면서 커지기도 작아지기도 한다. 자기 얼굴이 남들보다 못생겼다고 생각하는 사람은 잘생긴 얼굴을 욕망한다. 자기 집이 남의 집보다 좁고 허름하다고 생각하는 사람은 넓고 화려한 집을 욕망한다. 자기가 먹는 음식이 남이 먹는 음식보다 맛없다고 생각하는 사람은 맛있는 음식을 욕망한다. 그래서 욕망은 '~라고 생각하는' 것, 즉 다분히 주관적이기도 하다.

이렇듯 상대적이고 주관적인 욕망을 표연말을 비롯한 조선의 유학자들은 천리天理라는 절대·보편적 기준, 사람의 순선純善한 본성이자 만물에 편재되어 있는 이치에 따라 다스리고자 했다. 그 천리란 일종의 요청, '잘못되기 쉬운' 인간을 잘못되지 않게 하는 데 필요하다는 요청의 결과인지도 모른다. 신God, 천리, 양심, 사단四端 같은 것들이 모두 그런 요청의 결과라고 단언하기는 힘들지만, 동서양을 불문하고 인간은 그런 것들에 의지하여 '잘못되지 않고자' 했다.

물론 그게 전부는 아니다. 인간은 법法에도 의지하여 '잘못되지 않고자' 했으며, 오히려 그것이 훨씬 더 효과적일 때가 많았던 것 같다. 표헌에게 내려진 '장 90대를 때리고 도 2년 반에 처하며 고신을 다 빼앗는 형' 이야말로, 천리를 깨우쳐 '종심소욕, 불유구'하는 것보다 효과가 빠르고 확실하지 않은가. 표연말이 수없이 공부하고 외우면서 내면화시켰을 유교 경서는 보통 사람 표헌에게는 소용없지 않은가. 표연말은 표씨 집안 연대기를 순전한 욕망의 연대기에 머무르지 않게 해 주었다. 표헌은 표씨 집안 연대기가 보통 사람의 연대기이기도 하다는 걸 알려주었다.

같은 시대를 살았던 여러 사람들의 제 나름의 기억, 또한 그 기억들이 공유하는 일종의 집단적 기억에 접근하고자 하는 게 나의 자그마한 소망이었다. 개인의 기억은 어디까지 역사가 될 수 있을까? 역사는 개인의 기억에 어떤 모양으로 자리잡는가? 역사란 과연 무엇인가?

나는 역사의 관람객이고 싶다

1928년, 경성京城

"우리에겐 타도해야 할 독점자본주의 국가, 정확히 말하면 우리 국가라는 게 없었지, 나라가 없다는 현실, 그 현실을 너는 모른다. 실감하지 못한다."

할아버지의 커밍아웃

할아버지와의 대화

1988년 8월 어느 날 오후, 할아버지와 나는 서울 광화문의 교보문고에 있었다. 무더운 날씨에 에어컨 덕도 좀 보면서 책을 살 요량으로 나선 길에 할아버지께서 동행하셨던 것이다. 당시 나는 철학과 학생으로 대학에서 첫 학기를 보낸 다음이었다. 할아버지와 나의 발걸음은 자연스럽게 철학 도서가 진열되어 있는 곳으로 향했다. 그 발걸음이 자연스러웠던 까닭은, 할아버지가 내게는 철학 공부의 선배이시기도 한 때문이었다. 이 책 저 책 들추어보시던 할아버지가 말씀하셨다.

"너희들 아직도 이런 책 읽냐?"

할아버지가 가리킨 것은 마르크스 · 레닌주의 경향의 책들이었다. 1988년이면 사회 변혁운동 세력이 마르크스주의 경향의 철학 및 사회과학 서

적들을 실천의 이론적 기초로 삼는 풍조가 여전했던 때이다. 나중에 자세히 거론하겠지만, 할아버지의 말씀 가운데 '아직도'라는 표현은 많은 것을 함축하고 있었다.

"철학과 강의에서는 읽지 않지만 많은 대학생들이 이런 종류의 책을 읽고 있어요."

"으흠! 그런데 내용을 잠깐 보니 내가 학생 시절 읽었던 책들과 크게 다르지 않은 걸."

"정말요?"

"어떤 건 수준이 떨어지는 것 같은데. 마르크스·레닌주의 책과 함께 헤겔 변증법에 대한 책이 제법 많은 것도 비슷하군. 나는 헤겔은 별로 읽어 보지 못했지만."

"그때도 이런 책이 서점에 나왔나요?"

"물론 서점에서 공공연히 살 수는 없었고, 책을 몰래 돌려 보거나 불법 유인물로 읽었지."

"불법 유인물, 그것도 요즘과 비슷하네요."

"불법 유인물 가운데 가장 인기 있었던 것은 일본 공산당에서 펴내는 《아카하타〔赤旗〕》였지. 《아카하타》 최신호가 들어오면 몰래 돌려 보느라 무척 열심이었어. 지금도 창간사의 한 구절이 생각나는걸. '아카하타는 여러분들 자신의 기관지이다' 뭐 이런 구절이었지."

《아카하타》는 일본 공산당 창립 6년 뒤인 1928년 2월 1일에 창간된 일본 공산당 기관지를 말한다. 정당으로서는 이미 오래 전부터 별 볼일 없어진 일본 공산당이지만, 《아카하타》구독료를 받아 공산당이 유지된다고 할 정도로 인기 있는 매체였다. 일본 공산당은 《아카하타》의 청소년판이라고 할 수 있는 《소년소녀신문》을 발행하기도 했다. 일본 애니메이션을 대표하는 미야자키 하야오 감독이 대학 재학 시절 SF와 마르크스주의를 결합시킨 만화 〈사막의 백성〉을 연재한 곳도 바로 《소년소녀신문》이다. 할아버지의 말씀이 계속 이어졌다.

"중앙고보 시절에 하숙방에서 숙제를 다 끝마치고 《아카하타》를 탐독하노라면, 그 한 구절 한 구절이 바로 나의 처지, 우리 민족의 처지를 생각나게 만들었지. 거의 모두 외우다시피 할 정도였다니까. 개안開眼, 그러니까 새로운 세상에 눈을 뜨는 기분이었지. 시골집에서 돈이 올라오지 않아 하숙집에서 주는 아침밥을 나눠서 점심까지 해결하던 때였어. 물을 많이 마셔 주린 배를 겨우 달래곤 했지. 하지만 정신만은 명철하기 그지없었다."

"서점에서 파는 것도 아닌데 다른 책들은 어떻게 구해 보셨어요?"

"중앙고보 선배들이 몰래 전해 주었지. 보성고보의 최병직崔炳稷이라는 사람도 있었고. 《프롤레타리아 ABC》《마르크스·레닌》《자본론》《레닌전》《스탈린전》《제국주의와 식민정책》《군국주의와 독재주의》, 그 밖에 각종 투쟁사……. 이런 저런 책들을 각자 읽고 평가하고 질문하고 대답하고 그랬어."

"발각되면 큰일이었겠네요."

"물론이지. 선배들이 늘 강조하는 것도 '극비, 또 극비'였으니까. 어느 날 보성고보의 최병직이 하숙방에 찾아오더니, 종로서에서 지금 학생들을 잡아들이고 있는데 지금까지 읽은 책에 대한 기록을 남긴 것이 있으면 모두 불태우라고 하더군."

"결국 누군가 발각되고 말았군요."

"나를 찾아오곤 했던 최병직과 동료 윤순달尹淳達 등이 본의 아니게 노출되어버리고 만 거야. 그동안 정성 들여 기록해 놓은 노트를 불태우자니 눈앞이 캄캄해지더군. 책 내용을 요약, 정리해 놓고 그에 대한 나름의 평가와 생각도 적어놓고…… 정말 열심이었는데 말이야. 최병직의 말에 따라 노트를 불태우고 나서 저녁을 먹는데, 고등계 형사들이 들이닥치면서 종로서로 가자고 하는 거야. 이상하게 별로 불안하지는 않았지. 종로서에 가니 방마다 학생들이 꽉 차 있더군."

"요즘도 시위가 끝나면 경찰서마다 그래요."

"새벽 3시쯤에 드디어 나를 호출하더니, 내가 모르는 학생 이름을 대면서 함께 책을 돌려 보지 않았느냐고 윽박지르는데, 정말 모르는 학생이었어. 그래서 자신감을 갖고 부인했지. 각오는 했지만 정말 무지막지하게 때리더군. 주먹질, 발길질에 몽둥이질에…… 나중엔 거꾸로 매달아놓고 코에 물을 붓고 때리는 거야. 설마 요즘 우리 경찰이 그렇게 하지는 않겠지?"

"그래서 어떻게 됐는데요?"

"어떻게 되긴, 별로 나올 게 없다고 판단했는지 아침 녘에 풀어주더군. 그런데 이상한 게 말이야, 그렇게 풀려나고 나니 투쟁 의식이랄까 그런 것이 훨씬 더 강해지는 걸 느꼈단다. 아무리 모질게 고문해도 비밀을 지키고 부인과 묵비로 일관할 수 있을 것 같다는 자신감 같은 것 말이다."

"요즘 말로 하면 철저하게 의식화된 셈이네요."

"의식화라……. 그렇지, 의식화된 거지. 나중에 알고 보니 그게 바로 'ML(마르크스·레닌)당'의 지하 조직원들을 검거하는 일이었더군. 낭산 김준연(金俊淵 : 1895~1971)이 책임 비서로 활동하던 조선공산당, 그러니까 당시 제3차 조선공산당을 ML당으로 부르기도 했거든. 1928년의 일이었을 거야."

"그럼 할아버지는 조선공산당 당원이셨나요?"

"철 모르는 고보 초급생이 당원은 무슨 당원. 그때까지만 해도 나는 조직이라고는 전혀 몰랐었지. 하지만 나는 나도 모르는 사이에 조직의 최하위 세포가 되어 있었던 거야. 여하튼 종로서에서의 경험은 나를 완전히 바꾸어놓았어. 고문에 견디는 묵비默秘 투쟁 방법도 철저하게 교육받았고, 지령에 따라 경성 거리에 삐라를 살포하기 시작했지."

"조직원이 된 거군요."

"그렇지, 조직원이 된 거지. 정말 많은 변화가 일어났어. 학교란 일제의 노예를 만드는 기관에 불과하며, 우리 민족이 살아날 길은 일본 제국주의를 때려부수고 혁명 정부를 수립하는 것이라고 생각했으니까."

"광주학생의거가 그 즈음에 일어났는데, 서울에는 영향이 없었나요?"

"왜 없었겠니? 동맹휴업 열풍이 일어났지. 결국 나는 퇴학 처분을 받고 중앙고보를 떠나야 했어."

"그래서 경성전기학교에 입학하신 거군요."

"그렇지. 전에 너에게 말한 적이 있지? 지금 서울 개포동에 있는 수도전기공업고등학교의 전신이라고 말이야. 얼마 전에 그곳에 가서 학적부를 열람해 보니…… 정말 많은 생각이 스쳐 지나가더구나."

"그런데 학교가 일제의 노예를 만드는 기관에 불과하다고 생각하셨으면서 왜 그 학교에 입학하셨어요? 식민지 수탈에 필요한 기술 인력을 양성하는 학굔데……."

"음…… 그건 말이야, 그때 나는 과학적 세계관인 마르크스 · 레닌주의를 제대로 학습, 실천하려면 최신 과학 기술을 익히는 것이 지름길이라고 판단했거든. 당시로서는 가장 첨단인 전기 기술을 익히는 것이 필요하다고 본 거야."

"그럼 경성전기학교 시절에는 공부만 열심히 하셨나요?"

"물론 공부도 열심히 했지만 그게 다는 아니었지. 이미 경성전기학교에는 임건호任建鎬, 윤순달 등 중앙고보를 중퇴한 사람들이 '잠입'해 있었어. 권오직權五稷 선배의 지도로 학교 안에서 조직을 강화하고 독서회 활동을 벌이고 이론 공부를 정말 열심히 했지."

여기에서 할아버지가 말씀하시는 윤순달은 초기 북한 정권의 노동당 중앙위원회 연락국 부국장을 역임한 인물이다. 그는 1952년 다른 남로당 출신자들과 함께 간첩 혐의로 체포되어 1953년에 60년 형을 선고받았다. 국제사면위원회(엠네스티)가 북한의 정치범 현황을 파악하기 위해 북한 측에 요청하여 받은 자료에 따르면, 1981년 12월 19일에 병사한 것으로 되어 있다. 한편 권오직은 1939년에 박헌영을 중심으로 이관술李觀述, 김삼룡金三龍, 정태식鄭泰植, 이현상李鉉相 등과 함께 이른바 경성 코뮤니스트 클럽(약칭 '경성 콤클럽', 1941년 붕괴)을 결성하기도 했다.

　중앙고보 재학 시절인 1925년 조선공산당 창건에 참여하기도 한 이현상*
은 그러니까 할아버지의 고보 선배가 된다.

　지리산의 풍운이 당홍동에 감도는데, 검을 품고 남주를 넘어오길 천
　리로다. 언제 내 마음속에서 조국을 떠난 적이 있었을까. 가슴에 단단
　한 각오가 있고, 마음엔 끓는 피가 있도다.

　이 글을 쓴 이현상은 1953년 9월 18일(혹은 17일, 15일) 지리산 빗점골
합수내, 너덜겅이라고 불리는 곳에서 의문의 총탄에 맞아 세상을 떠났다.
경찰토벌대에 의해 사살되었다는 것이 공식적인 기록으로 받아들여지고
있지만 정확한 사정은 밝혀지지 않았다.

　내가 대학 다닐 때 학생회관에 신문을 배달하는 할아버지 한 분이 계셨
다. 단구에 도수 높은 안경을 쓰고 젊은이들을 부끄럽게 만들 만큼 힘차고
빠른 걸음걸이가 인상적인 분이었다. 대학 학보에 그분의 인터뷰 기사가
실리기도 했는데, 중앙고보 출신으로 사회주의 운동에 투신했던 전력이

---

* 이현상(1906~1953)은 남한에서 공산당 활동이 불법화되자 월북했다가 1948년 북조선노동당의
　결정에 따라 다시 남한으로 내려왔다. 그는 지리산으로 들어가 한국 전쟁을 거치면서 빨치산 투
　쟁을 전개했고, 1951년 북한 당국에 의해 공식적으로 남한 빨치산 조직 남부군南部軍 총사령관
　으로 임명됐다. 각 도당 유격대를 남부군 사령부에 소속시키는 등 조직적인 투쟁을 전개하다가
　1953년 휴전 이후 사살 당했다.

있으며, 오랜 기간 전향하지 않고 있다가 몇 년 전에야 비로소 전향한 끝에 비교적 온전한 사회 생활을 하고 계시다고 했다. 인터뷰 내용 가운데 '지금도 역사의 변증법적 발전을 믿는다'는 말씀이 인상적이었지만, 아쉽게도 성함은 기억이 나지 않는다. 그분에 관해 할아버지께 말씀드렸더니 무척 만나보고 싶어 하셨지만, 실제로 만남이 이루어지지는 못했다. 연세로 볼 때 할아버지의 고보 후배였던 것 같다. 다시 대화로 돌아간다.

"그런데 너는 데모 안 하니?"

"예, '이론 공부'는 좀 하는 편이지만……."

"허허! 솔직히 걱정이다. 시대가 변하면 실천도 이론도 진일보해야 할 터인데, 책들을 살펴보니 별로 진일보한 것 같지는 않구나. 변증법의 정반합正反合을 말하는 책들이 오히려 정반합과 거리가 멀어 보이는 걸. 변화와 진보의 철학을 논하면서 하나도 변화하거나 진보한 것 같지 않다. 하긴 이런 책이 공공연하게 서점에서 팔리고 있다는 게 진보라면 진보라고 할 수 있을까?"

"그래도 학생들이 모택동도 보고 김일성도 보고……. 요즘엔 마르크스·레닌만 보지는 않아요."

"모택동 사상, 주체사상도 본다는 말이로구나. 주체사상에 대해서는 잘 모르지만 김일성은 이승만과 함께 내가 제일 싫어하는 놈이고, 모택동 사상은 접해 본 적이 있지만 글쎄……. 세계가 변하고 있는 속도를 감안하면 지금 와서 그걸 본다는 게 의미가 있을지 의문이다."

"할아버지 피곤하지 않으세요?"

"그래, 오래 걷고 서 있었더니 피곤하구나. 살 책은 다 골랐니?"

"예, 《마르크스주의의 철학적 기초》라는 책인데 루이 뒤프레라는 사람이 썼어요."

"루이 뒤프레? 불란서 사람이니?"

"아니요. 이름만 보면 그런 것 같은데 미국 학자라네요. 마르크스주의자도 아니고요."

"마르크스주의를 학문으로 연구하는 사람인 모양이지. 나는 한번도 학문으로 마르크스주의를 대한 적은 없으니 내가 읽기엔 어려울지도 모르겠구나. 네 책꽂이에 있는 그 뭐더라, 《마르크스주의자들》이 내가 읽은 유일한 미국 학자의 책이지. 철학을 공부한다면 이론과 실천의 문제를 붙잡아 볼 필요가 있어. 철학이 아니라 철학학哲學學을 하는 책상물림들을 철학자라고 할 수 있을지 모르겠다."

"하지만 이론과 실천의 문제를 역시 학문적으로 연구하는 철학자들도 많은 걸요."

"학문적으로 연구하는 것 자체는 좋은 일이야. 하지만 시대와 현실을 읽는 비범한 눈……, 헤겔이 그랬다고 하던가? 아침 신문을 읽는 게 자신의 기도라고 말이야. 여하튼 그런 눈을 키우는 일을 게을리하지 말아야지."

"그래서 저는 사회철학 분야를 공부해 볼까 해요."

"사회철학이라, 이왕 철학과에 다니고 있으니 뭐든 열심히 공부해라. 이젠 정말 피곤하구나. 집으로 돌아가자."

할아버지와 나

나의 할아버지 은석隱石 표문학表文學은 1990년 8월에 세상을 떠나셨다. 세상을 떠나시기 얼마 전, 그러니까 1990년 6월 4일, 당시 우리나라의 노태우 대통령과 소련공산당 서기장 고르바초프가 정상 회담을 가졌다(이후 9월 30일 정식 수교). 그 소식을 접한 할아버지는 이렇게 말씀하셨다.

"저 만남이야말로 헤겔이 말하는 이성의 간지奸智가 낳은 게 아닐까? 남과 북도 빨리 만나야 할 텐데."

당신의 손자가 당신의 지난 삶에 대해 허심탄회하게 이야기 나눌 수 있는 상대가 된 것을 무척 기뻐하셨던 나의 할아버지. 교보문고에서의 그날 이후 할아버지는 노트에 당신의 삶을 회고하는 글을 적기 시작하셨고, 돌아가시기 전 그 노트를 특별히 나에게 건네주셨다. '나의 천 년' 가운데 가장 가까운 나 자신이기도 한 할아버지. 소액이나마 주식투자에 열심인 당신께 '주식투자는 자본주의의 꽃'이라고 말씀드리자, 빙긋이 웃으시며 "아마 마르크스도 주식투자를 했다지?" 하시던 할아버지. 할아버지는 당신의 호가 은석이며 그것이 '숨긴 돌'이라는 뜻임을 내가 초등학교 6학년 때 일러주셨다. 당시 나는 할아버지께 이렇게 말씀드렸다.

"할아버지, 돌 같은 걸 숨겨서 뭐해요? 보석이라면 몰라도."

할아버지는 그냥 웃으시고 아무 말씀이 없으셨다. 대학에 입학한 내가 《노자老子》를 읽고 있는 것을 보신 할아버지는 빙긋이 웃으시며 이렇게 말씀하셨다.

"아무 짝에도 쓸모없는 돌인데 그마저 숨어 있으니 정말 아무짝에도 쓸

모없겠지. 화기광, 동기진(和其光, 同其塵 : 그 빛을 부드럽게 하여, 그 속세의 먼지와 함께 하니)이라고 했던가."

그런 할아버지가 내게 미친 영향은 무엇일까? 당신의 구체적인 생활 태도나 습관 같은 것이 나에게는 당시에도 지금도 큰 의미로 다가온다. 예컨대 남에게 싫은 소리, 아쉬운 소리를 절대 하지 않는 생활 태도, 한 가지 일에 몰두하면 가능한 최선의 방법을 모색하여 정성을 다하는 자세 등등. 할아버지는 생전에 여러 권의 두툼한 수첩을 갖고 계셨는데, 간단한 메모부터 제법 긴 분량의 일종의 에세이에 이르기까지 당신이 생각하신 것, 보고 들으신 것, 일상적으로 처리해야 할 일 등을 꼼꼼하게 적어놓으셨다. 특징적인 것은 수첩이 동그라미, 세모, 네모, 가위표 등으로 가득했다는 점이다. 나중에 안 사실이지만, 동그라미는 메모 내용을 실행하신 경우, 세모는 부분적으로 실행하신 경우, 네모는 보류(혹은 연기), 가위표는 메모 내용이 별 소용이 없다고 판단하신 경우였다.

예컨대 '한국 공산주의 운동사 관련 자료에서 (특정 사항을) 확인할 필요가 있다'는 내용의 메모가 있다. 할아버지는 이 메모에 네모 표시를 해 놓고 그 옆에 파란색 볼펜으로 이렇게 적어놓으셨다. '이 사항에 대해서 아직까지 믿을 수 있는 자료를 찾기 어렵다.' 보류 혹은 연기의 까닭까지 적어놓으신 것이다. 수첩 속표지에 특별히 큰 글씨로 적어놓으신 말씀이 인상적이다. '세월은 기다려주는 법이 없다.' 결코 기다려주지 않는 세월을 좀 더 알차게, 좀 더 규모 있게 쓰고자 메모를 충분히 활용하셨던 것이다. 추측컨대 지하당 활동을 하실 때부터 처리해야 할 일들을 그런 방식으로 정리하셨던 게 아닐까 싶다.

또 하나 인상적인 기억은 초등학교 4학년 때 국어사전을 사주신 일이다. 알고 싶은 것이 부쩍 많아져 시도 때도 없이 질문을 던지는 나의 손을 잡고 서점에 가신 할아버지는 초등학생이 활용하기에는 부담스러울 정도로 두꺼운 국어사전을 한 권 사주셨다. 그리고 집으로 돌아오는 길에 이렇게 말씀하셨다. "모르는 것이 있으면 이제 네 스스로 책에서 찾아봐야 한다. 특히 말과 글을 잘 가려 쓰는 게 중요하니까 늘 국어사전을 곁에 두고 펼쳐보도록 하여라. 사전을 제대로 활용할 줄 알면, 그리고 책에서 자신이 필요한 지식을 찾을 줄 알면, 비로소 스스로 공부할 수 있는 기초를 마련했다고 할 수 있지."

할아버지의 말씀에 충실하고자 나름대로 노력했던 나는 5학년이 되면서 더 이상 그 국어사전에만 만족할 수 없었다. 결국 부모님을 조른 끝에 《새 우리말 큰사전》을 손에 넣을 수 있었고 일종의 하이퍼링크식 사전 찾기, 즉 한 단어의 풀이에서 모르는 단어가 나오면 다시 그 단어를 찾아보고 하는 일에 재미를 들이게 되었다. 비록 비트가 아닌 아날로그 하이퍼링크였지만, 돌이켜보면 지식의 그물적 속성이랄까 그런 것을 깨닫기에는 충분했다.

편린들로만 다가왔던 할아버지의 삶은 내가 대학에 입학하면서부터 좀 더 큰 역사의 맥락에서 이해해야 할 '하나의 줄거리'로 다가오기 시작했다. 줄거리에 남아 있는 크고 작은 빈자리들을 채워나가고 싶다는 욕심도 들었다. 그 욕심을 채워나간 결과가 지금부터의 이야기다.

식민지 조선이 만들어낸 근대인

식민지 시대를 바라보는 두 가지 관점

우리 근현대사를 주제로 한 책을 읽으면서 떠오른 궁금증들을 나는 할아버지의 삶에 적용시켜 다시 생각해 보기 시작했다. 한반도에 거주하는 사람이라면 누구나 간단치 않은 삶을 살아야 했던 시대, 그 시대에서도 결코 범상치 않았던 할아버지의 체험이라면 해답까지는 아니더라도 좀 더 분명한 생각의 실마리는 얻을 수 있으리라 기대했던 것이다.

내가 할아버지께 여쭈었던 민감한 질문이 하나 있다. "할아버지는 일본에 대해 어떻게 생각하세요?" 이런 질문을 드린 까닭은 내가 보기에 일본에 대한 할아버지의 태도랄까 그런 것이 이중적이라고 생각했기 때문이다. 일제 강점기를 거친 적지 않은 사람들이 그렇듯, 할아버지도 일본의 선진 문물(규율, 검약, 청결 등 비물질적인 사항들을 포함한)에 대해서는 비교적 긍정적이었다. 그 시대를 살았던 당신으로서는 일본의 제도와 문화 전반을, 어떤 의미에서는 자연스럽게 받아들일 수밖에 없었을 듯하다.

물론 할아버지의 대답은 내가 어느 정도 예상했던 대로였다. '우리 민족의 자주권을 강제로 빼앗아간 상종 못할 쪽발이 왜놈들'로 생각한다는, 그러면서도 '그들이 전근대적인 유습에 젖어 있던 우리를 각성하게 만들었다'는 대답. 역시 다분히 이중적인 대답이다. 특히 후자의 대답은 할아버지의 삶의 행보와 의외로 깊은 관련이 있다. 이미 언급했듯이 할아버지는 경성전기학교를 졸업했다. 이것은 내가 국사 시간에 선생님께 들었던 설명, 즉 '일제는 식민 통치와 수탈을 더욱 원활하게 할 목적으로 조선 사람들에게 전문 기술 교육과 초급 보편 교육을 시행했다'는 말에 곧바로 해당된다. 바꾸어 말하면 일제 강점기 식민 통치가 우리의 근대화에 미친 영향이라는, 어떤 의미에서는 뜨거운 감자에 해당하는 주제가 바로 할아버지의 삶과도 맞닿아 있다.

모든 일에는 그림자와 빛이 있고 과가 있으면 공도 있다고는 하지만, 적어도 정서적으로는 일제 강점기의 공과功過를 논한다는 것 자체가 대다수 사람들에게 받아들여지지 않을 것이다. 식민 통치의 잘못이라면 몰라도 그 공이라니 말이다. 할아버지와 이 문제를 가지고 나눈 대화를 되새겨볼 때면 자연스럽게 식민지 근대화론과 식민지 수탈론 사이의 논쟁이 떠오른다. 우리의 식민지 시대를 어떻게 볼 것인가? 중요한 문제가 아닐 수 없다.

식민지 근대화론 vs 내재적 발전론

경제사학자들이 주장하는 식민지 근대화론이 조선의 근대화가 일제에 의해 이루어졌다는 논지라면, 역사학자들이 주장하는 식민지 수탈론은 조선이 일제에 의해 철저히 수탈당함으로써 근대화를 위한 내재적 발전의 원동력이 손상되어버렸다는 논지다. 다시 말해 식민지 수탈론은 일제 강점기가 없었다면 조선이 내재적 발전을 통해 자주적으로 근대화를 이룰 가능성이 있었다고 보는 반면, 식민지 근대화론은 내재적 발전의 동력 자체를 찾아보기 힘들다고 본다. 결국 두 주장은 조선 후기 사회를 어떻게 바라볼 것인지를 놓고 입장이 엇갈리고 있으며, 일제 강점기에 대한 시각 차이도 조선 후기 사회에 대한 시각 차이와 맞물려 있다.

일제 식민지 시기 이전의 조선 후기 사회에 자생적 자본주의가 싹트고 있었다는 주장은 1970년대 김용섭 교수(전 연세대)가 조선 후기 이른바 '경영형 부농富農'의 출현을 확인한 후부터 식민사관 극복 움직임과 맞물려 역사학계의 전반적인 지지를 받기 시작했다. 경제학자 고 박현채 교수(조선대), 강만길 교수(전 고려대), 고 송찬식 교수(국민대) 등도 약간의 차이는 있지만 대체로 조선 후기 자본주의 맹아론에 해당하는 주장을 펼쳤고, 이로써 식민지 수탈론은 우리 국사학계의 다수설이 됐다.

그러나 안병직 교수(전 서울대), 이대근 교수(성균관대) 등이 식민지 수탈론에 학문적으로 반박하기 시작했고, 특히 안병직 교수는 1980년대에는 식민지 반봉건 사회론을 1990년대에는 식민지 근대화론을 제기하면서 우리나라 자본주의 발전의 계기를 일제 강점기에 이루어진 자본주의 이식에서 찾고자 했다. 이런 주장이 일제 강점기 식민 통치에 대한 긍정론으로 인식되면서 학계나 사회 전반의 민족주의 정서, 반일 정서라는 역풍을 만나게 되었음은 잘 알려진 사실이다. 안병직, 이대근 교수는 1987년에 낙성대경제연구소를 설립했고, 이 연구소는 이른바 내재적 발전론을 꾸준히 비판해 왔다.

한편 2002년 9월에는 서울대 이태진 교수(국사학과)가 《의술과 인구, 그리고 농업 기술》이라는 단행본을 통해 '조선 유교 국가의 경제 발전 모델' (책의 부제목이기도 하다)을 제시했다. 이 교수의 논지는 유교를 산업화와 근대화의 적으로 내몬 것은 한반도를 장악하려는 일제의 악의적 선전의 결과라는 주장에 잘 나타나 있다. 요컨대 이 책에서 이 교수는 산업화와 근대화의 장애물이라는 혐의를 받아온 유교의 복권을 시도한다. 이 교수에 따르면 조선 왕조는 백성의 생활 개선을 사상 체계의 중심에 놓은 신유학 이념에 따라 농업 경제 발전을 주도했다. 1960년대 이후 동아시아의 경제 성장이 뛰어난 국가 관리 능력 덕분이라면, 그 원형을 유교 이념을 통한 조선 왕조의 중농重農 정책에서 찾을 수 있다는 것이다.

구체적으로는 15세기에 토산 약재를 활용하는 향약 의술을 집대성한 《향약집성방》 편찬을 필두로 한 의학 발전과 그에 따른 인구 증가(농업 노동력 증대), 농사 짓는 시기를 정확히 알 수 있는 달력 제작, 측우기 발명 등의 과학 기술 발전, 매년 농사를 지을 수 있는 상경법 실현 등을 농업 발전 정책의 대표적인 사례로 든다. 더구나 16세기 이후에는 상공업 진흥에도 나섰지만 상업 자본을 증대시킬 국제 교역이 제한돼 있었기 때문에 유럽의 발전 양상과는 차이를 보였으며, 이는 결코 유교의 책임이 아니라는 것이다. 대한제국도 이른바 동도서기론東道西器論에 입각하여 화폐제도, 중앙은행, 징병제 실시 등 근대화를 추진했지만 일제에 의해 좌절됐다고 본다.

이 교수의 이러한 주장은 식민지 근대화론에 대한 비판으로 이어진다. 요컨대 식민지 근대화론이 유교 망국론에 입각해 있다는 것이다. 이 교수는 식민지 근대화론자들이 1960년대 이후 경제 개발을 일제 강점기 총독부의 공업화 정책과 연결시키곤 하지만, 사실은 그 이전 조선 관료제의 개발 경험이 더 크게 작용했다고 주장한다. 보릿고개를 없애겠다는 박정희 대통령의 의지와 정책 기조는 유교 이념으로 백성을 먹여 살리겠다는 의지와 정책을 보여준 조선 왕조의 유산이라는 것이다.

한편 신기욱 교수(스탠퍼드대)는《한국의 식민지 근대성Colonial Modernity in Korea》에서 식민 지배와 근대성을 종합한 식민지 근대성이라는 개념을 제안해 주목을 받았다. 신 교수는 일제 강점기를 일제 식민 당국과 민족주의의 대립으로만 이해하기보다는 식민 지배의 다양하고 복잡한 현실과 그 영향에 주목하고자 한다. 예컨대 일제 지배로 인해 기존의 정치 엘리트는 기득권을 상실했지만, 상인이나 백정 등은 신분 상승의 기회를 얻었으며, 식민 지배에 대한 조선인의 반응도 친일이나 반일로만 구분하기 힘들 정도로 복합적이었다는 것이다. 이에 따라 신 교수는 식민주의, 민족주의, 근대성의 상호 영향 관계에 주목할 필요가 있다고 지적한다.

그렇다면 신 교수는 식민지 근대화론에 찬성하는 입장일까? 그렇지는

않다. 신 교수는 식민지 근대화론이 일제 강점기 근대화의 주체를 일제 당
국으로 파악함으로써 조선인의 역할을 사실상 인정하지 않는다는 데 취약
점이 있다고 본다. 근대성 형성 과정에서 조선인이 했던 역할을 간과하고
있다는 것이다. 또한 식민지 근대화론과 내재적 발전론 모두 근대의 긍정
적인 측면과 부정적인 측면에 고루 눈길을 주지 않고 긍정적으로만 파악
한다는 점도 지적하고 있다.

내가 바라보는 식민지 조선

여러 입장과 주요 학자들의 다양한 주장을 살펴보았는데, 나의 할아버
지는 어떤 입장에 가까웠을까? 식민지 근대화론에 가까운 게 사실이다. 서
당 교육과 가정 교육을 통해 유교적 이념을 내면화시킨 당신이었지만 정
치, 사회 체제로서의 조선에 대해서만은 지극히 부정적인 입장을 취하셨
다. 당신에게 조선이란 신분 질서(당신의 마르크스주의적 신념에 따르면 계급
질서)에 따른 지배층의 피지배층에 대한 억압과 수탈로 점철된 모순 그 자
체였다. 혁명을 통한 역사의 단절과 새로운 단계를 추구했던 당신에게 내
재적 발전이란 가망 없는 학문적 수사에 불과했다.

그렇다면 할아버지와 이 주제를 놓고 비교적 오랜 시간 이야기를 나눈
나는 어떤 입장일까? 일종의 비판적 식민지 근대화론의 입장이라고 하겠
다. 이게 무슨 소린가? 나는 내재적 발전론을 'Why Not Question'을 전
제로 하는 입장이라고 생각한다. 주로 과학기술사 연구자들이 자주 던지

면서 문제삼는 질문이기도 한데, '왜 비서구 사회에서는 과학 혁명이 일어나지 않았을까?' 라는 물음이다. 이 글의 맥락에 맞게 바꾸어 말하면 '왜 조선 사회에서는 근대화가 일어나지 않았을까?' 라는 질문이다.

이 질문에 대한 학문적 반응은 여러 가지일 수 있다. 우선 서구 사회와 비서구 사회의 여러 다른 조건을 비교하면서 서구 사회에서만 근대화가 진행될 수 있었던 요인들을 규명해 낼 수 있다(이것을 뒤집으면 비서구 사회에서 내재적으로는 근대화가 진행될 수 없었던 요인, 즉 서구의 충격에 의해서만 근대화가 진행되어야 했던 까닭이 된다). 한편 이와는 달리 비서구 사회에서도 내재적으로 근대화를 이룰 수 있었던 조건이 발견된다고 주장할 수도 있다. 그러한 조건을 찾아 이른바 근대화의 맹아, 자본주의의 맹아로서 강조하는 것이다.

위의 두 가지와는 또 다른 반응으로는, 'Why Not' 이란 질문 자체의 타당성을 문제삼는 게 있다. 위의 두 반응은 상반된 것들이기는 하나 기본적으로 일종의 단선單線 진화론적 전제, 즉 모든 사회의 역사가 서구에서 이루어진 근대화라는 방향으로 전개되며, 각 사회는 그러한 시간적 방향축의 서로 다른 지점에 위치해 있다는 전제를 필요로 한다. 그러한 전제를 바탕으로 하는 한, 우리 역사의 어느 지점에 근대화의 맹아를 설정해야 한다는 당위적 요청(?)에 충실하거나, '외부로부터의 충격'에 의해 근대화의 길로 나아갈 수밖에 없었다는 일종의 현실론에 충실할 수밖에 없다.

물론 나는 'Why Not' 이란 질문 자체를 완전한 사이비 질문이라고 생각하지는 않는다. 그러한 질문에 대한 답을 찾는 과정에서 서구와 비서구 사회의 다양한 차이를 좀 더 분명하게 파악할 수 있고, 이것은 다시 자기 사회, 자기 문화에 대한 이해를 풍부하게 만들어줄 수 있다. 그러나 'Why Not'은 애당초 비교의 가늠자가 한쪽으로 치우쳐 있는 질문이며, 다분히 가치의 위계를 함축한다. "왜 너는 이렇게 공부를 못하느냐?"고 질문받은 학생이 "나는 축구를 정말 잘하는데요"라고 답한다면 과연 사오정 꼴에 불과할까? 그런 학생을 버릇없다고 벌주는 선생님의 의식 속에는 공부 혹은 성적이야말로 지상의 가치라는 인식이 자리잡고 있을 가능성이 크다. 벌받은 다음부터 축구공을 버리고 펜과 책을 잡게 된 학생의 비극!

나는 내재적 발전론에 비해 식민지 근대화론이 상대적으로 'Why Not'의 맹점으로부터 자유로운 편이라고 생각한다. 우리 역사 속에서 서구의 역사적 경험과 비슷한 그 무엇을 찾으려는 노력은, 그것에서 상대적 가치를 발견할 수는 있겠지만, 기본적으로는 '상실감을 보상받으려는 동일화 object-loss identification'나 '목적 지향적 동일화 goal-oriented identification'라는 심리적 기제가 작동하고 있다고 생각한다. 그에 비해 서구의 근대라는 '특수한' 역사적 경험에 대한 반성적 검토를 진행시키면서, 그것이 외부의 충격으로서 우리에게 다가온 과정과 그 영향에 천착하고, 식민지 시대라는 특수한 조건의 세부적인 측면을 충분히 고려하는 것이 비판적 식민지 근대화론이다. 덧붙이자면 경제사학자들의 식민지 근대화론은 하부 구조의 측면에만 관심을 집중시키는 감이 없지 않다.

식민지 조선이 길러낸 근대인

나의 할아버지는 일종의 과학주의에 경도돼 있었다. 물론 당신의 과학주의란 다분히 과학적 사회주의의 과제와 관련이 있는 것으로, 생산력 발전에 주안점을 둔 것이기도 하다. 그러한 과학주의의 주요 젖줄은 경성전기학교에서 익힌 전기 관련 기술과 경성에서 학생들 사이에 유행하던 프랑스 작가 쥘 베른(1828~1905)의 일역판 소설, 그리고 유물 변증법 관련 책자였다고 할 수 있다.

할아버지의 말씀에 따르면 쥘 베른의 소설이 일종의 과학계몽소설 역할을 했던 것 같다. 잠수함이라는 물건에 대한 이야기를 처음 접한 할아버지의 놀라움이란 정말 대단한 것이었다. '인어'에서 '잠수함'으로의 인식 변화, 견주어 말하면 '날개 단 이카루스'에서 '비행기'로의 인식 변화와 비슷하다고나 할까. 신체와는 별개의 명실상부한 기계로의 변화인 셈이다. 거창하게(?) 말하면 할아버지에게 쥘 베른의 소설은 메타모르포시스Metamorphoses적이고 신화적인 세계관에서 기계적이고 과학적인 세계관으로의 변화를 촉발시킨 계기였다.

비슷한 맥락에서 달에도 사람이 갈 수 있다는 이야기 역시 까까머리 청소년이었던 할아버지에게 일대 충격이었던 것 같다. 어머님들이 소원을 빌던 달, 계수나무에 토끼가 노니는 달에서 물리적 대상으로 달의 의미가 바뀐 것이다. 달이 지구 주위를 도는 별이라는 사실이야 이미 알고 있었겠지만, 일상적인 삶의 의미 속에서는 여전히 소원 비는 달, 이태백의 달로 남아 있었는데, 쥘 베른의 작품이 그런 인식에 결정타를 가한 셈이다.

식민 통치와 수탈에 활용할 수 있는 기술인 양성을 목적으로 설립된 학교에서 나의 할아버지는 과학주의에 경도된 '근대인'으로 육성되었다. 하지만 그 과학주의란 할아버지 당신에게는 사회주의 혁명과 식민지 해방이라는 '해방적 관심'을 뒷받침하는 유력한 수단이기도 했다. 이처럼 한 개인에게도 식민지 근대성이라는 주제는 복잡하고 중층적이다.

물론 도덕적, 정서적, 포폄褒貶적 차원에서 식민지 시대의 오욕과 훼절에 대해 평가하고 비판하는 건 학문과는 또 다른 중요한 문제임을 간과해서는 안 된다. 오늘날까지 부정적인 영향을 미치고 있는 식민지 시대의 훼절에 대해서조차 눈을 감는다면, 그것은 학문적 객관성의 이름으로 자행되는 현실에 대한 월권이며 그 자체가 하나의 훼절이고 곡학曲學의 혐의로부터도 자유롭지 못하다. 물론 학문으로서의 역사가 칭찬과 비난을 엄격히 하는 《춘추》의 포폄 원칙을 지킬 필요는 없다고 생각한다. 그러나 최소한의 도덕 감정moral sense—그것을 양명학의 용어를 빌려 양지良知라고 하건 그냥 양심이라고 하건—에마저 눈을 감는다면 더불어 논할 바가 못 된다.

우리에게는 국가가 없었다

곤란할 수도 있는 또 하나의 질문. 할아버지는 인촌 김성수(金性洙 : 1891~1955)*에 대해 어떻게 생각했을까? 당신이 다니신 중앙고보는 1915년 인촌이 중앙학회로부터 인수하면서 사실상 설립자가 된 학교였다. 비록 중앙고보에서 학업을 마치지는 못했지만 할아버지는 서울 종로구 계동에 있는 오늘날 중앙고등학교의 동관과 서관, 그러니까 각각 1923년과 1921년에 일본인 건축가 나카무라 요시헤이中村與資平가 설계·완공한 붉은 벽돌의 2층 건물을 수십 년 만에 돌아보시고 깊은 감회에 젖기도 했다. 이 두 건물은 각각 사적 제283호와 제282호로 지정되었다.

할아버지는 인촌에 얽힌 다음과 같은 일화를 들려주셨다. 인촌이 중앙고보에서 강연을 할 때였다. 강연이 끝날 무렵 할아버지는 손을 번쩍 들고 큰 소리로 외쳤다. "선생님 코가 개코라는 소문이 있는데 정말입니까?" 강연장이 폭소의 도가니가 되었음은 물론이다. 당시 중앙고보 학생들 사이에서는 인촌이 해외여행 중 개코를 붙였다는, 그러니까 요즘 말로 성형 수술했다는 '믿거나 말거나' 소문이 돌았다고 한다. 할아버지는 학생들의 그런 궁금증을 풀기 위해 총대를 멘 셈이었다. 인촌의 대답? 그냥 웃고 말더란다.

그 밖에 일본인 학생들이 다니던 당시 용산고보와의 축구 경기는 늘 패싸움으로 아수라장이 되어 끝나곤 했다는 이야기, 특히 그들에게 고춧가루를 뿌리면 효과 만점이었다는 이야기. 국어학자 이윤재(李允宰 : 1888~1943) 선생이 수업 도중 몰래 우리나라 역사, 주로 을지문덕·강감찬·이순신 등 외적을 물리친 위인들 이야기를 학생들에게 해 주다가 눈물을 흘

---

* 인촌은 1914년 일본 와세다 대학 정경학부를 졸업하고 귀국한 뒤, 당시 운영 난에 빠져 있던 중앙학교를 1915년에 인수하여 1917년 교장에 취임했다. 인촌은 이후 1920년 〈동아일보〉를 창간했고 1932년에는 보성전문을 인수하여 교장에 취임했다.

리곤 했다는 일화. 고보 시절을 추억하시는 할아버지는 마치 그 시절로 되돌아가신 듯 보였다.

할아버지는 인촌의 친일 행적에 대해 비교적 자세하게 알고 계셨다. 하지만 그에 대해 비난하지는 않았다. 왜일까? 조심스럽게 여쭈어보니 역시 조심스럽고 간단하게 답하셨다. "그는 자본가였다. 자본가가 자본을 축적하려 했으니 당연한 일이지." 간단하지만 결코 간단치 않은 의미가 함축된 사회주의 계급 이론에 입각한 답이었다. 할아버지는 중앙고보에서 훌륭한 스승들과 만날 수 있게 해 준 인촌을 분명 존경했다. 그리고 그의 친일 행적에 대해서는 말을 무척 아꼈다.

여기에서 뜬금없는 퀴즈(?) 하나. 우리나라에서 철학을 전공하여 박사학위를 받은 최초의 인물은? 1921년 스위스 취리히 대학에서 박사학위를 받은 이관용李灌鎔이다. 《개벽》 33호(1923년 3월 1일)에 이런 기사가 나온다. '소식: 10년의 螢雪을 英瑞獨諸國에 修하고 철학박사의 학위까지 得한 李灌鎔씨 入京.' 이관용은 연희전문학교에서 철학을 강의했고 〈동아일보〉 〈조선일보〉 기자와 〈조선일보〉 편집고문을 지낸 인물로, 1925년 9월 15일 결성된 부르주아 민족주의 성향의 '조선사정조사연구회'에 참여했고, 1927년 출범한 신간회에서 〈조선일보〉 계열 및 부르주아 민족주의 계열 멤버였으며, 문일평·홍명희와 절친한 사이였던 것으로 알려져 있다.

1928년 11월 8일자 〈조선일보〉에는 이관용이 신채호와 옥중 면담한 기사가 나온다. 기사 제목은 〈大連監獄에서 申丹齋와 面會〉인데, 당시 신채호는 H.G. 웰즈의 《세계문화사世界文化史》, 조선의 이단적인 유학자 백호

윤휴의 문집 《윤백호집尹白湖集》, 《에스페란토 文典》 등의 차입을 부탁했다. 그 밖에 《개벽》 4호(1924년 2월)에는 그가 쓴 〈新理想主義로 도라가려는 최근의 德國文壇〉이라는 제목의 글이 나온다. 글에서 이관용은 신이상주의가 발생한 역사적·철학적 배경을 설명하고, 니체의 '생활인식 철학'이 독일 문단에 미친 영향으로 이상주의 문학이 대두되는 과정을 언급한다.

이관용은 1919년 파리강화회의를 계기로 파견된 임시정부 대표단에서도 활동했다. 김규식을 대표로 조소앙, 여운홍(여운형의 동생) 등이 1919년 4월 사무실을 갖추고 본격적인 외교 활동을 전개했지만, 열강의 냉대와 일본의 방해로 사실상 와해되고 말았다. 결국 김규식을 비롯한 대표단은 1919년 8월 8일 미국으로 떠났고, 김규식의 뜻에 따라 이관용이 위원장 대리를 맡아 1921년까지 비교적 활발하게 활동했다.

그는 1925년 2월 〈동아일보〉 특파원 자격으로, 하루 먼저 떠난 〈조선일보〉의 김연준과 북경에서 합류하여 모스크바에 특파되기도 했다. 1925년 1월 15일 트로츠키의 실각과 스탈린의 집권으로, 소련이 일본과 외교 관계를 수립함에 따라 조선에서도 소련 사정에 대한 관심이 증대됐기 때문이다. 이후 이관용은 〈조선일보〉로 자리를 옮겼고, 1929년 갑산 화전민촌 방화 사건의 조사를 위해 김병로와 함께 갑산에 특파되기도 했다.

또 한번 뜬금없이, 시인 이육사 집안 이야기를 하려고 한다. 이육사와 그 동생 이원조의 조부 이중식은 1910년 경술국치 당시 노비문서를 소각하고 땅을 나누어주었으며, 벼슬을 거부하고 처사로 지냈다. 이육사, 이원조의 모계도 만만치 않다. 외조부 범산 허형은 본인도 항일운동을 했고 구한말 의병장으로 순국한 왕산 허위와 사촌간으로, 이 허씨 집안은 우리나라의 대표적인 항일독립운동 가문이다.

허위는 1908년 의병을 이끌고 서울 동대문 밖 30리까지 진출하여 일본군과 접전을 벌이다 경기도 연천으로 퇴각했다. 그 후 이완용이 연천으로 사람을 보내 관찰사나 내무대신 벼슬을 주겠다며 회유했지만 허위는 거절했고, 일본 헌병대에 체포되어 1908년에 사형당했다. 서울 동대문에서 청량리에 이르는 왕산로旺山路의 이름은 바로 허위의 호에서 따온 것이다. 허씨 집안은 1915년 만주로 망명길에 올라 그곳에서 항일 운동에 나섰다. 동북항일연군 제3로군 총참모장 허형식 장군이 왕산 허위의 조카다. 당시 제3로군에는 김책도 소속돼 있었고, 제2로군에는 최용건, 제1로군에는 김일성 등이 속해 있었다. 허형식 장군은 1942년 8월 초 33세의 나이로 일본군 토벌대의 기관총 세례를 받고 세상을 떠났다. 오늘날 중국 흑룡강성 경안현 청송령에 '허형식 희생지' 기념비가 서 있다. 그 밖에 임시정부 초대 국무령인 석주 이상룡의 손자며느리 허은 여사는 이육사와 이종 사촌간이며, 이육사는 1930년대에 독립군 군자금 관련 일로 외삼촌 허규와 함께 만주를 왕래한 적이 있다고도 한다.

왜 느닷없이 이관용, 이육사를 들먹였는가? 이육사의 동생으로 〈조선일보〉 기자와 학예부장을 지낸 이원조(李源朝 : 1909~1955, 월북 후 사망)의 부인이 바로 이관용의 딸이기 때문이다. 이원조가 1931년 일본 호세이 대학 불문과를 졸업하고 귀국한 뒤 이관용의 딸과 혼인했던 것이다. 당시 주례는 조병옥이 섰으며, 국혼國婚 그러니까 왕실과의 혼인이라 하여 화제를 모으기도 했다.

이관용의 부친 이재곤李載崑은 왕실 종친으로서 을사조약 이후 학부대신에 임명되고 일본으로부터 작위(자작)를 내려받은 인물이다. 이재곤은 전주 덕진시민공원 건지산乾止山 줄기에 자리한 대한조경단大韓肇慶壇 건립에서 중요한 역할을 하기도 했다. 광무 3년(1899) 1월 고종의 명을 받고 당시 특진관特進官으로 있던 이재곤이 3월에 전주로 가서 조경단의 위치와 구획 등을 정한 것이다. 조경단은 태조 이성계의 21대조이며 전주 이씨의 시조로 알려져 있는 이한李翰을 모시는 곳이다.

각각의 집안 배경을 감안하면 이관용의 딸과 이원조가 혼인했다는 게 조금, 아니 많이 이상하지 않은가? 물론 친일 혐의로부터 자유롭지 못한 부친과 달리 이관용 본인은 나름의 소신을 갖고 학계, 언론계, 민족운동계 등에서 활동하기는 했다. 이관용의 생몰 연대에 관한 자료를 찾아보니 '?~1933'이라고 표시되어 있었다. 이관용이 1933년 세상을 떠났다면 자연인 이관용이 아닌 '역사적인 이관용'에게는 다행스런 일이었는지도 모른다. 일제의 억압이 지식인들에게 신원 고백을 강요하기 전에 세상을 떠났으니 말이다. 1920년대 말에서 1930년대 초의 조선 사람들이 지닌 전반적인 의식 속에 친일이나 항일이 어떤 모양새로 자리잡고 있었는지. 이관용의 사례는 나에게 궁금증을 안겨준다.

실패가 예견된 혁명가

다시 할아버지와 나눈 대화로 돌아가보자. 1980년대 운동권의 사상 투쟁에서 이른바 자민투와 민민투, 그러니까 반미자주화반파쇼민주화투쟁위원회와 반제반군부파쇼민족민주투쟁위원회의 대립을 떠올려보자. 자민투는 식민지반봉건사회론(식반론) 즉 해방 이후 남한 사회를 봉건 사회로, 민민투는 국가독점자본주의론(국독자) 즉 자본주의 사회로 파악했다. 봉건 사회라면 부르주아 혁명 단계이기 때문에, 광범위한 세력 연합을 통해 반미구국통일전선을 펼치는 게 관건이 된다. 이에 비해 자본주의 사회라면 프롤레타리아 혁명 단계이기 때문에, 국가독점자본주의 계급 지배를 타파하고 권력을 쟁취하는 제헌 의회 수립이 관건이다. 자민투가 대중 노선을 중시했다면 민민투는 전위적인 소수에 의한 폭력혁명 전술을 중시했다.

나의 이러한 요약 설명을 주의 깊게 들으신 할아버지는 간단하게 말씀하셨다. "듣고 보니 자민투와 민민투를 섞어놓은 게 일제 시대의 내 생각이었던 것 같다." 할아버지는 분명 폭력혁명 전술을 중시했다. 또 광범위한 세력 연합보다는 전위적 지하당 조직에 주안점을 두었다. 이렇게 보면 민민투에 가까운 것 같지만 반드시 그렇지는 않다. 반일 구국과 민족 해방을 결코 등한시하지 않았을 뿐만 아니라 오히려 매우 중시했기 때문이다. 이어지는 말씀에 실마리가 있다.

"우리에겐 타도해야 할 독점자본주의 국가, 정확히 말하면 우리 국가라는 게 없었지. 나라가 없다는 현실, 그 현실을 너는 모른다. 실감하지 못한다. 일본 공산당과 우리가 갈라지는 지점이 바로 거기에 있었다. 차라리

'식민지 공산주의' 아니 '식민지 한반도 공산주의'라는 별도의 설명 틀을 만들어보는 게 나을지도 모르겠다. 중국 공산당도 다르지. 중국은 일제의 전면적인 지배를 당한 적이 없으니까. 더구나 신해혁명으로 황제 국가 체제를 스스로 타도한 경험을 갖고 있지."

사회주의자로서 할아버지의 전체적인 입장을 강경하게 밀고 나간다면 인촌은 매판자본이든 민족자본이든 타도해야 할 자본가 이상도 이하도 아니다. 그러나 할아버지는 이 지점에서 주저했고 철두철미하지 못했다. 자본가로 인식하면서도 타도의 대상으로 보지 않았다. 그래서 나는 할아버지가 다행스럽게도(?) '실패가 예견되어 있던 혁명가'라고 생각했다. 할아버지 같은 혁명가들이 식민지 시대 사회주의 세력 가운데 얼마나 됐었는지는 잘 모른다. 짐작하기로는 적지 않은 수가 아니었을까?

할아버지는 돌아가시기 몇 년 전부터 한국 공산주의 운동 관련 자료를 찾아보시면서 지난날 당신의 자리를 가능한 한 객관적으로 확인해 보려고 노력하셨다. 김준엽, 김창순의 《한국공산주의 운동사》, 스칼라피노와 이정식의 《한국공산주의 운동사》, 서대숙의 《한국공산주의운동사 연구》 등이 할아버지가 보신 주요 텍스트였다. 본래부터 학자 기질, 그것도 무척이나 꼼꼼하고 디테일에 강한 기질을 지녔던 분이어서 그랬는지, 두툼한 수첩을 일종의 자료 목록 및 초록으로 활용하시면서 의욕을 보이셨지만, 갑작스럽게 세상을 떠나시면서 미완의 과제로 남고 말았다.

할아버지와 함께 한 마지막 순간

세상을 떠나시기 한 해 전 할아버지와 나는 할아버지의 고향 전남 완도의 어느 산자락에 함께 서 있었다. 저 멀리 해남 땅이 바라보이는 선산이었다. 조상들에 관한 이런 저런 이야기를 나누다가 할아버지는 갑자기 굵은 나뭇가지 하나를 꺾어 숲으로 들어가기 시작했다. 말없이 따른 지 10분쯤 됐을까. 할아버지는 숲속 어느 한 곳에 멈추어 서시더니 나뭇가지를 땅에 박으셨다. "여기가 내가 묻힐 곳이니 잘 보아두어라."

황망慌忙한 기분이었다. 이윽고 이어지는 당신의 말씀. "이곳에서 직선으로 바다 건너 보이는 해남 땅의 저 산이 풍수에서 말하는 금산金山이다." 당신의 말씀을 듣고 쳐다본 바다 건너에는 좌우 대칭에 가깝게 가지런한, 그다지 높지 않은 산이 너무도 분명하게 서 있었다. 그날로부터 정확히 1년 뒤 할아버지는 세상을 떠나셨다. 할아버지가 당신의 묻힐 곳을 오로지 나에게만 알려주셨음을 가족들에게 말하고 나는 그날 그곳, 당신께서 나뭇가지를 꽂아놓으신 그곳을 다시 찾았다. 그리고 장례 기간 내내 그리고 그 이후에도 다른 사람들에게는 한번도 내비친 적 없는 눈물을 하염없이 흘렸다.

대학에 입학하면서 할아버지가 보시고자 하는 자료를 부지런히 도서관에서 대출해 나르던 때가 바로 어제 같다. 할아버지를 모시고 내가 다니는 학교 구경도 시켜드리고 도서관에서 함께 자료도 찾아보고 싶었지만 아쉽게도 그런 시간을 갖지 못했다. 생전에 만주 지역을 한번 방문해서 오래 전 함께 지냈던 중국인들을 찾아보고 싶어도 하셨다. 중앙고보 시절 친구들, 경성전기학교 시절 친구들, 친하게 지냈던 일본인 동료들도 만나고 싶어하셨다. 그 모든 바람을 이루시는 데 손자인 내가 조금이나마 도움을 드릴 수 있었다면 하는 부질없는 후회, 돌이켜 생각해 보니 이 글은 그 후회를 나 스스로 달래보려는 노력이기도 하다.

할아버지의 친구와 동료들도 이제는 대부분 세상을 떠났을 것이다. 할아버지가 돌아가시기 전에 내가 그분들의 정확한 이름과 그 밖의 인적사항을 간략하게라도 알아놓았다면, 혹시라도 찾을 수 있었을지 모른다. 만일 그러했다면 같은 시대를 살았던 여러 사람들의 제 나름의 기억, 또한 그 기억들이 공유하는 일종의 집단적 기억에 접근할 수 있었을 것이다. 개인의 기억은 어디까지 역사가 될 수 있을까? 역사는 개인의 기억에 어떤 모양으로 자리잡는가? 역사란 과연 무엇인가?

1945년~1953년, 태백산맥

가진 것 없고 힘없는 사람들이 부당하게 고통받는 세상, 정의가 불의에
패하는 세상을 견디기 힘들었다. 그래서 나는 세상에 대해 더 많이 배우고,
더 열심히 실천하려 했다. 평생의 절반을 이리저리 떠돌아다니며 좌절하고
실패한 인생, 꺾인 인생이었다. 머리 둘 곳 없는 삶이었다.
하지만 후회는 없다. 역사의 도도한 흐름 속에서 한 개인의 몸짓이란
망망대해의 일엽편주라 하겠지만, 나는 나의 작은 배와 그 항로에 대해
후회해 본 적이 없다.

그의 장정長征

한국전쟁과 표문학

어쩌면 당연한 일이겠지만 나로서는 할아버지의 삶을 전적으로 객관화시켜 바라보기 힘들다. 하지만 그 삶이 처했던 우리 역사의 간단치 않은 질곡만은 가능한 한 객관적으로 바라보고자 노력해야 한다고 생각한다. 지금부터는 '나의 할아버지'라는 표현과 존칭을 접고 '표문학'이라는 성명을 사용하기로 한다. 역사의 거대한 풍파에 처한 한 개인의 삶. 그러나 때로는 그 개인의 삶을 통해 거대한 풍파의 진로를 되새겨볼 수도 있으리라.

표문학은 경성전기학교 졸업 후 당시 남선전기南鮮電氣 군산 지사에 근무하게 됐다. 그는 전기학교 시절 독서회 활동을 하던 동료들과 연락을 취하면서, 조선인과 일본인의 직위 및 봉급 격차 개선을 요구하는 파업을 시도했다. 그러나 파업은 여의치 않았고 결국 만주滿洲로 발령받아 길림吉林의 풍만豊滿 발전소에서 근무하다가, 초하구草河口 변전소 소장으로 재직하던 중 해방을 맞이하게 된다.

초하구는 봉림대군(훗날의 효종)이 병자호란 이듬해인 1637년 2월 형 소현세자와 함께 청나라에 볼모로 잡혀가면서 지은 시에도 등장하는 지명이다.* 표문학에게 초하구 변전소 근무 시절은 일생에서 가장 안온한 시기였다. 예전 동지들과의 연락도 여의치 않았던 데다가, 만주라는 낯선 환경에 적응하면서 전기 기사로서 업무에 충실하느라 여념이 없었기 때문이다.

그러나 해방 직후 압록강 철교를 건너 귀국하면서부터 표문학의 삶은 역사의 소용돌이 속으로 들어가게 된다. 압록강 철교를 건너기 전까지 기차는 자주 멈추었다. 현지 중국인들이 기차를 세우고 일본인들을 색출하여 기차 바로 옆 수수밭으로 끌고 가 즉결 처분을 했던 것이다. 차창 바깥에서 들려오는 일본인들의 살려달라는 외침이 그렇게 애절할 수 없었다. 당시 표문학은 태어난 지 얼마 안 되는 아기를 안고 있는 한 일본 여성을 구해 주었다. 함께 귀국하는 여동생으로 가장시킨 것인데, 압록강 철교를 건너는 순간 연신 고마움을 표하며 눈물을 흘리는 그 여인의 모습에 만감이 교차했다.

국내에서 박헌영(朴憲永 : 1900~1955)과 함께 활동하던 중앙고보 시절 동

---

* '청석령 지나거냐 초하구 어듸메오. 호풍胡風도 차도찰샤 구즌비는 므스 일고. 뉘라서 내 행색을 그려내여 님 겨신 데 드릴고.'

료 윤순달이 있는 광주光州전기회사에 취직한 표문학은 본격적으로 남조
선노동당, 즉 남로당 활동을 시작한다. 당시 당면 과제는 '조직 확대 및 강
화와 이론 교양 투쟁'이었다. 표문학은 활동 무대를 중앙당 차원으로 옮긴
윤순달의 뒤를 이어, 국내 전력 관련 회사 내부조직을 담당하는 책임을 맡
아 당의 지령에 따라 움직이게 된다. 표문학은 그때 일을 이렇게 기록했다.

회사 업무에 불철주야 최선을 다하면서, 적당한 시간에 중앙에서 내
려온 지령에 따라 사업장 내의 매일 매일의 동향을 철저하게 파악하
는 데 우선 주력했다. 각 사업장의 세포 조직원들의 보고를 종합하여
향후 투쟁 방향을 정하는 한편, 노동 운동에 관한 교양 사업도 철저히
수행했다. 직장 내 세포책들에게는 비밀 유지와 상호 간의 긴밀한 연
락 유지에 만전을 기할 것을 항상 강조했다. 그 밖에도 회사 업무에서
생산성을 극대화하는 데 최선을 다할 것을 강조했다. 파업을 할 때는
파업을 해야 하지만 회사 전체의 생산성을 극대화시킬 때 투쟁의 힘
도 보다 강력해질 수 있다는 것이 나의 소신이었다.

표문학이 남긴 기록에는 다음과 같은 문구와 함께 노래 가사가 하나 나
온다. '1946년 이 노래를 부르던 가슴 벅찬 기억과 함께.' 바로 1871년 5
월 파리 꼬뮌의 비참한 최후가 있은 뒤에 포티에르가 지은 〈인터내셔널〉가
다. 무등산 기슭에 각 사업장 조직원들이 모여 〈인터내셔널〉가를 힘차게
부른 뒤, 조직 활동 상황을 점검하고 투쟁 의지를 다지곤 했다고 한다.

1945년 11월 5일 조선노동조합전국평의회가 1,194개 노동조합에 조합원 약 50만 명을 회원으로 하여 결성되었고, 이듬해 메이데이 노동절 기념 행사를 대대적으로 가졌는데, 표문학의 '가슴 벅찬 기억'은 바로 이날 행사를 말하는 것 같다.

이후 표문학은 삐라 제작 살포 사실이 발각되어 군 포고령 위반 혐의로 광주 경찰서에 연행되어 조사를 받고 풀려났다. 이후 전담 감시 형사가 따라붙는 등 더 이상의 조직 활동이 여의치 않아 회사를 사직하지만, 이미 언급한 생산성 측면에서 워낙 높은 성과를 올려놓았기에, 조직 활동을 하지 않는 조건으로 1949년 재입사를 허락받는다. 이때 표문학은 1949년 6월에 조직된 보도연맹保導聯盟에 강제 가입되었다.

보도연맹은 1948년 12월 시행된 국가보안법에 따라 좌익 사상에 물든 사람들을 전향시켜 보호하고 인도한다는 취지로 결성된 단체이다. 사상적으로 불온하다고 낙인찍힌 사람들을 대상으로 대규모 강제 등록이 이루어졌으며, 심지어 지역별 할당제가 있어 사상범이 아닌 사람이 등록되는 경우마저 있었다. 한국전쟁 발발 초기 대한민국 정부와 경찰은 초기 후퇴 과정에서 보도연맹 소속원들을 무차별적으로 즉결 처분했고, 이는 한국전쟁 시기 최초의 민간인 집단 학살이기도 하다.

표문학은 한국전쟁 발발에 대해 '북조선이 남침했다는 허울 좋은 구실을 만들어 미국과 이승만이 전쟁을 일으켰다'고 기록해 놓았다. 표문학의 기록에 따르면 이승만이 북침을 획책 중이라는 설이 1950년 봄 즈음부터 사회 일각에 나돌기 시작했으며, 모 신문사에 잠입해 있던 조직원을 통해 이승만이 어느 때 어느 곳으로 북침하려 한다는 비교적 상세한 정보도 입수했다고 한다. 물론 나로서는 이런 내용의 사실성을 인정하기 힘들지만, 당시의 표문학은 사실로 받아들였던 듯하다.

1950년 6월 초, 표문학은 전남도경찰국 전신과로 발령을 받게 된다. 보도연맹 소속원이 경찰국 전신과로 발령이 났으니 이례적인 일이었다. 그런데 표문학은 6월 10일경부터 보도연맹 본부 담당 경찰관이 계속해서 자신을 찾고 있다는 말을 전해 듣는다. 당시 표문학은 광주-담양 간 전기 철탑을 세우는 공사 현장을 감독하고 있었다.

공사를 마무리짓고 보도연맹에 출두하고자 할 무렵, 회사 공무주임에게 지금 가면 큰일 날지도 모르니 은신하라는 충고를 듣는다. 결국 친척집에 숨어 지내는 사이 한국전쟁 발발 소식과 함께, 경찰이 보도연맹 가입자들을 몰살시켰다는 소문을 듣게 된다.

고향으로 내려가고자 했지만, 광주 교도소에서 나온 죄수들이 회사에 난입하여 자치회를 구성한다느니 하며 설쳐댄다는 소식을 듣고 표문학은 급히 회사로 갔다. 자신이 회사의 노조 책임자임을 밝히고, 연락이 가능한 노조원들을 급히 불러들여 난장판이 된 회사 수습에 진력했다. 표문학은 당시의 심정을 이렇게 밝히고 있다.

노조원들이 뭉치고 뭉쳐서 이제야말로 진정한 민주 생산 경제를 발전시키는 데 헌신할 때가 왔다고 생각했다. 일단 안정적인 전기 공급을 당면 목표로 삼아 회사 운영을 질서 있게 유지하는 데 불철주야 노력했다.

결국 북한 인민군이 광주에 들어왔고, 표문학과 전기회사 직원들은 인민군의 지휘 체계에 편입되어 주로 전기 시설 복구 공사에 힘썼다. 그러던 중 중앙당과 보위부 사람이 함께 나와 전남 경찰국 소속 직원으로 임명되었던 사실을 추궁하기도 했지만, 어디까지나 경찰국 측의 일방적인 임명이었음을 말하여 의심에서 벗어날 수 있었다. 이후 표문학은 전라남도 전기노조 전체회의에서 전라남도전기노조 위원장으로 선출되어 도청에서 근무하게 된다.

그 어느 쪽도 아닌 호모 폴리티쿠스

이제 다시 '나의 할아버지'라는 표현을 사용하기로 한다. 나는 가끔 나의 30대(2004년 현재 나는 36세다)와 할아버지의 30대를 견주어보곤 한다. 1945년부터 1950년에 이르는 시기에 할아버지는 바로 지금 나의 연령대였다. 그 시기는 일제 잔재 청산과 독립·자주적인 국가 건설이라는 과제가 놓여져 있던, 하지만 그런 과제의 달성을 향한 길을 놓고 좌익과 우익이 대립·갈등하던 때이다. 끝없는 혼란만 계속되던 해방공간 속에서 할아버지는 '왼쪽 날개'로 나는 쪽을 택했다. 물론 그 선택은 이미 상술한 바 있듯이 일제 강점기부터 준비된 선택이었다. 훗날 할아버지는 사선을 넘나드는 고초 속에서도 자신의 선택에 더없이 충실했고 후회도 하지 않았다.

한국전쟁이 끝난 뒤 대한민국에 남은 할아버지는 공민권을 제대로 행사하는 등 법적으로는 별다른 문제를 겪지 않았다. 하지만 정치적·사회적으로는 다분히 의식적으로 세상과 거리를 두고자 하셨다. '신문을 읽는 것이 나의 기도'라는 헤겔의 말을 원용하시면서 신문을 무척이나 열심히 읽으셨지만, 그것은 최소한의 사회적·정치적 호흡이었을 뿐, 더 이상 살아 움직여 뛰는 사람의 가쁜 호흡은 아니었다.

'호모 폴리티쿠스Homo Politicus'라는 표현을 우리는 보통 '정치적 인간'으로 해석한다. 하지만 더 근본적으로는 '폴리스에 거주하는 인간'이라고 해야 정확하다고 생각한다. 폴리스에 거주하는 인간이라면 당연히 폴리스의 운영에 참여하지 않을 수 없다는 차원에서 '정치적 인간'이라는 의미가 파생되어 나왔다고 볼 수 있는 것이다. 요컨대 '정치적 인간'은 폴리스, 즉 공동체를 이루어 살아가는 인간의 숙명이자 본질이다.

나의 할아버지는 당신의 후반생後半生을 대한민국이라는 '폴리스에 거주하는 인간'으로 살지 않으셨다. 그렇다고 조선민주주의 인민공화국을 당신의 폴리스로 여기지도 않으셨다. 당신이 가장 미워한 인물은 이승만과 김일성이었으며, 가장 존경한 인물은 레닌과 박헌영이었다. 할아버지의 폴리스는 차라리 미야자키 하야오 감독의 작품 〈미래 소년 코난〉에 나오는 하이하바, 그러니까 아무 곳에도 없는 그 어떤 곳에 가까웠다. 할아버지는 10대 초반부터 '빈부계급의 차이가 없는 사회가 영원토록 이 땅에서 지속되기를' 꿈꾸었고, 세상을 떠나실 때까지 그 꿈을 결코 버리고 싶어하지 않았다.

경전 아노미 상황을 온몸으로 겪은 세대

나는 아직까지도 나의 할아버지가 어떤 분이셨는지 잘 알지 못한다. 무엇보다도 당신이 삶의 준거로 삼은 텍스트가 무엇이었는지 알지 못한다. 정확히 말하면 그런 텍스트가 워낙 여럿이었기에 하나의 텍스트를 통해 할아버지의 삶을 규정한다는 것 자체가 불가능하다. 그것은 당신이 어린 시절 서당에서 익힌 《논어》와 《맹자》이기도 했고, 청소년 시절부터 공부한 마르크스·레닌이기도 했으며, 만년에 몰두하신 기독교 성서이기도 했다. 유교와 사적史的 유물론과 유일신교가 시대의 흐름 및 삶의 시기에 따라 갈마들었던 것이다.

현대는 삶의 준거가 되는 텍스트, 즉 경전經典을 상실한 시대라고 할 수 있다. 지식, 윤리, 가치, 기타 다양한 영역에서 다수가 공유하는 전범 혹은 준거틀이 사라져버린 것이다. 특히 동아시아 사회는 경전 상실의 과정이 상대적으로 무척 단기간에, 그것도 바깥으로부터의 충격에 의해, 타의에 의해 진행된 역사적 체험을 지니고 있다(일본은 다소 예외라고 볼 수도 있지만). 나의 할아버지는 우리 땅에서 전통적인 경전과 외래의 다양한 경전들이 뒤섞인 일종의 경전 아노미 상황을 온몸으로 겪어야 했다. 공산주의적 이상 사회를 꿈꾸셨으면서 유교 도덕으로 가득한 유언을 남기시고, 풍수 공부를 통해 스스로 잡은 묏자리에 기독교식 장례 절차에 따라 묻히신 나의 할아버지. 동서고금의 다양한 텍스트들이 중첩, 교직되어 있는 당신의 삶은 지나간 20세기 우리 역사의 축도縮圖 그 자체다.

그 축도로부터 자유롭지 못한 오늘날의 나는 과연 누구인가? '80년대'의 끝자락에서 시작한 대학 생활 중에 살짝 맛만 본 마르크스 · 레닌, 그리고 하버마스의 용어를 빌려 말하면 '관심' 보다는 '인식' 의 영역에 가까운 나의 유교 경서 공부는 삶의 전범이나 경전과는 거리가 멀다. 지금의 나는 온라인상에서 비트bit로 명멸하는 다양한 분야의 정보를 부나비처럼 뒤쫓으며 즐거워하는 지식 유목민에 가깝다. 할아버지의 장정長征이 역사와 현실을 향한 온 삶의 기투이자 외침이었다면, 나의 장정은 현실의 단단한 표면과 닿지 않고 그 위를 부유하며 교신交信할 뿐인 날렵한 서핑이다. 그의 장정이 최종심급의 경전을 찾기 위한 구도의 진지함으로 가득하다면, 나의 장정은 경전의 냄새가 나는 모든 것들로부터 벗어나려는 발칙함으로 가득하다.

그의 장정이 나에게 미친 영향, 나에게 지니는 의미는 무엇일까? 솔직히 잘 모르겠다. 아니 무엇이라고 딱 꼬집어 말하기가 힘들다. 날렵함과 발칙함이 다른 사람들의 금도襟度, 즉 남을 받아들일 만한 도량을 넘어서는 걸 막아주는 무게추일까? 우리 현대사를 바라보는 나의 시각에 음으로 양으로 영향을 미치고 있는 걸까? 나로 하여금 국민윤리 교과서의 북한 관련 내용보다는 브루스 커밍스Bruce Cumings의 이른바 수정주의 입장에 조금은 더 끌리게 만든 요인일까? '좌경용공 학생' 으로 만들려는 대학 선배들의 시도를 처음부터 시큰둥하게 여기도록 만든 요인일까? 변증법적 유물론, 일국一國 사회주의, 영구 혁명론, 마르크스, 레닌, 트로츠키, 헤겔, 포이어바흐……. 할아버지로부터 '학습한' 사항들을 선연하게 기억하는 나에게 선배들의 시도는 솔직히 시시했다.

버트런드 러셀은 자서전에서 자신의 삶에 대해 이렇게 말했다. '단순하지만 누를 길 없이 강렬한 세 가지 열정이 내 인생을 지배해 왔으니, 사랑에 대한 갈망, 지식에 대한 탐구욕, 인류의 고통에 대한 참기 힘든 연민이 바로 그것이다. 이러한 열정들이 마치 거센 바람과도 같이 나를 이리저리 제멋대로 몰고 다니며 깊은 고뇌의 대양 위로, 절망의 벼랑 끝으로 떠돌게 했다.' 그리고 할아버지는 당신의 삶에 대해 이렇게 말씀하셨다.

가진 것 없고 힘없는 사람들이 부당하게 고통받는 세상, 정의正義가 불의不義에 패하는 세상을 견디기 힘들었다. 그래서 나는 세상에 대해 더 많이 배우고, 더 열심히 실천하려 했다. 평생의 절반을 이리저리 떠돌아다니며 좌절하고 실패한 인생, 꺾인 인생이었다. 머리 둘 곳 없는 삶이었다. 이 세상도 그대로다. 가족들을 제대로 돌보지도 못했다. 미안하다. 하지만 후회는 없다. 역사의 도도한 흐름 속에서 한 개인의 몸짓이란 망망대해의 일엽편주라 하겠지만, 나는 나의 작은 배와 그 항로에 대해 후회해 본 적이 없다.

기억 저편의 전쟁

이제 할아버지의 목소리를 빌리기로, 아니 할아버지의 목소리를 되살려 내기로 한다. 이 글은 할아버지의 육성이 담긴 카세트 테이프, 노트, 그리고 할아버지와 내가 나눈 대화를 바탕으로, 필요한 사항들을 보완하여 재구성한 것이다.

박헌영과 일심동체로 투쟁해 오던 윤순달은 해방 이후 광주 전기회사에 있었다. 나는 전기회사를 중심으로 본격적인 조직 생활을 펼쳐나가기 시작했다. 조직 확대가 시급했고 이론·교양 투쟁도 급선무였다. 윤순달은 나에게 남선 전기 관련 임무를 맡기고 전체 당 사업에 전념하기 시작했다. 이후 나는 주로 윤순달의 지령을 받아가며 광주 월산 변전소 사택을 아지트로 하고 다음과 같은 활동을 벌여나갔다.

전기회사 근무자들의 동태 파악, 조직원들 각자의 활동 상황, 맡은 임무의 진척 상황에 대한 자기 평가와 보고, 삐라 살포, 당성黨性 고취를 위한 학습, 다른 노조 조직과의 연대성 강화 노력과 전체적인 투쟁 방향성 설정, 점조직책들과의 연락 체계 구축 및 정비, 신호, 암호 숙지 및 연락 훈련. 이렇게 다양한 일을 지속적으로 해 나가는 사이 지하당 운동은 체계도 갖추어지고 조직원들의 자부심과 혁명적인 전투력도 고양되었다. 혁명가로서의 사명 의식이 뼛속까지 배어들면서 그야말로 철두철미한 투쟁력이 용솟음치는 것이다.

정확한 판단력을 갖춘 과오 없는 대중의 지도자, 철통 같은 당성과 태산 같은 의연함을 갖춘 혁명 전사는 하루아침에 이루어지지 않는 법이다. 너절한 이론은 버림받고, 짧지만 강력한 투쟁만이 우러름받는 가운데 당의 지령에 절대적으로 복종하는 전사가 하나 둘 생겨난다. 한 동지가 고문에 못 이겨 아지트가 발각되어 많은 조직원들이 광주 경찰서 유치장에 갇히는 신세가 됐을 때도, 고문을 견뎌내는 일편단심으로 다른 동지들을 살려낸 힘은 하루아침에 생겨난 것이 아니다.

회사 업무에 최선을 다하면서 적당한 시간을 보아 중앙에서 내려온 지령에 따라 가두 혹은 사업장 내의 동태를 파악하고 종합적으로 판단한 뒤 실제 투쟁에 옮겨 실적 분석을 다시 했다. 특히 강조한 것은 노동 운동에 대한 교양과 세포책들 간의 비밀 연대성 강화였다. 조직 내 간부들의 의식화가 강해질수록 회사 업무의 전반적인 업무 능률도 높아질 수 있도록 한다는 게 일차적인 목표였다. 소시민적 테두리에서 벗어나 권리를 쟁취하기 위한 적극적이고 강력한 투쟁을 하지 않으면 진정한 의미의 노동 운동이라 할 수 없다.

1950년 7월 22일. 들리는 소식이 심상치 않았다. '북군北軍, 광주光州 내일 입성.' 회사엘 가보니 직원들은 오간 데 없고 몇 명 남아 있는 노조원들의 말인즉 모두들 피난 떠났다고 했다. 노조원들도 갈팡질팡이었다. 광주 일대에서 격렬한 전투가 벌어진다면 좌우를 막론하고 막대한 인명 피해가 날 것이 틀림없으니 인민군의 광주 입성을 무턱대고 좋아라 할 처지가 아니었던 것이다.

하지만 광주 지역은 인민군의 점령 과정이나 유엔군의 수복 과정에서 상대적으로 격렬한 전투가 없는 편이었다. 광주 지역 주둔 제5사단은 전쟁 발발 후 서해안지구 전투사령부로 재편되어 호남 지역 방어에 나서고 있었지만, 인민군에 대항하기에는 역부족이었다. 정규군 외에 경찰이 7월 20일 보성에 전남경찰 비상경비사령부를 설치하고 전황을 관망 중이었지만, 역시 역부족이었다. 결국 7월 22일 제5사단 26연대가 광주 외곽 장성에서 퇴각했고, 군경 지휘부는 인민군의 탱크 부대 진격을 방해하기 위해 7월 23일 새벽 4시경 산동교를 폭파했다. 산동교 근처에서 한 시간 정도 공방전이 벌어졌지만 군경 합동군은 23일 광주와 여수를 거쳐 부산으로 퇴각하고 말았다.

다른 지역도 마찬가지였겠지만, 전쟁 발발 초기 광주 시민들은 심각성을 느끼지 못했다. 간헐적으로 일어났던 38선 부근의 무력 충돌이겠거니 생각했던 것이다. 더구나 23일 오전까지만 해도 경찰은 '시민들은 생업에 종사하고 직장인은 직장을 지키라'고 장담했다. 하지만 피난민의 남하가 이어지고 포성이 계속 들리자 광주 시민들의 불안감도 날로 커져갔다.

급기야 전남 지사, 광주 시장, 광주지구 사령관 등이 모두 광주를 빠져나가고 우익 인사들이 23일 아침 마지막 군용 열차 편으로 탈출하고 말았다. 23일 오전 10시, 마지막 열차가 남광주역을 지나간 직후 군경은 학동

철교와 지원동 다리도 폭파했다. 이후 광주 시민들도 뒤늦게 대거 피난길에 나섰다. 예나 지금이나 전쟁을 비롯한 긴급 상황에서 생존률이 높은 이들은 최신 정보를 남들보다 빨리 접할 수 있는 사람들, 요컨대 돈 있고 힘 있고 권세 있는 족속들이다. 드디어 23일 낮 정오경 인민군 제6사단 선발대가 탱크를 앞세우고 광주에 사실상 무혈입성했다.

광주 지역을 점령한 인민군은 서석 초등학교, 수피아 여고 등에 병영을 설치하고 광주 일대를 장악해 나갔다. 일종의 인민군 군정이 시작된 것이다. 좌익 인사를 포함한 광주 형무소 수감자 300여 명을 석방하고 우익 인사 색출 작업에도 돌입했다. 또한 지하당 활동을 하던 사람들과 함께 인민위원회를 설치했다. 민심을 안정시키기 위한 선무 공작에도 나선 것은 물론인데, '전기가 24시간 공급된다'는 선전도 했기 때문에 나 같은 전기 관련 업무 종사자들은 더욱 바빠질 수밖에 없었다.

전쟁 발발 한 달 전 영광을 거쳐 광주 지역으로 잠입한 김백동이 도인민위원회를 비롯한 전남 지역 각 시군 인민위원회 조직을 이끌었다. 목포 출신의 김백동은 일제 강점기 전남노농협의회 조직부 책임자로 활동하던 인물로, 1932년 일본 경찰에 검거되어 징역 3년형에 처해지기도 했다. 도 인민위원장에는 형무소에서 나온 국기열이, 시인민위원장에는 강석봉이 임명됐다.

그러나 이들은 얼마 안 있어 해방 직후 종파주의와 분열주의를 획책했다는 이유로 해임되고 말았는데, 이들이 해임된 진짜 이유는 보도연맹에 가입 · 활동했던 전력 때문이었다. 이는 남로당과 북로당의 차이를 반영하는 일이기도 했다. 하지만 내가 그러했던 것처럼 보도연맹 가입은 자의반 타의반, 아니 자의가 10이면 타의가 90에 가까웠다. 여하튼 인민위원회 설치와 함께 남로당 각급 조직도 복원됐음은 물론이다.

나는 회사 노조 책임자로서 남아 있는 노조원들과 함께 사태 수습에 여념이 없었다. 주로 파괴된 전기 시설 복구에 주력했지만, 제공권을 장악한 유엔군 폭격 탓에 쉬운 일은 아니었다. 그러던 어느 날 중앙당에서 보위부 사람을 대동하고 나와 노조원들의 신상을 조사하던 중, 내가 전남 경찰국에서 일한 전력이 문제가 됐다. 내 뜻과 상관없는 일이자 보도연맹에서 빠져나가기 위한 방편이었음을 거듭 말하여 일단 넘어가기는 했지만, 이후부터 나에게 늘 감시가 따른다는 걸 느낄 수 있었다.

이후 나는 전라남도 전기노조 전체회의에서 위원장으로 선출됐고, 도청의 도위원장실에서 근무하게 됐다. 그때부터는 전기 관련 실무보다는 전적으로 당의 지시에 따라 행동하게 됐으며, 광주 일대 여러 공장에 당 세포 조직을 구성하는 임무를 주로 수행했다. 동생이 광주 형무소 교도관으로 근무했다는 사실을 안 당에서 다시 나를 추궁했지만, 이번에도 겨우 넘어갈 수 있었다. 하지만 나에 대한 당의 감시는 더욱 심해졌고, 본래 맡아야 할 업무 외에 사소한 업무를 지시받는 경우도 많아졌다.

이른바 연좌제라는 건 좌든 우든 그 뿌리가 깊다. 한 사람의 정치적 성향을 그 사람의 가족이나 교유 관계에 따라 판단하는 것, 판단의 대상이 된 사람으로서는 억울하기 짝이 없는 일이다. 왕조 시대에는 역모逆謀를 꾀한(혹은 꾀했다고 억울하게 지목된) 사람에게는 삼족을 멸하는 형벌, 이른바 멸문지화減門之禍가 닥치곤 했다. 삼족이란 친족親族과 외족外族과 처족 妻族, 그러니까 친가, 외가, 처가가 아니던가. 일면식도 없고 이름 한번 들 어보지 못한 먼 친척이 그야말로 재수 없게 걸려 죽임을 당하는 일은 얼마 나 많았을까? 죽음까지는 아니더라도 일종의 사회적 죽음, 즉 정상적인 사 회인으로서 살아가기 힘들 정도의 다양하고 무거운 제약에 고통받은 사람 들은 또 얼마나 많았는지.

나에게 쏟아지는 의심의 눈초리를 느끼면서도 나는 맡은 바 임무에 충 실해야 한다는 생각뿐이었다. 전력의 안정적인 생산과 공급, 각 사업장 내 당 세포 조직의 구축과 정비. 나는 이 두 가지 일에 불철주야 최선을 다했 다. 그러나 인민군의 광주 지역 군정은 석 달이 채 못 되어 끝나고 말았다. 나중에 안 사실이지만 1950년 9월 16일 유엔군의 인천상륙작전을 시작으 로 전세가 급격히 변하고 있었던 것이다.

9월 말이 가까워오던 어느 날이었을 것이다. 도청에서 다른 노조위원장 들을 만나보니, 전황이 불리해져 곧 인민군이 후퇴하게 될 텐데 당원 가운 데 일부는 이북으로 떠나야 한다고 했다. 그 중 한 위원장은 바로 내가 차 출 대상 1호로 지목되고 있다는 이야기를 해 주었다. 그로부터 얼마 후 전 북의 운암발전소까지 이동하라는 긴급 지령이 내려왔고, 나는 9월 29일 광 주를 떠나 밤낮으로 인민군을 따라 산으로 산으로 행군을 계속했다. 예전 부터 빨치산 활동을 해 오던 사람들이 하나씩 붙어 조장 역할을 했는데, 그들은 말소리, 걷는 소리 등을 내지 않도록 각별히 주의하라고 강조했다. 빨치산이 되거나 월북하거나 둘 중 하나가 나에게 남겨진 운명이었다.

한편 경찰 병력 150여 명과 미군 1개 소대 병력이 담양 방면으로부터 진격해 들어와 10월 3일 오후 6시 30분경 광주 시내로 진입했다. 광주 지역을 완전히 벗어나지 못한 좌익 인사들과 인민군은 무등산, 불갑산, 백아산, 백운산, 지리산 일대로 몸을 피해 산발적인 저항을 계속했고, 10월 중순 국방군 11사단 병력이 광주 시내에 진입함으로써 광주 일대는 인민군의 영향으로부터 사실상 완전히 벗어나게 됐다. 당시 광주 인근 산악 지대로 몸을 피한 사람은 인민군을 포함하여 거의 6만 명에 달했다.

나중에 안 사실이지만 그때는 이미 월북할 사람과 빨치산으로 활동할 사람이 정해진 상태였다. 나는 임실·순창·영동·추풍령을 거쳐 태백 준령을 따라 월북하는 쪽으로 정해져 있었고, 월북이 여의치 않으면 지리산 빨치산 부대 문화부에 편입되도록 되어 있었다. 월북, 내가 그동안 살아온 땅, 특히 고향 땅을 다시는 보지 못할지도 모르는 운명, 기약 없는 이별, 나의 아버님, 아내, 나의 자식들……. 길도 없는 이름 모를 산을 오르고 내리면서 순간순간 만감이 교차했다.

하지만 그때는 그런 만감도 사치였다. 밤낮으로 크고 작은 전투를 치르고 유엔군의 폭격에 가슴 졸이기도 하면서 생사를 넘나드는 한 걸음 한 걸음이 계속 이어졌다. 폭격에 뒤이어 들이닥친 국방군 측에 사로잡혀 끌려가는 일행의 모습도 봤다. 쿵쾅거리는 가슴을 겨우 진정시키며 멀리 숨어 지켜볼 때의 기분은 일각이 여삼추 바로 그것이었다. 이윽고 즉결 처분을 뜻하는 총성이 한두 발 울릴 때, 계곡 멀리까지 꼬리를 길게 드리운 그 총성은 내 가슴을 찢어놓곤 했다.

당시 내게 큰 문제는 인민군 정규군과 빨치산의 빠른 걸음과 동작을 도저히 따라갈 수 없다는 것이었다. 폭격과 총격이 쏟아질 때 이 산기슭에서 저 산기슭으로 족히 몇백 미터 되는 거리를 축지법이라도 쓰는 듯 재빠르게 이동하는 그들을 나로서는 따라잡기 힘들었다. 낙오의 예감, 그 예감은 정확했다. 그들을 따라가는 것이 어렵다면 산에서 우왕좌왕하는 게 별 의미가 없다고 판단했다. 지역에 따라서는 이미 빨치산 부대가 편성돼 있는 곳도 있어 그런 부대에 투신하는 사람들도 있었지만, 나는 일단 기회를 엿보아 하산을 감행키로 결심했다.

밤에는 행군, 낮에는 접전을 거듭하며 죽음의 행군을 계속하던 어느 날, 소백산 일대를 거쳐 추풍령을 넘어설 무렵이었다. 우박이 내리는 듯한 폭격 세례가 이어졌고 함께 행군하던 일행은 사실상 괴멸 상태에 빠지고 말았다. 더 이상 단체 규모의 행동 통일은 불가능한 상태였다. 영동읍 근처로 빠져나와 대전 방면으로 하산하는 것이 좋겠고 판단한 나는 단신으로 하산을 감행, 영동 방면으로 내려오다가 민가가 보이는 곳에 이르렀다. 사지를 벗어났다는 안도감도 잠시였다. 잡히면 죽고 말 나에게 사지가 아닌 곳은 없었다.

터벅터벅 걷고 있는데 한복 두루마기를 차려 입은 50대 정도 돼 보이는 한 사람이 사뭇 비통한 얼굴로 나를 흘끗 쳐다보며 올라왔다. 아무렇지도 않은 듯 그냥 지나치려는데 그 사람이 말을 걸어왔다. 어젯밤 이곳 근처 골짜기에서 총격전이 벌어져 마을 청년들이 사살당했는데 혹시 그 장소를 아느냐는 것이었다. 나 역시 그 얘기를 듣고 동생을 찾으러 올라갔다 못

찾고 내려오는 길이라고 둘러댔다. 그 사람은 그렇다면 이쪽 방향이 아닌 것 같다면서 영동으로 내려가는 길을 자세히 알려주었다. 그 사람과 헤어진 후 잠시 쉬면서 생각해보니, 그 역시 나와 같은 처지인 듯 싶었다. 나는 하산을 택했고, 그는 산으로 올라가는 길을 택한 것이다.

3~4호 정도의 민가가 있는 마을에 도착한 나는 어느 초가에 들어가 밥을 청했다. 지금 생각해도 위험천만한 행동이었지만 허기가 져서 한 걸음도 옮기기 힘들었기에 어쩔 수 없었다. 할머니 한 분이 혼자 살고 계셨는데 어제 저녁 총성에 잠을 한숨도 못 잤다고 하시면서, 자기 아들도 산사람(빨치산)으로 들어갔는데 무사한지 모르겠다며 걱정을 하셨다.

움푹 들어간 두 눈에 처연하기 짝이 없는 표정의 그 할머니에게 사실대로 답할 수는 없었다. 안심하시라고 답한 뒤 할머니가 내온 밥과 김치를 순식간에 비웠다. 지금도 그 할머니의 얼굴이 눈에 선하다. 부디 몸조심하라는 할머니의 말을 뒤로하고 다시 길을 떠나려는데 할머니가 차라리 여기에 머무는 게 어떠냐고 말했다. 할머니로서도 위험하기 짝이 없는 행동이었을 테지만 산에서 죽었을지도 모르는 아들 생각을 하시는 것 같았다. 이후 며칠 동안 나는 마을에서 밭일을 거들어주며 밥을 얻어먹고 지냈다.

그러나 계속 머물 수는 없었다. 자칫하면 나 때문에 마을 사람 모두가 위험에 처할 수도 있었다. 밤에 홀로 마을을 빠져나와 영동읍에 도착했다. 텅 빈 거리를 걸어가는데 그곳이 마침 영동경찰서 골목이었다. 하산을 결심할 때부터 각오는 하고 있었으므로 차라리 마음이 편했다. 감방에서 하룻밤을 지낸 뒤 조사를 받게 됐다. 감방은 생지옥 바로 그것이었다. 좁은 감방 안에 수십 명을 넣어 옴짝달싹 못하게 해 놓고 거의 열흘에 걸쳐 한 밤중에 차례로 불러내 심문을 하는데, 사실은 심문이 아니라 고문이었다.

두 팔을 움직이지 못하게 묶어놓고 굵은 몽둥이로 어깻죽지를 사정없이 내리쳤다. 코에 물을 부어넣다가 기절하면 발길질 주먹질이 계속됐고, 일단 초주검 상태가 되어서야 질문이 시작됐다. 개인 신상과 전력, 조직 활동 상황, 산중 이동 경로 등을 추궁당했다. 처음에는 부인도 하고 모른다고도 했지만 소용이 없었다. 정신이 혼미해진 상태에서 쓰라는 대로 조서를 쓰고 모든 걸 인정하겠으니 차라리 빨리 총살시켜 달라고 말했다. 그리고 곧바로 기절하고 말았는데 깨어나보니 변기통 바로 위에 누워 있었다.

고보 시절 일본 경찰의 고문도 받아봤지만, 당시에는 죽음에 대한 공포를 느끼지는 않았다. 하지만 이번에는 달랐다. 국방군이나 우익 단체에 잡힌 좌익 인사의 목숨은 파리 목숨만도 못한 게 현실이었으니 말이다. 총살이든 교수형이든 그 무엇이든 좋으니 이제 모든 걸 끝내고 싶었다. 이미 광주를 떠날 때부터 그리고 산에서 내려올 때부터 어느 정도 예감하고 있던 운명이 아니던가. 나 자신에 대한 후회는 없었다. 다만 생사여부도 서로 확인하지 못한 가족 생각만은 간절했다. 차라리 내가 죽었다는 소식만이라도, 더 욕심을 부린다면 내 주검만이라도 가족들이 접하게 된다면 다행이라는 생각뿐이었다.

다음날 겨우 눈을 뜬 나는 다시 불려나갔다. 한번 심문을 거친 사람을 다음날 다시 불러내는 경우는 거의 없었다. 이게 마지막 길이라는 생각을 하니 이상하리만치 마음이 편해졌다. 교수대 바로 앞에 선 사형수의 심정이 이러할까? 산으로 가서 끝내려나보다 생각하고 있는데 뜻밖에 어떤 건물 안으로 끌려들어갔다. 갑자기 영어가 들려왔다. 나는 미군 측에 넘겨졌던 것이다.

미군의 심문 태도는 위압적이기는 했지만 고문은 없었다. 그들은 주로 딘 소장에 관해 아는 게 없는지 물었다. 당시 미 제24사단장 윌리엄 F. 딘 소장은 7월 말 대전 전투에서 패하고 8월 말경 진안 근처에서 포로로 잡힌 상태였다. 심문 받는 도중에 알게 됐지만, 나는 고보를 다녔기 때문에 영어를 할 가능성이 높다는 이유에서 미군 측에 인계된 것이었다. 그들의 판단은 정확했고 미군은 나를 집중적으로 심문했지만 나는 아는 게 전혀 없었다.

그러기를 며칠 뒤, 감방에 갇힌 사람들을 각자의 전력이나 성분, 본인의 희망에 따라 포로수용소 행을 원하는 자는 포로수용소로, 그대로 있고자 하는 자들은 대전 형무소로 넘긴다고 했다. 나는 영어를 할 줄 안다는 이유로 미군 차량을 타고 대전 형무소로 가게 되었다. 대전 형무소에서 알게된 사실이지만, 당시 국방군 차량을 타고 간 사람들 가운데 상당수는 대전에 도착하기 전 산속에서 총살당하고 말았다. 미군 차량과 국방군 차량이 사느냐 죽느냐의 갈림길이었던 것이다. 정말 그랬다. 영어를 할 줄 안다는 것, 내가 적으로 삼았던 제국의 언어를 할 줄 안다는 것이 목숨을 살린 동아줄이 됐다.

대전 형무소의 사정 역시 생지옥이기는 마찬가지였다. 무엇보다도 형무소 우물에 시체가 쌓여 있다는 이유로 물을 주지 않는 게 고통스러웠다.

경찰과 국방군이 철수하면서 보도연맹원을 비롯한 좌익 인사들을 우물에 처넣어 몰살시켰다는 이야기, 인민군이 철수하면서 우익 인사들을 수장시켰다는 이야기들이 감방 안에서 떠돌았다. 감방 안에는 상처가 썩어들어가면서 신음하는 사람들도 많았지만 치료는 생각조차 할 수 없었다. 하루에도 여러 구의 시체가 질질 끌려나가는 형편이었고 밤에는 즉결 처분을 뜻하는 총소리도 간간이 들렸다.

20일 정도 지났을까. 이승만 대통령을 충실히 받든다는 내용의 서약서에 서명을 하면 풀어준다고 했다. 뒤집어 말하면 서명하지 않을 경우 즉결 처분한다는 뜻이었다. 대한민국이 아닌 이승만 대통령에게 충성을 다한다는 것. 그 절박한 순간에도 피식 웃음이 나왔다. 나를 포함한 감방 안 사람들은 이미 초주검이 되었다. 이승만 아니라 그 누구에게라도 서명했을 것이다. 결국 서명을 하고 풀려났는데 걸음을 옮기기 힘들었다. 방향 감각도 없거니와 몸은 퉁퉁 부어 있고 배고픔이 심한 나머지 배고프다는 느낌마저 잊은 지 오래였다.

이제 어디로 가야 할까? 송충이는 솔잎을 먹어야 한다고 했던가. 무작정 전기회사 대전 지사를 찾아가야겠다는 생각이 났다. 마침 광주 지사에 근무하다가 대전 지사로 전근 간 동료 한 사람이 떠올랐다. 물론 큰 기대는 하지 않았다. 제 한 몸 지키기도 힘든 상황에서 나 같은 사람을 맞이해줄 수 있을까? 고맙게도 그 동료는 하룻밤을 재워주면서 주린 배도 채워주고 갈아입을 옷가지도 주었다. 대전역으로 나와 장성까지 가는 시운전 임시 열차를 타고 이리역에서 내렸다.

그곳에도 동료 한 사람이 있었지만 출장 중이었고, 회사 숙직실에서 하룻밤을 보낸 뒤 다시 역으로 갔지만 차편이 없었다. 잡역부로 며칠을 일하다가 다시 동료를 찾아갔다. 그는 약간의 돈을 주면서 자신이 돈을 줬다는 말을 절대 하지 말라며 신신당부를 했다. 나로서는 그마저도 눈물겹도록 고마운 일이었다. 철도 보수차량을 얻어타고 신태인까지 가서 먼 친척뻘 되는 회사 동료를 찾아갔더니, 전기 관련 복구 사업이 시급한 형편이니 과거가 어떻든 함께 일해 보자고 말했다. 그렇게 고마울 수가 없었다.

그곳 출장소에서 전기 요금 수금도 하고 고장난 전기 설비 수리도 하면서 밥을 얻어먹었다. 그러던 어느 날 밤 빨치산이 내려와 신태인 변전소를 불태우고 달아나는 사건이 일어났다. 나를 거두어준 동료와 나의 관계가 이상하게 된 것은 물론, 그 동료가 난처하기 짝이 없는 처지가 되고 말았다. 빨치산이 출몰하는 게 드문 일이 아니어서 그랬는지 모르겠지만, 내통자로 지목돼 끌려가 조사를 받지는 않았다. 하지만 더 이상 그곳에 머무르기는 곤란했다. 무작정 회사를 그만두고 거처도 옮긴 뒤, 막걸리 장사도 하고 엿도 팔고 하면서 지냈다. 그러던 중 1951년 1·4 후퇴가 시작된 이후 강제 징집을 당해 임실로 갔고 다시 전주로 이동했다가 군산으로 갔는데, 그곳에서 그냥 해산하라는 명령이 떨어졌다. 다시 신태인으로 간 나는 동료의 배려로 전기 회사 임시 수금원으로 연명했다.

동료가 연락을 취했는지 뜻밖에도 아내가 찾아와 서로 아무 말 없이 한나절을 지내다 돌아갔고, 그 후 얼마 뒤 아들도 당시 헌병 특무상사로 근무하던 동생의 도움으로 나를 찾아왔다가 돌아갔다. 나에게는 형무소에서 교도관으로 근무한 동생도 있다. 장남인 나는 남로당 당원이고 동생 둘은 국방군 헌병과 형무소 교도관이라니. 어찌 나의 가족만의 경우이겠는가. 두 동생은 나를 원망한 적도 없고 나 역시 그들을 원망하거나 질책한 적이 없다. 모든 걸 시대의 탓으로 돌리기도 싫다. 두 동생은 각자의 처지와 능력에 따라 호구지책을 찾은 것이고 나는 내 나름의 신념에 충실하고자 했을 뿐인 것을.

가족들과 만나고 나서 얼마 뒤 나는 부산으로 향했다. 부산으로 가면 무언가 좀더 나은 일을 할 수 있지 않을까 하는 막연한 기대 때문이었다. 부산 부두 가까운 곳에 방 한 칸을 얻고 리어카를 빌려 행상을 시작했다. 배추, 무 등 야채를 중개업자에게 받아 파는 일이었는데, 종일 골목길로 다니며 다 팔아야 겨우 본전이 될 듯 말 듯했다. 전기회사 임시 수금원 생활보다 나을 것이 없었다. 리어카를 반납하고 부둣가 미군 주둔지 근처에서 일자리를 알아보다 미군 함정 청소부를 모집한다는 걸 알게 됐다. 면접을 치르는데 질문은 영어 할 줄 아느냐는 단 한 가지였다. 'Yes, I can' 한마디에 즉시 채용되어 미군 상륙함 청소 일을 하기 시작했다.

내가 생각해도 정말 열심히 일했다. 하는 둥 마는 둥 하는 다른 노무자들 사이에서 내 근무 태도는 미군들이 보기에도 단연 눈에 들었던 모양이다. 어느 날 담당 미군 상사가 나에게 원하는 게 없느냐고 물었다. 전기 관련 업무를 맡았으면 한다고 답하자 그날부터 당장 발전실 관리 업무를 맡겼다. 그들 입장에서 볼 때, 영어를 할 줄 알고 전기 관련 업무에도 전문성을 지닌 한국인이 기특하기 짝이 없었던 모양이다. 담당 상사는 외출할 때

반드시 나를 데리고 나가곤 했고, 군용 식량이나 물품도 미군들에게 지급되는 수준보다 오히려 많이 주기도 했다.

당시 같은 부서에서 일하던 미군들은 고국에서 구두닦이, 소매치기, 건설 근로자 일을 하다가 온 사람들이었다. 그 가운데 뉴욕에서 구두닦이 생활을 하다가 왔다는 병사와 소매치기 전력이 있는 병사가 백인이었고 나머지는 흑인이었는데, 흑백 사이에 미묘한 긴장감이 흐르고 있었다. 그들은 서로를 무시하곤 했는데, 백인 병사 한 사람이 소매치기 전력이 있다는 사실도, 그들 사이에 싸움이 일어날 때마다 흑인 병사가 크게 떠들어 알게 됐다. '소매치기가 군대에 오니 군대가 말씀이 아니다'라고 떠들어대면, 상대편 백인 병사는 '링컨이 원망스럽다'며 반격하는 식이었다.

일단 배고픔은 면했고 일도 편했지만 짐작했던 대로 미군 노무자 생활은 길지 못했다. 부대가 갑자기 이동하게 된 데다가, 모친께서 세상을 떠나셨다는 소식을 들었기 때문이다. 까까머리 고보생으로 고향을 떠난 뒤 자주 찾아뵙지도 못한 것은 물론, 생사를 걱정하시게 만들었으니 이보다 더한 불효자가 또 어디 있을까. 결국 임종마저 못 지켰으니 내 평생의 한으로 남게 될 일이었다.

오랜만에 돌아온 고향 집은 엉망이었다. 가족의 생활은 마치 석기 시대의 그것 같았다. 우선 살고 봐야 했다. 덕음 광산의 인간 최말단 노동판에 몸을 던졌다. 인간 최말단이라고 표현하긴 했지만 그 사회도 배울 것이 있는 인생 연수장이었다. 노동 운동 하겠다고 뛰어들었지만 세파에 닳을 대로 닳아빠진 인간, 몸담았던 조직을 팔고 죽음이 무서워 정신이 나가버린

거지, 한때 최신 유행 취향의 신사였지만 아편으로 신세를 망친 뒤 구걸로 세월을 보내다가 흘러든 사람, 그 밖에도 각양각색의 '혁명적 애국지사' 들의 소굴이 바로 광산이었다. 노임도 아첨하여 겨우 받아내면 받는 거고 못 받으면 그만인 식이었다.

이젠 고향으로 돌아가지 않을 수 없었다. 이후 나의 삶은 선대로부터 물려받은 전답을 관리하는 것이 사실상 전부였다. 한 가지 열성적으로 활동한 게 있다면 다름 아니라 새마을 운동 지도자 활동이었다. 남로당 출신의 새마을 운동 지도자라니 이 무슨 역사의 모순인가 할 사람도 없지 않을 듯하다. 하지만 적어도 나에게는 결코 모순이 아니었다. 다카키 마사오高木正雄, 오카모토 미노루岡本實, 그리고 박정희, 이명동인異名同人인 이 인물에게 나는 솔직히 기대를 걸었다.

박정희는 1948년 11월 여수·순천 사건 이후 숙군 작업을 벌이던 군 수사당국에 체포됐다. 그는 남로당의 비밀 당원이었던 것이다. 그의 형 박상희는 1946년 대구 10월 항쟁 사건을 즈음하여 선산군 인민위원회에서 일하고 있었다. 그런 박상희는 구미 경찰서 공격에 가담했고 진압 경찰의 총탄에 맞아 세상을 떠났다. 어려서부터 가장 존경해 마지않던 형의 죽음을 접한 박정희의 충격이 어떠했을지 짐작하기 어렵지 않다.

적어도 그의 자술서에 따르면, 그가 고향에 내려갔을 때 형의 유족을 남로당 군사책 이재복이 보살펴주고 있었고, 이재복은 형의 원수를 갚기 위해서라도 남로당에 입당할 것을 그에게 권유했다. 놀라운 것은 5,000명 가까운 군인들이 처벌받고 총살당한 사람도 부지기수였던 상황에서 남로당

군사 책임자 박정희가 살아남았다는 사실이다. 박정희는 군부 내 남로당 동지들을 팔아 목숨을 구한 것이다.

그런 그에게 나는 왜 기대를 걸었는가? 그가 추진한 국가 발전 계획에서 초기 소비에트 공화국의 그림자를 보았기 때문이다. '이승만 대통령에 대한 충성'을 서약하고 좌익이라는 주홍글씨로부터 겨우 벗어난 처지의 나였지만, 생산력 발전 없는 역사 발전은 불가능하다는 신념은 버릴 수 없었다. 나는 새마을 운동을 농촌 생산력 발전 운동으로 이해했고(그것이 오해였든 어쨌든), 새마을 운동 지도자로서의 나의 활동도 생산력 발전에 주안점을 두고 이루어졌다.

역사 발전, 사회 발전의 추동력으로서의 생산력 발전이라는 과제와는 별도로, 나는 선거권을 행사할 때는 박정희와 공화당을 찍지 않았다. 마르크스에 의해 전복된 관념론이기는 하지만 헤겔이 말하는 절대 정신이나 이성의 간지奸智 같은 게 있다면, 박정희와 공화당은 생산력 발전의 중요한 한 단계를 마무리짓는 것으로 역사의 소임 같은 걸 다하게 되리라 판단했던 것이다. 요컨대 자신도 모르는 사이 이성의 간지에 놀아나 역사 발전에 복무하는 꼭두각시가 바로 박정희와 공화당 정권이라는 게 나의 생각이었다.

대한민국은 자유민주공화국이라고 한다. 민주를 정치적, 사회적 운용 원리라고 한다면 자유와 공화는 그 운용의 기본 이념이다. 자유와 공화, 어떤 의미에서 이 두 이념은 화해해야 할 대극적인 성격의 이념이기도 하다. 나는 자유보다는 공화에 매력을 느꼈다. 나는 김종필이 수여하는 새마을 운동 지도자 표창장을 받은 적이 있다. 표창장을 받고 그와 악수를 나누던 순간 만감이 교차했다. 알았을 리도 없고 알았을 필요도 없는, 그래서 부질없는 질문이지만, 내가 무슨 생각으로 새마을 운동에 나섰는지 그가 알았다면? 내가 박정희와 한때나마 남로당 동지였다는 걸 그가 알았다면? 생각해 보니 나 자신도 뜻을 모를 빈 웃음만 나온다.

이제 '나의 전쟁'을 가정법 과거완료형으로 돌이켜본다. 월북 지령에 따라 추풍령을 넘어 태백산맥을 탔다면 나는 어떻게 됐을까? 윤순달을 비롯한 월북 남로당 출신자들과 같은 운명이 나를 기다리고 있었을 듯하다. 지리산 빨치산 부대 문화부 편입 지령을 따랐으면 어떻게 됐을까? 어느 이름 모를 산자락에서 세상의 마지막 빛을 보고 말았을지도 모른다.

나는 그래서 나보다 먼저 간 수많은 동지들에게 할 말이 없다. 그들은 역사의 정正방향에 대한 투철한 신념이 있었고, 그 확신을 죽음으로 지키고자 했다. 역사는 패자敗者를 제대로 기록하지 않는다. 속임이나 가감 없이 패자의 역사도 서술하는 역사만이 온전한 역사라 할 것이다. 승자만을 기록할 줄 아는 자, 반드시 내일의 패자가 되고 말 것이다.

남을 탓하거나 남에게 피해를 끼치지 말자는 걸 제일의 신조로 삼고 살아왔지만, 이승만과 김일성만은 탓하고 또 탓하지 않을 수 없다. 그들이 우리 민족에게 저지른 죄악은 도저히 용서할 수 없다. 김구, 여운형, 박헌영, 조봉암, 장준하의 제단 앞에서, 아니 우리 민족의 제단 앞에서 이승만과 김일성을 부관참시라도 하고 싶은 게 나의 심정이다.

우리 민족이 빈부 계급의 차이 없이, 적어도 그 차이가 심하지 않은 상태로 사회민주주의의 이상을 실현시켜 나가는 민족이 된다면 더 이상 바랄 것이 없다. 부디 이 땅에 사회민주주의를 정착시킬 수 있는 지도자가 탄생하기를!

나는 역사를 몸소 살고자 한다

동사動詞로서의 역사

먼 미래의 역사학자들은 엄청난 분량의 디지털 사료를 마주하게 될 것이다. 디지털 기술의 향상에 발맞추어 예전의 파일 포맷을 최신 버전으로 바꾸어나가면 (적어도 이론적으로는) 디지털 사료는 거의 영구히 전승될 수 있다. 이렇게 말하면 실감날지도 모르겠다. 위홍魏弘이 엮은 향가집 《삼대목三代目》의 텍스트와 미디파일이 오늘날까지 전해진다면? 한산대첩의 전황을 영상으로 기록한 동영상 파일이 오늘날까지 전해진다면?

물론 세월이 흐르면서 디지털 매체에 저장되어 있는 각종 자료도 분명 부침을 겪게 될 것이다. 모든 자료가 전해질 리도 만무하고, 최신 기술의 발전에 따라 새로운 기술이 뒤떨어진 디지털 기술과 호환이 어려워질 가능성도 크다. 디지털 기술의 발전이 구기술과 신기술 사이의 공약불가능성을 초래할지도 모르니 말이다. 그러나 이런 문제점을 감안한다고 하더라도 디지털 사료들 덕분에 역사학에서 말하는 이른바 '사료'의 의미 자체가 혁명적으로 바뀌게 될 가능성은 충분하다.

그렇다면 현재 우리가 해야 할 일은 어느 정도 분명해지지 않을까? 과거의 문화 유산, 특히 기록 문화 유산을 디지털 기술로 정리하는 것도 중요하지만, 현재의 우리를 기록·정리하는 것도 중요하다. 오늘의 우리가 미래의 역사가 되는 것은 너무도 당연하지 않은가. 구술사口述史는 바로 그런 문제 의식에서 접근할 수도 있다.

물론 나는 전문적인 역사학자도 아니고 역사학자 흉내를 내고 싶지도 않다. 다만 나의 할아버지가 남긴 녹음 테이프와 생전에 당신과 내가 나눈 대화, 그리고 직접 기록해 놓으신 노트 등을 통해 나의 할아버지의 삶과 생각을 좀 더 선명하게 그려보고 싶었다.

여기에서 한 가지 풀기 힘든 질문이 자꾸만 고개를 쳐든다. 나의 할아버지는 왜 당신의 삶과 생각을 음성과 문자 기록으로 남기려 했을까?

할아버지의 결코 간단치 않은 삶의 굴곡을 감안하면 거기에는 뭔가 깊은 뜻이 있을 법도 하지만, 솔직히 나로서는 그것이 무엇인지 잘 모르겠다. 단순히 한도 많고 아쉬움도 많은 한평생을 푸념하는 차원이었을까? 기록을 남겨 후세에 전하려는 일종의 '역사적historical 욕구'를 강하게 느꼈기 때문일까?

질문이 꼬리를 물다보니 결국 나 자신에 대한 질문에 이르게 된다. 나는 왜 할아버지가 남긴 기록을 놓고 이리저리 궁리하면서 때로는 손자의 목소리로, 때로는 제3자의 목소리로, 또 할아버지 당신의 목소리로 이야기하려 하는가? 인간이 본래 일종의 '호모 히스토리쿠스homo historicus'이기 때문일까?

철학 연구자들은 철학에 동사적動詞的 의미를 부여하기 위해 '철학함'이라는 말을 쓰기도 한다. 철학은 철학사에 등장하는 철학 체계를 따라 배우는 것이 아니며, 스스로 철학하는 행위 그 자체가 진정한 철학이라는 것이다. 역사나 역사학도 어느 정도는 마찬가지가 아닐까 한다.

'나는 역사를 몸소 살고자 한다.'《프랑스 혁명사》로 유명한 역사가 쥘 미슐레(Jules Michelet : 1798~1874)의 말이라고 기억한다.

구술사 연구의 중요성

미국 중국학계의 유학 사상 연구, 특히 신유학 사상 연구의 기반을 닦은 학자로 진영첩(陳榮捷 : 1901~1994)이 있다. 중국 광둥성 카이핑〔開平〕의 한 농부 집안에서 태어난 진영첩은 광둥 부근의 기독교 계통 학교인 영남嶺南 대학을 졸업하고 1929년 하버드 대학에서 박사학위를 받았다. 이후 귀국하여 모교에서 가르치다가 다시 미국으로 건너가, 하와이 대학, 다트머스 대학, 컬럼비아 대학 등에서 60여 년 동안 중국학을 연구하고 가르쳤다.

그런 진영첩의 일생은 컬럼비아 대학 구술사 연구 과제의 하나로 정리되고 있다. 중국 현대사의 격동기에 서구 세계로 이주하여 학문 및 교육 활동을 전개한 진영첩의 삶과 생각이 사료史料로 정리되고 있는 것이다.

컬럼비아 대학의 '구술사 연구실Oral History Research Office'은 세계에서 가장 오래된 그리고 가장 큰 규모의 구술사 프로그램으로 알려져 있다. 1948년 역사학자 앨런 네빈스Allan Nevins가 설립한 이곳의 구술사 컬렉션은 음성 기록물이 8,000건에 달하며 문자 기록물은 100만 페이지에 달한다. 매년 2,000명이 넘는 연구자들이 이 컬렉션을 조회, 참고하고 있으며 컬렉션을 바탕으로 집필된 책만 해도 1,000권이 넘고 논문은 부지기수다.

이 연구실을 기반으로 역사학자를 비롯한 연구자들은 특정 주제나 역사적 체험에 초점을 맞춘 구술사 프로젝트를 진행하기도 한다. 예컨대 1960년대 유럽과 미국의 학생 운동 관련 인터뷰가 있다.

역사적으로 중요한 인물들뿐 아니라 종교, 정치, 학술, 비즈니스계의 주요 리더들, 그리고 프로젝트에 따라서는 보통 사람들까지 인터뷰 대상이 되며 최근에는 녹음에 그치지 않고 영상 자료 제작에도 힘을 기울이고 있다.

2002년 여름에는 1936년에 이른바 시안〔西安〕 사건을 주도하여 20세기 중국 역사의 진로에 중요한 영향을 끼친 장쉐량〔張學良〕의 인터뷰 자료를 공개하여 화제가 되기도 했다. 장쉐량은 만주 군벌 장쭤린〔張作霖〕의 아들로, 1936년 당시 시안 외곽을 시찰 중이던 장제스〔蔣介石〕를 체포한 뒤 공산당의 저우언라이〔周恩來〕와의 담판을 주선, 제2차 국공합작을 이끌어냈다. 장쉐량은 장제스와 함께 난징〔南京〕으로 갔다가 구속됐고, 이후 대만으로 이송돼 50년에 걸쳐 가택연금 생활을 하다가 1990년에 풀려나 2001년 10월에 100세를 일기로 세상을 떠났다.

연금 생활에서 풀려난 직후인 1990년에 컬럼비아 대학 측이 처음 인터뷰를 했고, 이후 1991년부터 1993년까지 대만과 하와이, 호놀룰루 등지에서 인터뷰가 진행됐다. 1991년부터 1993년 사이에 진행된 인터뷰 자료도 (중국어 기록물로 4,800페이지에 달한다) 컬럼비아 대학 측에 기증됐는데, 장쉐량의 100세 생일에 공개한다는 조건이 붙어 있었다. 그러나 그가 100세에 세상을 떠남으로써 그 이듬해에 공개되었다. 이 기록물은 장쉐량 본인 외에 그의 아내의 증언도 포함하고 있다.

역사학에서 중시되는 사료의 대부분은 문자 기록물이다. 또한 그런 사료의 대부분은 그것이 기록된 시대에 공식적·제도적으로 승인받은 기록물이다. 예컨대 어느 시기에 지하당 활동을 하다가 체포되어 형장의 이슬로 사라진 혁명 운동가가 있다고 할 때, 그에 관해 오늘날까지 남겨진 기록물의 대부분은 취조 기록이나 판결 기록 등일 가능성이 크다. 그의 삶과 생각을 오늘날의 역사가가 재구성하고자 한다면 남아 있는 그런 기록을 통할 수밖에 없지만, '그런 기록을 통해서만' 재구성 작업에 나선다면 그 역사가는 직업적으로 살아남기 힘들 것이다.

역사가는 그 운동가가 활동하던 시기의 모든 관련 사료들을 철저하게 검토해야 함은 물론, 공식적·제도적으로 승인받은 기록물 외의 기록물, 예컨대 그 운동가가 속한 지하당의 유인물이나 넓은 의미의 관련자들이 남긴 사적인 기록들을 찾는 데도 노력할 필요가 있다.

과거의 재구성이라는 조각 맞추기 게임에서 몇 개의 조각만으로 전체 모양을 속단하는 건 금물이다. 그런데 만일 문제의 운동가가 자신의 삶과 생각을 직접 구술한 내용을 담은 문서나 음성 자료가 있다면?

아마도 역사가의 호흡이 흥분 탓에 조금은 더 가빠질지도 모른다. 그 운동가의 내면까지 어느 정도 추측해서 체험할 수 있게 되었으니 말이다. 그 역사가는 이런 자료들을 통해 풀릴 듯 풀리지 않던 골치 아픈 조각 맞추기 게임의 전체 모양이 갑자기 선명하게 그려지는 경험을 하게 될지도 모른다. 바로 여기에서 우리는 구술사의 가치와 의미를 찾을 수 있다. 이러한 구술사 연구의 중요성을 생각하면 떠오르는 인물이 있다.

미국 시카고에 하이드파크 고등학교라는 유서 깊은 학교가 있다. 유명 뮤지션 허비 행콕(Herbie Hancock : 1940~)이 이 학교 출신이고, 1932년 여성으로서는 최초로 대서양 횡단 단독 비행에 성공한 아멜리아 에어하트 (Amelia Earheart : 1898~1937)도 이 학교 출신이다.

흥미로운 것은 우리나라 화가 임용련(1901~? : 서울세관장 재직 중 납북)이 이 학교를 마쳤다는 점이다. 배재고보 학생이던 때 3·1 운동에 참가했다가 중국으로 피신한 후 미국으로 건너간 임용련은 하이드파크 고등학교에서 공부한 뒤 중국 난징의 금릉대학에 입학했다가 재학 중 미국으로 가서 시카고예술학교Art Institute of Chicago에 입학했다.

이곳에서 임용련은 유진 프랜시스 새비지Eugene Francis Savage의 가르침을 받았는데, 새비지가 예일대학으로 옮기자 임용련도 졸업 후 1924년 예일대학 미술학부에 다시 입학하여 우수한 성적으로 졸업했다. 임용련은 귀국 후 평안북도 정주의 오산학교에서 미술 및 영어 교사로 일하면서 화가 이중섭을 배출한 것으로도 유명하다. 그는 또한 화가 백남순의 남편이기도 하다.

백남순은 1923년 도쿄여자미술전문학교 서양학과에 입학했다가 중퇴하고, 1928년 한국 여성으로는 최초로 파리에 유학하여 프랑스 미술가 전람회에 입선했다.

백남순은 1930년 파리에서 임용련과 만나 결혼했는데, 당시 임용련은 예일대 우수 졸업생에게 수여하는 윈체스터 펠로우십(William Wirt Winchester Traveling Fellowship)을 받아 유럽 여행 중이었다.

영국을 거쳐 프랑스 파리로 간 임용련은 파리에 먼저 와 있던 백남순에게 안내를 부탁하여 함께 파리를 관광하다가 사랑에 빠져 1930년 봄에 결혼하였다. 한편, 임용련, 백남순 부부는 북디자인과도 인연이 있다. 두 사람이 무애 양주동의 시집 《조선의 맥박》(1932) 그림과 디자인을 맡았던 것이다. 백남순은 한국전쟁이 끝난 뒤 남편 임용련이 납북되자 미국으로 건너가 그곳에서 활동하다 1994년 세상을 떠났다.

이제 소용없는 말이지만 누군가 뜻 있는 사람이 백남순의 자세한 회고담을 녹취하거나 글로 기록해 놓았더라면 하는 점이 못내 아쉽다. 짧은 분량의 인터뷰가 아니라 위에서 언급한 구술사 프로젝트 수준에 필적할 정도로 체계적인 기록이 이루어졌다면, 1920~1940년대 우리 미술계는 물론 문예계 전반의 자세한 사정을 알 수 있는 귀중한 사료가 됐을 것이다. 하긴 이런 안타까움이 비단 백남순의 경우에만 해당되겠는가.

다행히도 미술 분야의 경우, 2001년 문을 연 한국미술기록보존소에서 우리 근현대 미술 관련 기록물의 수집·관리는 물론, 작가별·주제별로 구술사 프로젝트도 진행하고 있다고 한다. 구술사료나 영상사료에 대한 관심이 우리나라에서도 점차 커지고 있는 것이다. 지금이라도 미술 뿐 아니라 다양한 분야에서 이러한 구술사 프로젝트를 진행할 필요가 있음을 다시 한번 강조해도 지나치지 않을 것이다.

1961~1980년, 서울 그리고 광주

그는 동창회에서 육군사관학교 교가를 부를 때 눈물을 흘리곤 한다.
그 눈물은 육사의 명예를 더럽혀 욕되게 한 한줌 무리들에 대한 미움,
역사에 대한 오욕으로 점철된 우리 군의 일원이었던 사람으로서 느끼는
자괴, 이상과 현실 사이에서 때로는 무기력하게 좌절해야 했던 당신의
지난 삶에 대한 회한, 이런 것들이 조금씩 섞여 있는 그런 눈물이다.

들어라 양키들아

현대사의 비극과 아버지

세상에서 가장 가까운 사람, 둘이되 하나〔二而一〕라고 해도 좋은 관계의 사람이 쓰는 글이라 쳐도, 그 글을 통해 자신의 개인사가 널리 공개되는 걸 기꺼이 반길 사람은 드물 것 같다. 때문에 이 책의 취지에 공감해 준 '그'가 고마울 뿐이다. 이 글에서 나의 아버지 표명렬에 대해 굳이 '그'라는 3인칭 대명사를 사용하는 건, 그와 나의 삶의 원초적인 분리불가능성 때문이다. 요컨대 의식적으로라도 어느 정도의 분리를 확보하기 위한 다소 억지스런 장치라고 할 수 있다. 이에 대해서도 그의 넓은 아량을 바랄 뿐이다.

내가 태어나 처음으로 그에 대한 존재감을 강하게 느낀 건 대학 1학년 때였다. 그 이전까지 그는 당연히 나의 아버지였을 뿐 결코 그로 대상화시켜 생각해 볼 수 있는 존재가 아니었다. 대학 1학년 때 느낀 그에 대한 존재감은 우리 현대사의 비극과 불가분의 관계에 있다. 좀 더 구체적으로 말하면 그것은 전두환, 노태우, 정호용, 박준병, 장세동, 이학봉 등 대략 30대 중반 이상이라면 많이 들어보았을 인물들과 상관이 있다. 그는 이들의 후배이거나 동료로서, 정확히 말하면 대한민국 육군사관학교 출신이라는 점에서 상관이 있다.

그가 광주 고등학교를 졸업하고 육사에 입교한 동기는 평범하다면 평범했다. 1950년대 중반 우리 사회에서 가난한 집안의 고등학생이 택할 수 있는 몇 안 되는 유망한 진로가 바로 육사 진학이었기 때문이다. 그의 표현을 빌리면 당시로서는 '먹여주고 재워주고 입혀주고 직장까지 보장되는' 매력적인 진로가 바로 육사였다. 물론 그 밖의 동기도 있었다. 당시에는 육사 더 나아가 군대야말로 일종의 수단적 합리성과 효율성 측면에서 가장 앞서 있는 집단이었다. 미국 육사의 교육 시스템을 도입한 육사와, 역시 미군 교리교범 체계에 입각한 군대는, 저개발 후진국 젊은이였던 그에게 매력적으로 보였다.

다만, 전향을 했다고는 하지만 아버지가 보도연맹원에 남로당 출신이라는 점이 걸렸다. 연좌제라는 어두운 그림자가 드리워져 있던 시절이었기에, 그의 선택은 어쩌면 순진하거나 무모한 것이었을 수도 있다. 하지만 육사 합격과 재학, 그리고 이후의 군 생활에서 그의 아버지의 전력이 문제가 된 적은 없었다. 그는 입교 당시 신원 보증을 서준 고향의 부면장을 평생 잊지 못할 은인으로 생각한다.

우리 현대사에서 육군사관학교는 육군 장교를 양성하는 기관 이상의 의미를 갖는다. 잘 알려져 있듯이 1979년 12·12 군사 반란을 주도하고 광주 민주화운동을 무력으로 진압한 뒤, 1980년 5월 27일 국가보위비상대책위원회 출범을 이끌어 제5공화국 탄생의 모태가 된 하나회라는 군대 사조직의 핵심 멤버가, 바로 위에 거론한 전두환 등이었다. 일종의 조폭 집단이 국권을 찬탈하여 20년 가까운 세월 동안 갖가지 전횡을 일삼았던 것이다.

한 가지 흥미로운 점은 하나회가 한자로는 일심회一心會라는 사실이다. 전두환, 노태우, 정호용 등 주요 멤버들이 준장으로 진급할 당시 박정희가 그들에게 '一心'이라는 글자가 새겨진 지휘봉을 하사하고, 사단장으로 나갈 때도 역시 '一心'이라는 친필 휘호를 써주었다고 하던가. 그 일심이라는 게 과연 국가와 민족에 대한 한결같은 마음을 뜻하였을까? 모르긴 해도 박정희 자신에 대한 충성 그러니까 개인에 대한 충성을 북돋우는 뜻이었을 것이다.

'一心' 하면 얼른 떠오르는 게 하나 있다. 이른바 깍두기라는 속어로도 일컬어지는 조직폭력배들의 팔뚝에 새겨진 문신 글자 '一心'이다. 조직을 위해 기꺼이 한 몸 바칠 것이며 조직 내 선배들을 한결같이 받든다는 결의를 표현하는 문신인 셈이다. 이렇듯 그 모임 이름만으로도 하나회와 조직폭력 집단에는 근본적인 공통점이 있다.

하나회 입회식 풍경도 조직폭력 집단의 그것과 놀라울 정도로 비슷하다. 하나회 최상층부인 육사 11기 선배들이 일렬로 앉아 있다. 그 한가운데에는 물론 '큰 형님' 중의 큰 형님 전두환이 앉아 있다. 신입 회원은 반드시 혼자 가서 무릎을 꿇고 '국가와 조직에 충성한다'는 내용의 선서를 한다. 선서가 끝나면 1기 선배 중 한 사람이 붉은 포도주를 한 잔 따라준다. 두 손으로 잔을 받아 마시면 비로소 하나회 회원이 된다. 왜 하필 붉은 포도주인가? 기독교 전례에서 예수 그리스도의 피를 상징하는 붉은 포도주가 하나회에서는 회원들의 피를 상징한다고 볼 수 있다. 요컨대 서로 피를 나누어 마신 관계, 피를 나눈 관계가 되는 셈인데, 무고한 시민들의 진짜 피를 마시고 국권을 찬탈한 집단이 되고 말았으니 이것도 우연은 아니라고 할 수 있을지 모르겠다. 더구나 회원들끼리는 공식적인 직위나 계급이 아닌 '형님' '아우'로 부르고, 특히 11기 선배들은 '큰 형님'이라고 불렀다니 말 다했다.

이를 두고 하나회든 폭력 조직이든 의리義理로 뭉친 집단이라고 할 수 있을까? 천만의 말씀이다. 의리라는 말의 진짜 의미를 생각한다면 말이다. 조폭, 그러니까 조직폭력배 집단이 우리 사회에서 일종의 문화적·사회적 증후군으로까지 대두된다는 우려의 목소리가 높았던 적이 있다. 조폭 소재 영화들의 잇단 흥행 성공, 조폭 세계에 대한 청소년들의 호기심과 동경, 심지어 정치권 유력 인사와 조폭의 관계를 둘러싼 논란마저 분분했다. 특히 일부 청소년들 사이에 조직폭력배를 의리 있는 사나이로 영웅시하는 분위기마저 없지 않다는 점이 자못 심각한 우려를 낳기도 했다.

이와 관련하여 가장 어처구니없는 일이 바로 조폭과 의리를 결부시켜 생각하는 것이다. 의리는 문자 그대로 올바르고 마땅한 이치나 원칙을 뜻한다. 국어사전을 봐도 '사람으로서 마땅히 지켜야 할 바른 도리' 혹은 '남과 사귈 때 지켜야 할 도리'로 돼 있다. 이러한 본뜻대로라면, 올바르지 않은 일을 하는 폭력 조직을 배반하는 조직원이야말로 의리에 충실한 사람이다. 우리가 일상적으로 사용하는 '의리 빼면 시체'라는 표현도, 의리의 본뜻에 비추어본다면 의리라는 말의 의미 타락 현상으로 볼 수 있다.

조폭의 의리는 일본인들이 말하는 '기리(의리와 한자가 같다)'에 가깝다. 문화인류학자 루스 베네딕트Ruth Benedict의 《국화와 칼》에 따르면, 기리는 다른 사람에게 받은 은혜를 그 사람에게 받은 만큼 돌려주어야 하는 의무 혹은 부채를 뜻한다. 이렇게 본다면 조폭의 형님, 동생 의리 관계는 봉건 시대 일본의 주군과 가신 관계의 복사판 이상이 못 된다. 우리의 조상들도 그렇지 않았느냐고? 결코 그렇지 않다.

조선 시대 임금과 신하의 관계를 보면, 임금의 행실이 의리에서 벗어나면 신하는 목숨을 걸고서라도 간하여 임금의 잘못을 바로잡고자 했다. 조선의 선비들에게 의리는 인간 관계 차원이 아니라 누구에게나 불편부당하게 적용되어야 할 보편적인 도덕 원칙을 뜻했다. 현재 만연한 조폭 증후군은 진정한 의리가 실종되고 거짓 의리가 득세하는 현실을 정확하게 반영하는 현상이라고 할 수 있다.

육사 출신 아버지가 꿈꾼 혁명

이제 본격적으로 표명렬, 그에 관한 이야기를 해 보자. 그와 관련하여

한 가지 흥미로운 점은 그가 육사 재학 시절 혁명을 꿈꾸었다는 사실이다. 그의 말에 따르면 당시 육사생들 사이에서 그런 분위기는 결코 이상한 게 아니었다고 한다. 그가 대대장 생도로 있던 1961년 5·16 군사 쿠데타가 일어나자, 약 800명의 육사 생도와 200명의 육사 졸업생들은 동대문—광화문—남대문—동화백화점—반도호텔—시청으로 '혁명'을 지지하는 시가 행진을 벌였다. 그도 물론 이 행진에 참여했고, 그의 육사 졸업 앨범에서 당시의 모습을 볼 수 있다. 그날의 시위는 당시 서울대 학군단 교관이던 전두환이 사실상 주도했고, 박정희는 그런 전두환을 최고회의의장실 민원비서관으로 발탁했다. 전두환은 이후 박정희의 각별한 관심과 배려 속에 승승장구한다.

당시 육사생이던 표명렬에게 5·16은 비상한 의미를 지니는 사건이었다. 그는 진작부터 '국가와 민족을 위해 언젠가는 우리가 주동이 되어 진정한 자기 희생의 혁명을 이루리라'는 다짐을 숨겨놓고 있던 터였다. 그런 그에게 5·16은 우선 소중한 기회를 도둑 맞았다는 느낌으로 다가왔다.

지지 쪽으로 의견을 모은 현역 훈육관들이 생도들의 집합을 명령했지만 그를 포함한 간부 생도들은 응하지 않고 피해 버렸다. 우왕좌왕 실랑이가 이어진 끝에 해질 무렵 생도들은 단독 군장으로 식당 앞에 집합했고, 생도 대장 김익권 장군의 연설이 끝난 뒤 소지하고 있던 M1 소총을 회수당했다. 군인으로서 가장 큰 불명예인 무장 해제를 당한 것이다. 중대장 생도 이상 자치 간부 생도들 전원이 명령 불복종을 이유로 임시 유치장에 갇히는 신세가 됐고, 당시 그는 동기생이자 제1중대장 생도였던 최창윤(총무처

장관 역임, 작고)과 함께 퇴교 이후의 앞날에 대해 이야기를 나누며 하룻밤을 보냈다. 다음날 특별 석방이라며 생도들은 풀려났고, 5·16 쿠데타를 지지하는 시가 행진에 나섰다.

표명렬은 당시의 일이 육군사관학교가 우리나라의 민주주의 역사와 국군사에 남긴 가장 치욕적인 일이었다고 회고한다. 사실상 협박에 굴복하여 군사 쿠데타에 협조했으며, 생도들이 강한 자 앞에서 손을 들고 항복함으로써 일신의 안녕을 기하려는 기회주의적 사고를 체득하는 계기가 되었다는 것이다.

그가 꿈꾸었던 혁명이란 과연 어떤 것이었을까? 물론 20대 초반의 그에게 혁명에 대한 구체적인 전망이나 구상이 있었을 것 같지는 않다. 다만 그가 생도 시절 C. 라이트 밀즈의 《들어라 양키들아 *Listen, Yankee: The Revolution in Cuba*》를 탐독했다는 점이 특기할 만하다. 쿠바 사회주의 혁명에 관한 보고서이자 쿠바 혁명에 대한 미국의 주류적 시각을 비판하는 이 책에서 깊은 인상을 받았다는 사실을, 그의 아버지의 사회주의 운동 경력과 연관지어 생각해 볼 수 있지 않을까?

하지만 적어도 그의 말에 따르면 직접적인 연관은 없었다고 한다. 요컨대 그의 관심은 사회주의 혹은 사회주의적인 것에 있었다기보다는 '부정과 불의, 약자에 대한 강자의 억압과 전횡을 바로잡아야 한다'는 데 있었다.* 또 하나 눈에 띄는 것은 그가 육사 생도 시절 〈민족일보〉를 탐독했다는 사실이다. 1961년 2월 13일 창간한 〈민족일보〉는 민족 통일을 지향하는 혁신과 진보 노선을 보여주었고, 하루 발행부수만 3만 5,000부로 급격히 성장하면서 기존 보수 신문들의 입지를 위협했다. 하지만 5·16 쿠데타 사흘 뒤인 5월 19일 반국가적·반혁명적 신문, 북한의 활동을 고무·찬양하는 신문이라는 이유에서 강제 폐간당하고 말았다. 사장 조용수를 비롯한 관련 핵심 인사 12명이 1961년 7월 23일 혁명검찰부에 의해 기소됐고, 10월 31일 혁명재판소 상소심판부가 조용수·안신규·송지영에게 사형, 이종률·전승택·김영달·조규진·장윤근에게 무죄, 그 외 다섯 명의 피고인에게는 5년에서 10년의 징역형을 선고했다. 송지영과 안신규는 대법원에서 무기징역으로 감형됐지만 조용수는 사형당하고 말았다.

그런데 육사 생도 신분으로 어떻게 〈민족일보〉를 구독할 수 있었을까? 그에 따르면 4·19 직후부터 5·16까지 우리 사회 분위기는 전반적으로 자유로웠고, 진보적인 주장을 담은 출간물의 제작, 배포, 구독도 마찬가지였다. 그러나 5·16 이후부터 상황은 급변했다. 〈민족일보〉를 탐독하던 그를 비롯한 생도 세 명이 철저한 조사를 받게 됐고, 그 가운데 두 명은 퇴교 조치를 당하고 말았다. 그는 대대장 생도였다는 점이 크게 참작되었다고 한다. 《들어라 양키들아》와 〈민족일보〉, 나는 이 단행본과 신문이 그의 젊은

---

* 진보와 보수의 갈림길을 놓고 볼 때, 나의 아버지는 보수주의자에 속한다. 굳이 자세하게 따진다면 중도 보수라고나 할까? 민족 정기, 조국애, 국가에 대한 헌신, 민족적 자긍심과 자주성, 군인으로서의 명예 등을 무척 중시하고 역설하는, 그래서 가끔 내가 그의 모습에서 프랑스의 드골 장군을 떠올리기도 하는, 그런 그가 진보처럼 보이는 착시 현상의 원인 제공자는 이른바 '수구 꼴통 보수(?)'들이다. 처음부터 가늠자를 오른쪽으로 치우쳐 놓았으니 중도도 왼쪽으로 보이는 것이다.

시절 나아가 향후 생각과 행동의 전반적인 방향성을 집약적으로 보여준다고 생각한다.

내가 대학 1학년 때 C. 라이트 밀즈의 또 다른 저서《마르크스주의자들》을 읽고 있는 모습을 보고 그는 무척 반가워했다. 당시 그는 육군 준장에서 예편한 지 얼마 안 됐었다. 무척 놀란 나는 육사 출신 예비역 장성이 도대체 어떻게 C. 라이트 밀즈를 잘 알고 있는지 이해하기 힘들었다. 그로부터 육사 생도 시절 이야기를 듣고 나서 나는 그와 어떤 친화감, 단순히 아버지와 아들이라는 가족 관계에서 오는 친화감 이상의 그 무엇을 강하게 느꼈다.

에드먼드 윌슨의《근대혁명사상사 *To the Finland Station*》도 대학 1학년 때 그의 서가에서 발견하고 탐독했었는데, 그가 파란색 만년필로 줄을 그어 놓은 부분들이 인상적이었다. 예컨대 프랑스 역사학자 쥘 미슐레가《프랑스 혁명사》를 집필하기 직전에 쓴《인민人民》이라는 소책자의 전반부 내용을 인용한 부분이 있다. 근대 산업사회를 분석하는 부분인데 주로 계급적 착취 관계를 설명하고 있다. 나는 대학 1학년 때 처음 읽은 그 두 권의 책을 통해, 그때까지 내가 잘 모르고 있던 그의 모습에 처음으로 다가갈 수 있었던 셈이다.

혁명의 소용돌이에서 베트남으로

육사 졸업 후 그는 초급 장교로서 강원도 건봉산 근처 휴전선에서 근무

했다. 그리고 1965년 10월, 맹호부대(수도사단) 기갑연대 소속 부중대장(중위)으로 베트남전에 참전했다. 대한민국 역사상 최초의 해외 전투 부대 파병이었다. 10월 12일 여의도기지(K-16)에서 박정희 대통령이 참석한 가운데 수도사단 환송식이 거행되었다. 당시 그의 부모님은 외아들을 전쟁터로 보낼 수 없다고 결심하고 아들을 만나 무작정 말릴 생각으로 환송식에 참석했다. 하지만 환송객들로 꽉 찬 그곳에서 아들을 찾을 수가 없었다. 행사가 끝나고 부대가 분열하는 가운데 겨우 아들을 발견한 부모는 무작정 손을 잡아끌었지만, 아들은 행사가 끝나고 모처에서 뵙겠다는 말만 할 뿐이었다.

마지막이 될지도 모르는 자리에서 그는 부모님께 이렇게 말했다. "사람의 운명이란 하늘에 달려 있습니다. 걱정하지 마십시오. 건강하게 돌아오겠습니다." 이후 그는 부산항을 출발하여 퀴논Qui Nhon에 도착했다. 베트남으로 향하는 미군 선박 안에서 벌어진 웃지 못할 이야기 하나. 한국군은 꼭지만 틀면 언제라도 더운물이 나오는 샤워 시설을 갖춘 배 안에서 전에 누려보지 못하던 호사를 누리느라 열심이었고 그 결과 목적지에 도착하기 한참 전에 물이 떨어져 결국 계획에 없던 물자 보급을 받았다고 한다.

그가 말해 준 기억에 남는 작전과 전투는 1966년 3월 말 고보이 지역에서 벌어진 맹호5호 작전과 둑코 전투였다. 최초의 사단 규모 작전이었던 맹호5호 작전을 통해, 10여 년간 작전 지역을 장악하고 있던 베트콩을 괴멸시키고 사단 전술 책임 지역을 1,200평방킬로미터에서 1,400평방킬로미터로 넓히게 됐다. 같은 해 8월 9~10일의 둑코 전투는 월맹군 정규군 1개

대대의 공격을 6시간이 넘는 격전 끝에 격퇴하고 대승을 거둔 전투인데, 이 전투에서 대승으로 미군은 파월 한국군의 전투력을 높이 평가하게 되었다.

퀴논 지역 주둔 당시 찍은 그의 사진들 가운데는 허름한 검정 옷을 걸친 베트남 젊은이와 어깨동무를 하고 둘 다 환하게 웃으며 찍은 사진이 있다. 사진 속 베트남 젊은이는 베트콩 포로였는데 후송되기 전까지 친하게 지냈다고 한다. 그가 막사 옆에서 쉬는 모습을 담은 사진도 있는데, 그 막사 바로 옆에 베트콩 포로 한 사람의 시신을 묻었다고 한다. 사실은 그 포로가 베트콩인지 여부도 불확실했지만, 여하튼 잡은 포로를 하사관과 장교들이 돌아가며 구타, 심문한 끝에 결국 사망하였고, 그는 비가 내리는 밤이면 막사 바로 옆에 묻힌 포로 생각에 마음이 심란하기 짝이 없었다고 한다.

그는 베트남전을 통해 전투에 임하는 미군의 자세나 전반적인 부대 운용 실태에서 깊은 인상을 받았던 것 같다. 그들의 합리적인 의사 결정 과정, 전투원 개개인들의 책임 의식 같은 것이 무척 인상적이었던 것이다. 총탄이 빗발치는 가운데 'Aid man! Aid man!'을 외치며 참호에서 참호로 뛰어다니는 미군 위생병이 한 사람 있었다고 한다. '위생병이 여기 있으니 필요하면 가겠다'는 외침이었다. 전투가 끝난 뒤 "너는 도대체 어떻게 그렇게 용감할 수 있는가?" 묻자 그 위생병은 이렇게 답했다고 한다. "고향에 계신 어머님이 항상 같은 시간에 기도를 하신다. 나도 같은 시간에 기도를 한다. 미리 약속을 해 놓았기 때문이다. 그 기도의 힘을 나는 믿는다." 베트남전은 그의 삶에서 하나의 중요한 전환점이었다. 귀국 후 그는 소속 병과를 보병에서 정훈으로 바꾸었다. 군대의 진정한 전투력 향상은 무기 체계 확충이나 훈련 강화로부터가 아니라 일종의 군대 문화, 즉 정신 전력 강화에 있다는 판단을 했던 것이다.

아버지의 눈에 비친 베트남 전쟁

그는 베트남전을 어떻게 평가하고 있을까? 그는 베트남전이 국제 정치적으로는 동서 냉전의 와중에서 소련과 미국의 대리전 성격이었고, 베트남 입장에서는 민족 해방전쟁이라고 볼 수 있다고 말한다. '자유민주주의를 수호하기 위한 정의로운 전쟁'이라는 명분에 전적으로 동의하지는 않는 셈이다. 그렇다면 우리 군의 파병에 대해서는 어떻게 생각하고 있을까? 좌파적 시각일까 아니면 우파적 시각일까? 그는 조심스럽게 말한다.

"나는 물론 베트남전 당시 우리 군이 베트남 민중들에게 저지른 만행에 대한 이야기도 잘 알고 있다. 그런 일에 대해서는 진상을 정확히 밝히고 뉘우치고 사죄해야 한다고 생각한다. 하지만 나는 군인이었다. 베트남에 참전한 것을 부끄러워하지 않는다. 나는 최선을 다해 싸웠고 그것이 나의 의무라고 생각했으며 지금도 그 생각에는 변함이 없다. 자랑스럽게 내세울 것도 없지만 그렇다고 부끄럽게 생각할 이유도 없다.

최근 베트남전 파병에 대해 여러 이야기들이 나오는 데 내가 아쉬운 건, 참전했던 병사들을 모욕하지는 말란 것이다. 전쟁을 둘러싼 국제 정치의 역학 관계나 위정자들의 의도 또는 그 밖의 여러 배경이나 사실들을 두고 비판적으로 평가하는 건 좋다. 워싱턴의 그들, 청와대의 그들을 비판하는 것도 좋다. 하지만 그린 비판이 자칫 참전 군인들 전체를 싸잡아 홀대하고 비난하는 분위기로 흐른다면 문제가 있다."

이런 그의 입장을 두고 내가 할 말은 별로 없다. 그에게 베트남전이란 추상화되거나 분석되거나 설명되어야 할 그 무엇이 아니기 때문이다. 영화 〈하얀 전쟁〉에 나오는 주인공처럼 귀국 후 여러 해 동안 식은땀을 흘리게 만드는 전쟁 꿈이나 일종의 환청에 간간이 시달려야 했던 그에게 베트남전에 대한 내 의견을 말한다는 게 무슨 소용이겠는가? 그의 그런 꿈과 환청은 결혼을 하고 나를 얻고 안정을 되찾으면서 서서히 사라졌다고 한다.

정훈 병과로 옮긴 이후 그의 삶은 직무에 충실한 평범한 군인의 그것이었다. 그는 1970년대 중·후반 두 차례에 걸쳐 대만臺灣 정치작전학교 고급반과 연구반에 유학을 다녀오기도 했는데, 당시 대만 군대의 운용 실태에서 깊은 인상을 받았다고 한다. 무엇보다 권위주의적인 분위기를 찾을 수 없는 군대 분위기에 그는 큰 충격을 받았다. 예컨대 장성이 자전거를 타고 부대 안에서 이동하는 게 자연스러운 풍토, 군대의 상급자와 하급자의 관계가 무조건적인 권위와 복종의 관계라기보다는 기능적인 상호 보완 관계에 가까웠던 것 등등. 그는 이후 1970년대 말 국방부 인력관리연구위원회 정신전력 담당 수석연구원(대령)으로 일하다가 1979년의 그날을 맞이하게 된다.

그날이 오면

광주에서의 말 한마디

하나회 핵심 멤버들이 주도한 12·12 군사반란과 그에 뒤이은 1980년 5·18 광주 민주항쟁. 당시 초등학교 5학년이던 나는 그 즈음에 관한 인상적인 기억을 하나 갖고 있다. 어느 날인지 정확히 기억은 나지 않는데, 표명렬의 동기생 이학봉(당시 보안사 대공처장) 대령이 밤중에 우리 집을 방문하였다.

그와 이학봉 대령은 취해 있었다. 집에 들어오자마자 그는 이학봉 대령과 함께 부모님이 계신 방으로 들어갔다. 30분쯤 흘렀을까. 방에서 나온 이학봉 대령은 나와 동생에게 1만 원을 쥐어주면서 "공부 열심히 해라"라는 말을 남기고 급히 떠났다. 덥수룩하다는 표현이 꼭 맞는 얼굴이라 좀 무섭기도 했지만, 평생 처음 쥐어보는 거금 1만 원에 나와 동생은 어리둥

절하면서도 즐거워했던 기억이 난다. 적어도 그때까지 이학봉은 나에게 다만 아버지의 친구 '학봉이 아저씨'였다.

한참 뒤에야 알게 됐지만, 그는 광주에서 시위에 참여한 친척들을 부탁하기 위해 이학봉 대령을 집으로 데리고 왔던 것이다. 혹시 검거되더라도 선처를 부탁한 것이다. 이학봉 대령과 그는 육사 시절부터 무척 친한 친구 사이였다. 이학봉 대령은 그가 자기 아버지 전력을 육사 시절부터 솔직하게 터놓고 말한 얼마 안 되는 친구이기도 했다. 당시의 이학봉 대령은 군사반란 세력 가운데에서도 핵심 중의 핵심이자 전두환 장군의 오른팔로서, 사실상 생사 여탈의 권한을 지닌 인물이었다.

광주 민주항쟁은 대령 표명렬의 이후 삶을 크게 바꾸어놓았다. 5·18을 전후로 한 시기에 그는 광주에 파견됐다. 신군부는 광주 지역 출신 고급 영관 장교들을 광주에 파견하여 일종의 선무 공작을 펼치려 했던 것이다. 전화를 걸어 광주 지역 친척, 지인들을 설득하는 것이 주요 임무였다. 그는 신군부가 이 조치를 통해 광주 출신 고급 장교들을 임지에서 분리시켜 한군데 모아놓음으로써 혹시 있을지도 모르는 신군부에 대한 역공세 움직임을 미리 차단하고, 광주 출신 장교들의 신군부에 대한 입장, 요컨대 일종의 충성도를 파악할 의도도 있었던 것으로 보았다.

광주 지역의 전반적인 상황을 파악한 그는 당시 상황에서 자신의 처지로서는 입 밖에 내지 말았어야 할 말을 하고 말았다. "광주 시민들이 다 나와 들고 일어나야 한다. 같은 민족에게, 무고한 시민에게 총부리를 겨누는 군대가 도대체 어느 나라 군대인가. 이런 짓 하라고 총을 쥐어준 게 아니다. 이런 무지막지한 군대, 사람도 아니다." 서슬 퍼런 보안사가 이 말을 놓칠 리 없었다. 그는 이후 신군부 세력의 블랙 리스트에 올랐고, 중령이 맡아야 할 보직에 임명되는 등 인사에서 철저하게 배제되기 시작했다. 그는 더 이상 뜻과 능력을 펼칠 기회를 얻을 가망이 없어 보였다.

1989년쯤이었을 것이다. 나는 연세대에서 열린 연합 집회에 참석한 어느 전남대 학생과 대화를 나눌 기회가 있었다. 그 학생은 자신이 전두환을 암살할 준비를 구체적으로 하고 있다고 말했다. 가능하다면 총기를 구할 생각까지 하고 있다는 것이었다. 그 학생의 논리는 나름대로 정연했다. 자신이 전두환을 암살하는 건 어디까지나 반란군의 우두머리를 암살하는 일이며, 또한 자신은 광주 시민군 자격으로 반란군의 우두머리를 암살하는 것이니, 자신은 살인죄를 저지르는 게 아니라는 이야기였다.

그 학생이 일종의 소영웅주의에 빠진 사람이었는지, 정말 구체적으로 암살 준비를 하고 있었는지, 당시로서도 알기 힘들었고 지금에 와서는 더욱 알 길이 없다. 정말 암살을 계획 중이었다면, 아무리 시위에 함께 참여한 사람이라 해도 함부로 발설하지는 않았을 것 같다는 생각도 든다. 다만 나에게 그런 말을 하면서 분노로 타오르던 그 학생의 두 눈이 지금도 선하다. 윌리엄 브레이크William Blake의 시 〈호랑이〉의 'Tyger! Tyger! burning bright In the forests of the night' 라는 대목이 번쩍 떠오를 정도였다. 그 학생의 두 눈은 문자 그대로 공분公憤, 아니 하늘과 온 사람의 분노[天人共怒]가 집약된 모습 그 자체였다.

군 개혁을 꿈꾸며

광주에서의 한 마디 말로 미래를 날려버린 그에게 그 자신을 포함하여 아무도 예상치 못했던 일이 일어났다. 1980년대 중반 육군 정훈감, 그러니까 준장으로 진급했던 것이다. 여기에는 두 가지 요인이 있었다. 먼저 정훈 병과 업무 자체에서 그에 필적할 만한 기획력을 갖춘 인물이 드물었다. 그리고 좀 더 직접적인 요인은 육사 동기생 이학봉의 배려였다. 당시 대통령 비서실 민정수석 비서관이었던 이학봉은 제5공화국의 실세 중의 실세였다. 전두환도 그를 잘 알고 있었지만 광주에서의 일을 계기로 한번 눈밖에 난 그의 장군 진급을 허락하기는 힘들었다. 하지만 최측근 이학봉의 신원 보증이 마음을 바꾸어놓았다. 더구나 이학봉은 보안사 출신이기 때문에 보안사의 반대 의견도 진정시킬 수 있었을 것이다.

정훈감 시절에도 그의 군 생활은 순탄치만은 않았다. 예컨대 그는 육군 본부의 장군 및 고급 영관 장교들을 대상으로 한 교양 강의에 서울대 사회학과 한상진 교수를 강사로 초빙한 일이 있었다. 교양 강의라는 성격상 정훈감이 강사 선정과 섭외 및 강의 진행을 맡았던 것이다. 한상진 교수가 강사로 선정됐다는 걸 안 보안사에서 가만 있을 리 없었다. 그들이 보기에 한상진 교수는 민중 운운하는 불온하기 짝이 없는 인물이었기 때문이다. 급기야 '왜 그런 빨갱이 새끼를 불렀느냐'는 원색적인 비난까지 나오기에 이르렀다.

그렇다면 그는 왜 하필 한상진 교수를 강사로 선정, 초빙했을까? 다름 아니라 관료제 혹은 관료주의 문화에 대한 한상진 교수의 의견을 듣는 것이 군 조직 개혁 방향에 좋은 참고가 될 것이라 판단했기 때문이었다. 그렇고 그런 교수를 초빙해 봐야 나오는 건 뻔한 소리일 테니, 현실 비판적인 목소리를 내는 학자를 초빙해야 의미 있는 시간이 되리라는 것이 중요한 이유였다. 그가 판단하기에 한상진 교수는 권위주의와 민주주의 문제에 정통했고, 바로 그런 차원에서 조직의 관료주의 문화에 접근하는 내용의 강의를 해 주길 바랐던 것이다. 한상진 교수 본인으로서도 육군본부 강의라는 특성을 충분히 고려했던 때문인지, 보안사 측의 우려가 현실화되지는 않았다.

그가 보안사, 기무사 관련 제도의 개혁이 우리 군 개혁의 핵심이라고 늘 강조하는 것도 이런 경험과 무관하지 않을 것이다. 그는 회의석상에서 보안사령관과 육두문자를 써가며 주먹질 일보직전까지 갔던 일도 몇 차례 있었다고 한다. 그의 말에 따르면, 장제스의 국민당군은 대만으로 쫓겨난 후, 패퇴의 원인을 분석한 결과 '군의 지휘 체계를 문란시키며 온갖 부정부패의 온상이 되어온 특무부대의 병폐'가 가장 큰 것으로 지적되자 온갖 반발을 물리치고 특무부대 개혁을 단행하여 군 지휘 체계와 참모 체제를 정상화시켰다고 한다.

5·16 군사 쿠데타로 정권을 탈취한 세력이 또 다른 군사 쿠데타 발생이 두려워 보안사에 이른바 대對전복(정부 전복 활동을 막는 것) 임무를 부여함에 따라 보안사는 본연의 업무보다는 독재 권력의 정치적 하수 역을 맡는 쪽으로 빗나가기 시작했다. 보안사는 통치권 지원이라는 명분으로 무소불위의 권력을 휘두르게 되었고, 그 결과 12·12 군사반란, 광주 학살, 5공

정권 탄생 등 암흑의 시대를 엮는 악역의 중심에 서게 된 것이다.

군 간부 출신이라면 누구나 보안사 요원의 월권적 횡포와 부조리에 한 번쯤 분노했던 경험을 가지고 있을 것이라는 게 그의 주장이다. 하지만 그들의 비위를 거스름으로써 받게 될 불이익이 너무나 컸기 때문에 무어라 말할 수 없는 상황이었고, 보안사의 문제점을 지적하거나 개혁을 조언할 수도 없었다. 국군 최고통수권자의 의지와 결단만이 이 문제를 해결할 수 있었다. 그래서 그는 문민정부가 들어선 후 군대 개혁의 첫 단계이자 가장 중요한 사안으로 기무 부대의 대수술이 이루어지지 않을까 기대했지만 실망하지 않을 수 없었고, 국민의 정부 때도 감감무소식이었다. 시대의 변화에 따라 이름만 특무대에서 방첩대로, 그리고 보안사로 기무사로 바뀌면서 오늘에 이르렀던 것이다.

광복되지 않은 군대

한편 그가 정훈감 재직 시절의 기억 가운데 가장 소중하게 간직하고 있는 것은 광복군 출신 군 선배들을 초청해 행사를 가졌던 일이다. 초청된 광복군 선배들이 눈물을 흘리면서 지금껏 군에서는 한번도 우리를 대접하거나 관심을 가져준 적이 없다고 말하는 걸 들었을 때, 그도 고이는 눈물을 참을 수 없었다고 했다. 광복 후의 정치적 소용돌이 속에서 민족을 배반하고 일본군에 부역했던 반민족 친일세력들이 군을 완전히 장악, 석권했다는 것은 잘 알려진 사실이다.

민족을 멸시하고 자괴하는 식민사관에 찌든 그들은 절대 복종, 군기 만능, 인격 무시, 생명 경시, 간부 특권의식 등 극단의 권위주의적 문화를 뿌리내리는 일에만 광분했다. 광복군 창설일을 국군의 날로 하지 않은 것은 물론, 청산리 전투와 봉오동 전투의 승리가 육군사관학교의 효시인 신흥무관학교 출신들에 의해 창출됐다는 사실도 말하지 않았다. 안중근 의사가 '나는 대한제국의 군인이다'라고 외쳤지만 그를 군인으로 대접하지 않았다. 김좌진, 이동녕 장군 등은 간데없고 입신영달을 위해 애국자로 둔갑한 일본군 출신들의 득의양양한 모습만 가득했다. 조국은 광복되었지만 우리 군의 정신사는 광복되지 않은 채 남아 있었다.

그가 나에게 들려준 이야기 하나. 특무부대와 헌병부대가 축구 경기를 할 때의 일이다. 특무부대가 밀리기 시작하자 이를 지켜보고 있던 특무부대장 김창룡이 헌병부대에서 가장 공을 잘 차는 선수를 지목하며 "야! 저놈 빨갱이 새끼 아니야!"라고 소리를 질렀다. 이 말이 떨어지기 무섭게 그 선수는 체포돼 운동장 밖으로 끌려나갔다. 물론 경기에서는 특무부대가 이겼다.

그가 초급 장교 시절에 들었던 이야기라는데 실화인지 우스갯소리인지는 분명하지 않으나, 김창룡의 위세가 어떠했는지 잘 보여주는 이야기이다. 김창룡이 누구인가. 일본 관동군 정보원으로 일하면서 독립군 체포에 핏발을 세웠고, 해방정국의 소용돌이에서 멸공이라는 명분으로 철퇴를 휘둘러 무고한 주검들을 만들어낸 장본인이다. '반민족적 친일 행각을 통해 모은 재산은 보호할 가치가 없다'는 법원의 판결 취지에 따라, 이제는 김창룡 유해의 국립묘지 안장 문제도 해결해야 하지 않을까? 김창룡에게 국립묘지에 안장될 자격을 준 것 역시 친일 행각을 통해 쌓은 권력이었기 때문이다.

삼정도의 수난

한편 장성 진급자에게 국군 통수권자인 대통령이 신임과 권위와 명예의 상징으로 수여하는 칼, 이른바 삼정도三精刀에 관한 기억도 생생하다. 여러 개의 명칭 가운데 전두환이 직접 택했다는 '삼정도' 라는 명칭은, '육해공 삼군이 일치단결하여 호국, 통일, 번영의 세 가지를 달성한다' 는 뜻으로 알려져 있다. 흥미로운 것은 삼정도를 처음으로 받은(사실은 만들게 하여 자신이 가진) 사람이 전두환 자신이고, 삼정도를 수여하는 제도를 처음 시행한 것도 전두환이라는 사실이다. 일본에서 도검 제조 기술을 익힌 뒤 1960년대에 귀국한 전용하 씨가 삼정도를 제작하였는데, 전두환이 종친회에서 우연히 전용하 씨를 만나 처음 관심을 갖기 시작하였다고 알려져 있다.

당시 장세동 경호실장이 삼정도 제작 관련 업무를 주도했고 1983년 8월에 전두환이 삼정도를 처음으로 받았다. 물론 자기가 자기에게 수여할 수는 없는 일이어서 국방부 장관이 60만 국군을 대신해 칼을 올린다는 일종의 헌상식을 통해 받았다. 실제로 제1호 삼정도에는 '대한민국 국군 장병이 삼가 드립니다' 라는 문구가 새겨져 있다. '눈 가리고 아웅' 인 셈이지만 여하튼 전두환은 국군 통수권자 자격으로 삼정도를 받았다.

이후 삼정도는 육군의 경우 사단장 이상, 해군은 함대 사령관(해병대는 사단장 이상), 공군은 전투비행단장 이상, 대통령이 임명하는 주요 지휘관에 한해 수여했다. 새로운 보직 명령을 받을 때마다 새 칼을 다시 주는 건 물론 아니고, 수를 놓은 일종의 리본에 새로운 보직 내용을 적어 칼에 달아준다. 계급으로 보면 소장 이상에 해당하는 셈인데, 장성 진급자 모두에게 삼정도를 수여한 것은 1986년부터이다. 예편 뒤에는 경찰서에 도검류 신고를 하도록 했고, 출처 증명은 대통령이 수여했다는 하사 증명으로 대체할 수 있게 했다. 이런 조치는 삼정도를 가보로 남겨 전할 수 있도록 배려한 것이라 한다.

그가 삼정도를 받을 무렵 고등학생이던 나는 '이건 가보로 전해도 좋겠다'는 생각을 했다. 무척이나 화려한 장식이 눈부시기까지 한 그 칼을 처음 본 순간, 이순신 장군의 칼이 떠오르면서 후손들이 자랑스러워하지 않을까 하는 생각이 절로 났던 것이다. 그 칼을 거실의 가장 잘 보이는 곳에 놓아두었으면 하는 마음이었다. 그러나 그는 케이스에 담은 채로 붙박이장 한구석에 방치해 두었다. 그 후로도 나는 그가 그 칼을 꺼내보거나 닦거나 하는 걸 한번도 보지 못했다. 결국 몇 년이 흘러 온통 녹슬어버린 그 칼은 가보는커녕 아파트 쓰레기장으로 향하는 신세가 되고 말았다.

최근에야 나는 그의 말을 통해 그 삼정도의 비극적 운명의 원인을 알았다. "무슨 일본 봉건 시대 사무라이도 아니고 야쿠자 새끼들도 아니고, 칼은 무슨 놈의 칼! 세금이 아깝다. 문민정부니 국민의 정부니 하는 정부가 들어서도 삼정도를 계속 주는 걸 보면 한심하기 짝이 없다. 무고한 제 나라 국민을 죽이고 권력을 차지한 무뢰배들이 만들어 나눠주기 시작한 걸 왜 없애지 않는지 모르겠다."

비록 손으로는 삼정도를 받았으되 마음으로는 받기 싫었던, 아니 받지 않았던 그의 고뇌의 일단을 어렴풋하게나마 알 것 같았다. 그런 고뇌는 이학봉에 대한 애증에서도 마찬가지가 아닐까 짐작해 본다. 그에게 이학봉은 육사 시절 4년을 동고동락하고 군문에서 함께한 친구임과 동시에, 용납하기 힘든 무뢰배 집단의 일원이었다. 그래서일까? 그는 동창회에서 육군사관학교 교가를 부를 때, 특히 후렴구 '아아 영용 영용, 이제도 앞에도 한결 같아라, 온 누리 소리 모아 부르네, 그 이름 그 이름 우리 육사'를 부를 때 눈물을 흘리곤 한다.

그 눈물은 육사의 명예를 더럽혀 욕되게 한 한줌 무리들에 대한 미움, 역사에 대한 오욕으로 점철된 우리 군의 일원이었던 사람으로서 느끼는 자괴, 이상과 현실 사이에서 때로는 무기력하게 좌절해야 했던 당신의 지난 삶에 대한 회한, 이런 것들이 조금씩 섞여 있는 그런 눈물이 아닐까?

장군의 아들

할아버지와 아버지의 시대가 남긴 것

그가 장군이라는 걸, 다시 말하면 나의 아버지가 예비역 장성이라는 걸 안 친구들은 나에게 '장군의 아들' 운운할 때가 많았고, 나는 그런 친구들과 함께 웃었다. 그렇다. 나는 '장군의 아들'이다.

'장군의 아들'로서 대학 시절을 보내야 했던 나는 학우들의 '가열찬 투쟁'을 지켜보면서 시대와 걸맞지 않은 일종의 '문화주의자'로 대학 생활을 일관했다. 그렇게 나는 '돌층계 위에서 플라톤을 읽으며' 그 시절을 보냈다. 할아버지에게 받았던 '의식화 교육'(?)은 일종의 예방주사 역할을 했던 것이다.

내가 대학교 1학년 때, 당시 국회의원이던 정호용의 주도로 육사 출신 예비역 장성 가운데 취직하지 못한 사람들의 자녀에게 장학금을 지급하는 행사가 있었다. 나도 그 자리에 참석해 장학금을 받았다. 대략 20만 원쯤이었던 것으로 기억한다. 당시 학교에 가면 정호용, 이학봉 등의 이름이 연일 대자보를 가득 장식하고 있었는데, 그 행사에 참여했을 때의 기분은 정말 묘했다. 그런 내 기분을 그는 알고 있었을까? 지금 생각해 보면 아마도 그럴 것 같다.

우리의 '80년대'는 나에게 어떤 의미를 지니고 있는가? 대학 시절 초반이 '80년대'의 끝자락에 턱걸이하고 있었지만 나는 이른바 386세대로서 자의식 같은 걸 분명하게 지니지 못하고 있다. 같은 시대를 살았던 '학우學友'들의 전반적인 정서(요즘 유행하는 말로 '코드')를 의식적으로 거부했던 것은 물론 아니다. 다만 우리의 '80년대'의 상황이 누구라도 납득할 수 있는 상식이나 사람이라면 보편적으로 동의 가능한 일종의 도덕 감정에 위배된다는 생각을 했을 뿐이다.

진리를 향한 지성의 항해, 모험으로 가득한 항해에 나선 독일인 선장과 영국인 선장을 떠올려보자. 아마도 독일인 선장은 짙은 안개와 수많은 암초 너머 어디엔가 있을 진리의 섬에 대한 깊은 동경과 열망으로 한껏 부푼 가슴을 안고 닻을 올릴 것이다. 그는 대양의 깊은 곳에 산다는 무서운 괴물들과 아름다운 요정들의 이야기가 담긴 책을 길잡이 삼을 것이다. 그리고 항해 도중에도 계속 진리의 섬이 어떤 곳일까 마음껏 상상해 볼 것이다. 그의 항해는 꿈과 전설과 상상력이 버무려져 있는 모험이 될 것이 틀림없다.

그러다가 암초에 배가 부딪혀 좌초하거나 짙은 안개에 휩싸여 한 자리를 맴돌게 되면, 어쩔 수 없이 항해 일지에 그동안 생각해 두었던 진리의 섬을 그럴 듯하게 묘사해 놓을 것이다.

영국인 선장은 이와는 좀 다르다. 그는 진리의 섬에 대한 부푼 희망보다는 항해 중에 닥칠 갖가지 위험에 대한 걱정들로 가득 차 있을 것이다. 때문에 우선 망원경과 나침반과 해도와 수심 측정기와 그 밖의 온갖 장비들을 꼼꼼하게 점검할 것이다. 그는 배가 지나가는 길마다 수심 측정기를 드리우고 암초들이 어디 있는지 샅샅이 조사할 것이다. 물론 모래톱이 없는지 망원경으로 사방을 주의 깊게 살피는 것도 게을리 하지 않을 것이다. 안개가 끼는 날이면 그는 로렐라이 요정의 목소리에 취해 바위에 부딪히는 사뭇 낭만적인 독일인들과는 달리, 잠시 닻을 내리고 날씨를 살피며 안개가 걷히기를 기다릴 것이다.

이런 식으로 항해하다 보면 하루에 나아갈 수 있는 거리는 무척 짧아진다. 하지만 영국인 선장은 크게 개의치 않을 것이다. 그에게 항해란 낭만적인 모험이기에 앞서 위험천만한 난관들을 하나 하나 극복해 나가는 과정이다. 항해가 끝날 무렵이 되면 그의 손에는 자신이 항해하며 측정하고 기록한 자세한 해도 한 장이 놓여 있을 것이다.

이제 진리의 섬은 좀 더 가까워진 셈이다. 나는 '80년대' 는 물론 지금도, 그리고 앞으로도 영국인 선장의 배에 몸을 맡기고 싶다.

바라보는 자로서의 소명

사실 위에 언급한 영국인과 독일인 선장 운운하는 부분은 내가 대학 졸업 즈음에 졸업 논문을 작성하면서 영문 초록 부분에 적어놓고자 작성했던 글을 따온 것이다.

학부 졸업 논문에 무슨 영문 초록씩이냐고 할지도 모르겠지만, 나의 의도는 두 가지였다. 하나는 당연히 논문 학점을 잘 받기 위한 얄팍한(?) 술수 차원이었고 다른 하나는 그래도 논문은 논문이니 갖출 건 갖추어야 한다는 취지였다.

논문 주제는 철학자 칼 포퍼의 과학철학과 사회철학을 연결지어 검토하면서 그의 사회과학철학을 논하는 것이었다. 왜 하필 반공反共 철학자의 혐의에서 자유롭지 못한 칼 포퍼였을까? 사회 문제에 만병통치약은 없으며 개별적인 문제를 하나하나 점진적으로 개선해 나아가는 노력이 최선이라는 그의 지론에 공감했기 때문이다.

가망 없는 개량주의? 하긴 그렇다. 점진적 개선의 가능성이 도무지 보이지 않는 상황, 점진적 개선을 위한 최소한의 조건도 갖추어져 있지 못한 현실이라면, '뒤집기 한 판'이 필요하지 않은가? 그러나 문제는 그 한 판에 드는 비용이며, 그 한 판으로 과연 모든 것이 일거에 해결될 수 있는지 여부다.

호적(胡適 : 1891~1962)의 〈새로운 사조의 의의[新思潮的意義]〉라는 글의 일부를 옮겨본다.

최근 사람들이 해방이나 재건에 관해 즐겨 이야기한다. 해방과 재건은 독수리가 한번에 먹이를 낚아채는 것 같은 식으로는 불가능하다. 해방은 개별적인 이 체제 혹은 저 체제의 해방이며, 이 사람 또는 저 사람 각자의 해방이다. 그것은 모두 한 걸음 한 걸음의 점진적 해방이다. 신문화 건설은 갖가지의 개별적이고 실질적인 문제들을 해결하려는 노력에서부터 출발해야 한다.

나의 할아버지와 아버지는 독수리 먹이 낚아채기 식의 시대, 혁명의 시대, 전선戰線의 시대를 살았다. 그 시대를 살았던 전사戰士들의 꿈, 일신의 영달과는 거리가 먼 그 꿈은 제 나름대로 혹은 보편적으로 소중했다.

'한밤의 꿈은 아니리, 오랜 고통 다한 후에, 내 형제 빛나는 두 눈에 뜨거운 눈물들, 한 줄기 강물로 흘러 고된 땀방울 함께 흘러, 드넓은 평화의 바다에 정의의 물결 넘치는 꿈, 그날이 오면 그날이 오면, 내 형제 그리운 얼굴들 그 아픈 추억도, 아, 짧았던 내 젊음도 헛된 꿈이 아니었으리, 그날이 오면 그날이 오면.' (1985년, 문승현 작사, 작곡)

나는 그 소중한 꿈의 편린을 나의 할아버지와 아버지를 통해 그리고 학우들을 통해 '바라보았다.' 스스로 꿈을 꾸지 않고 남의 꿈을 바라보기만 했다는 것, 그 꿈의 얼개를 가늠하고 깊이를 재는 데만 열심이었다는 것,

전사前史로서의 전사戰士를 전사傳寫하는 데에만 관심을 지녔다는 것. 하지만 부끄러울 것도 내세울 것도 없는 여실한 나의 모습, 그래서 앞으로도 그것에 충실하고자 하는 나의 모습이다.

나는 세상이라는 거대한 극장을 관람하는 한 사람의 만보객이다. 역사, 문학, 철학, 자연과학 등 다양한 이름이 붙여진 세상에 대한 다양한 이해와 해석을 즐기고 싶은 욕심 많은 관람객이다. 막이 내려지고 불이 꺼질 때까지 두 눈을 똑바로 뜨고 지켜보는 성실한 관람객이 되고 싶다.

나는 지구의 만보객이고 싶다

1

2004년, 서울

우리들은 각자의 내면 안에 이 세상을 더욱 아름답게 만들 수 있는
예술가를 한 명씩 가두어놓고 있다. 부디, 우리가 가는 모든 곳에서
그 예술가가 환희와 행복을 마음껏 펼칠 수 있도록,
자신 안의 그를 기꺼이 석방하기를!

도시 아이의 삼십육자술三十六自述

나를 키운 건 팔 할이 엘리베이터였다

얼마 전 내가 사는 아파트 단지 앞에 세 평쯤 되는 밭을 가꾸기 시작했다. 토지 소유주가 한 가구당 1년에 5만 원을 받고 아파트 주민들에게 경작권을 준 것이다. 땅을 갈고 돌을 골라내고 퇴비를 섞고 다시 땅을 갈고 골을 파고……. 세 평 남짓이지만 제법 손이 많이 간다. 솔직히 말하면 아내가 대부분의 과정을 도맡았고 나는 엉거주춤 어설프게 시늉만 내는 꼴이었다. 처음 경작권 관련 계약서를 아내가 보여주었을 때 내 반응은 이랬다. "아니 왜 그런 짓을?" 아내는 '농군의 딸'이고 나는 '도시 아이'라는 게 여실히 드러났다.

나는 태어나면서부터 지금까지 수도권 도시 바깥에서 살아본 적이 없다. 모래내, 신촌, 이문동, 면목동, 망우동, 제기동, 잠실, 도곡동, 역삼동,

대치동, 사당동, 과천, 남양주…… 꼽아보니 도시와 그 언저리를 무척이나 자주 옮겨 다니며 살았다. 사막의 베두인Bedouin보다야 못하겠지만 도시 유목민이라고 해도 과장은 아닐 듯싶다. 언제라도 텐트를 걷어치우고 떠날 채비가 돼 있는 야전野戰의 삶.

더구나 초등학교 3학년 이후 지금까지 1년 남짓한 기간을 제외하면 계속 아파트에서 살았다. '나를 키운 건 팔 할이 엘리베이터'였던 셈. 돌아가 머리 둘 수 있는 고향산천故鄕山川은 애당초 없었고, 곧 떠날 아파트 동호수만 늘어났다. 고향이 어디냐는 질문을 받으면 세브란스 병원 분만실이라고 답할 수밖에 없다. 화분에 물 주는 일도 금붕어 먹이 주는 일도 귀찮아하는 편이니 '스스로 그러한(自然)' 땅이나 물과 나 사이에는 애당초 높디높은 담이 있는 셈이다.

그래서일까? 나는 일종의 '한 마을 정서' 같은 것이 싫다. 명절이다 뭐다 해서 친척들로 북적대는 분위기도 불편하다. 익명성이 침해당하는 듯한 시골 마을 분위기도 싫어한다. 내가 나 자신으로서의 내가 아니라 가계도상의 동그라미로 인지되는 것, 누구누구의 무엇 무엇으로 규정되는 것도 싫다. 그래서 전형적인 농촌 마을인 처가에 가면 나는 이문화異文化 체험을 톡톡히 치르는 신참내기 참여 관찰자가 되어버리곤 한다. 누구 말대로 '타인의 시선이 지옥'일 것까지는 없지만, 적어도 천국이 아닌 것만은 틀림없다.

그저 혼자 책을 읽거나, 글을 쓰거나, 생각에 잠기거나, 도심을 거닐거나 커피 전문점에서 전면 유리창 쪽에 앉아 글을 쓰다가 행인들을 관찰하거나, 시내 대형 서점을 만보漫步하거나, PC방에서 웹서핑을 하거나, 친한 사람 몇몇과 술잔을 앞에 놓고 이런저런 이야기를 나누거나 하는 게 좋다. 적어도 나에게 '도시의 공기가 나를 자유롭게 하는' 까닭은 그 공기가 익명성을 보장해 주기 때문이다. 외교 정책에 견주면 지독한 고립주의 혹은 상호 불간섭주의라고나 할까. 남에게 폐 끼치기도 싫고 아쉬운 소리 하기도 싫으며, 남 아쉬운 소리 듣는 것도 싫다. '사람들 사이에 섬이 있다. 그 섬에 가고 싶다.' 섬을 사람들로부터 벗어나 홀로 있고 싶은 그 어떤 곳으로 해석할 수 있다면, 나도 '그 섬에 가고 싶다.'

일본인들이 자주 쓰는 말 중에 메이와쿠〔迷惑〕가 있다. 우리 말로 하면 '남에게 끼치는 폐' 정도에 해당한다. 눈사태로 어느 계곡에 조난당한 일본인이 구출된 뒤 맨 처음 한 말이 '구해 주셔서 감사합니다'가 아니라 '폐를 끼쳐서 죄송합니다'였다고 하던가. 중국과 일본이 처음 국교를 수립할 당시, 일본 수상이 중국 국민들에게 중일 전쟁에 대해 언급하며 메이와쿠를 끼쳐 죄송하다고 말하여 작은 논란이 일기도 했다. 종군위안부 할머니들을 향해 '폐를 끼쳐서 죄송하다'고 한다면, 과연 그걸 진정한 사죄로 받아들일 수 있을까?

여하튼 무척 다양한 용례를 지닌 말이기도 하고, 일본인 특유의 심성을 잘 보여주는 표현이기도 하다. 남에게 메이와쿠를 끼치지 않는 사람을 길러내는 것이 일본 가정 및 학교 교육의 핵심이라는 말도 있으니 말이다. 솔직히 말해서 메이와쿠 정서에 관한 한 나는 일본인들에 공감하는 편이다. 물론 과거사에 대한 그들의 메이와쿠 립서비스는 제외하고.

도시의 메마름을 사랑한다

나를 두고 아내는 말한다. "메마른 도시의 메마른 인간." 이런 힐난에 대해 나는 말한다. "메마른 도시 인간이 따뜻한 대지의 품인 그대에게 안겼으니 이것도 천생연분이 아닌가." 대답이 궁해서 떠는 일종의 너스레인 셈인데, 솔직히 아내 말이 옳다고 생각한다.

그러나 어찌하랴, 도시 인간의 메마름이 편안하고 좋은 것을. 너스레에서 한 발 더 나아가 아내에게 적극적으로 변명 혹은 반문을 하자면 이렇다. "따뜻한 인간미가 살아 숨쉬는 끈끈한 공동체 정서라는 허울(?)로 지연과 학연과 각종 연고 및 선후배와 정실과 또 그 무엇으로 점철되어 온 우리의 지난날은 과연 그 얼마나 아름다운가?"

앞서 언급한 '공동체 정서'의 뒤안길에 특수주의, 집단주의, 집단적 이기주의, 끼리끼리주의, '우리가 남이가' 주의, '우~몰려' 주의라는 꼬리표를 붙인다면 너무 심한 처사일까?

막스 스티르너Max Stirner까지 들먹인다면 너무 많이 나간 게 될지도 모르지만, 다수의 단독자單獨者들이 보편적이고 공평무사한 룰에 따라 서로의 경계를 존중하는 게 더 아름답지 않을까? 만수산萬壽山 드렁칡이 얽히듯 서로 달라붙어 온전히 하나인지 둘인지도 모호하고, 떨어지고 싶어도 좀처럼 떨어지지 못하는 아교질의 끈끈함보다는, 접이부동接而不同하는 포스트 잎의 쿨함이 말 그대로 쿨하지 않은가? 동일성보다는 다름의 틈새가 윤리적으로나 심미적으로 아름답지 않을까?

사람 사귐에서도 마찬가지다. 나는 계약과 정리情理를 구분하지 못하는 사람은 싫다. 끈끈한 점액질이 느껴지는 사람은 싫다. 칼 만하임Karl Mannheim의 표현을 빌리면 각자 '자유부동自由浮動'하는 가운데 공과 사를 명석하고도 판명하게 구분지으며, 아我와 타他 사이의 거리를 절제할 줄 아는 사람이 좋다. 그래서일까? 나에게는 외우畏友는 많되 지기지우知己之友는 드물다. 외롭지는 않다. 외畏로운 친구들이 있으니까.

《세설신어世說新語》에 나오는 왕자유王子猷 이야기를 소개한다. 서성書聖으로까지 일컬어지는 왕희지王羲之의 다섯째 아들인 왕자유가 어느 날 밤 문득 잠이 깨어 창문을 여니 눈이 수북이 내려 천지가 너무도 깨끗했다. 술상을 보아오라 일러 술을 마시다가 문득 친구 대안도戴安道가 생각났다. 친구를 만나고 싶어 견딜 수 없었던 왕자유는 밤새도록 조그만 배를 저어 대안도가 사는 곳까지 갔다. 이윽고 대안도의 집 문 앞에 도착한 순간, 왕자유는 집으로 들어가지 않고 그냥 되돌아오고 말았다. 사람들이 그 까닭을 물었다. 이에 왕자유는 답했다. "나는 본래 흥에 겨워 갔고 흥이 다하여 돌아왔는데, 반드시 대안도를 만날 필요가 있겠는가?"

우리네 인생사에 '세 번째는 아니 만났어야 좋았을' 인연과 사귐은 또 얼마나 많은지. 반드시 만나서 지지고 볶아야만 제대로 만났다 할 수 있는 건 아니지 않은가.

이른바 강남 출신의 눈에 비친 현수막

아내와 나를 '농군의 딸'과 '도시 아이'로 대비시켰는데, 물론 이러한 나의 성향을 도시 바깥에서 살아본 적이 없는 생활 체험 혹은 주거 환경 탓으로만 돌릴 수는 없을 것이다. 군상群像이라는 표현도 있지만 도시는 온갖 다양한 인간 군상의 삶의 드라마가 펼쳐지는 곳이니, 그 가운데는 나와는 정반대의 경우도 무수히 많을 것이다.

'도시 아이'의 개인적인 이야기를 더 깊이 해 보자. 나는 초등학교 4학년부터 대학 졸업할 때까지 이른바 '강남 8학군'에서 거주했다. 학군에 따라 중·고등학교를 배정받기 때문에 초등학교부터 고등학교까지 출신 학교가 같거나 겹치는 친구들이 많다. 어린이에서 청소년이 되고 어른이 되는 동안 강남구라는 한 지역에서 살았다는 게 무엇을 뜻하는지, 솔직히 대학에 입학할 때까지는 잘 몰랐다.

대학에 들어가 처음 겪은 일종의 이문화異文化 충격 가운데 가장 인상적인 것은 각양각색의 사투리를 구사하는 팔도의 처녀 총각들이 모여 있는 현실이었다. 문자 그대로 경상도 '싸나이'가 있는가 하면, 남도 어느 섬마을에서 온 친구도 있었고, 강원도 사투리로 나를 당황하게 한 친구도 있었다. 캠퍼스에서 친구들과 지내다가 버스를 타고 제3한강교나 반포대교를 건너 집으로 돌아올 때면 '귀환'이라는 말이 떠오르곤 했다.

물론 지금의 강남과 그때의 강남은 많이 다르다. 무엇보다도 내가 오래 살던 대치동 지역이 그렇다. 재학생 학원 수강은 물론 과외 자체가 금지돼 있던 당시의 대치동은 요즘 말이 많은 '대한민국 학원 1번지'와는 거리가 멀어도 한참 멀었다(물론 비밀 고액 과외에 대한 소문은 학생들 사이에서도 떠돌았지만, 일반적인 현상은 아니었다). 아파트가 많은 비교적 한가한 주택 지역 이상도 이하도 아니었다. 그래서 고등학교 동창 녀석들과 만나 이야기를 나누다 보면 옛날의 대치동과 지금의 대치동을 비교하며, 격세지감이라는 표현을 사용하는 경우가 많다. 나의 고등학교 동창생들은 대략 도곡동, 역삼동, 대치동, 개포동, 일원동, 양재동, 수서동에 살았는데 이 모든 지역이 마찬가지다.

현재 삼성서울병원이 자리잡은 일원동 일대는 문자 그대로 황무지에 가까웠다. 양재동 일대에는 비닐 하우스가 밀집돼 있었고 말죽거리에서도 저 멀리 고속도로를 질주하는 차들이 보였다. 지금은 '타워팰리스' 덕에 강남 지역 최대의 고급 주상복합 아파트 단지로 소문난 숙명여고 일대는 경작지와 황무지가 펼쳐져 있는 '광활한 만주 벌판' 바로 그 모습이었다.

물론 당시 사교육 열풍이 지금처럼 대단하지는 않았지만(사실상 제도적으로 불가능했지만) 교육, 정확히 말하면 대학 입학을 향한 학부모·학생·학교의 열의는 매우 높았다. 서울대 진학생 수가 강남 8학군 안에서도 학교의 우열을 가늠하는 기준이 되었고, 어느 학교는 작년에 70명이었느니 80명이었느니 하는 말도 자주 들을 수 있었다. 나의 고교 졸업 동기들의 경우 800명 내외의 학생들 가운데 서울대 진학생 수가 재수, 삼수 등을 합쳐 50명 정도였던 것으로 기억한다. 특목고가 없었던 당시로서는 비평준화 지역의 일부 고등학교들을 제외하면, 입시 실적에 관한 한 평준화를 무색하게 만드는 실적이었다.

지금 내가 살고 있는 곳은 수도권 도시의 읍 단위 지역인데 입시철이 지나면 어김없이 여러 개의 현수막이 새로 걸린다. 현수막에 등장하는 주인

공은 서울대 합격생들인데 여러 개의 현수막에 동시 등장하는 학생들도 있다. 이 지역 고등학교 동문회, 청년회의소, 향우회(학생의 아버지 고향 향우회) 등에서 같은 합격생을 기리는 현수막을 각기 걸어놓기 때문이다. 이른바 강남 출신인 내게 서울대 합격생이 한 지역의 자랑으로서 현수막의 주인공이 될 수 있다는 사실이 마냥 신기했다.

고등학교 평준화의 공과득실功過得失에 대한 찬반 논란은 어제 오늘의 일이 아니다. 그런데 도대체 명문 고등학교란 어떤 고등학교일까? 누구나 답을 알고 있는 질문이다. 서울대 입학생을 많이 배출하는 학교가 명문 고등학교로 일컬어진다는 사실을 말이다. 고교 평준화 제도가 시행되기 전에는 서울대 입학이 별다른 일이 아니었던 명문 고등학교들이 적지 않았다. 경기고등학교를 필두로, 경복고, 서울고, 부산고, 경북고, 경남고, 광주고, 전주고, 대전고 등.

이런 명문 고등학교들은 지연과 학연이 중첩되면서 정·관계 및 재계를 필두로 중앙 및 해당 지역에서 인맥의 위력을 유감없이 발휘해 왔다. 정부 부처 장·차관급 인사나 대기업 최고위 경영층 인사 소식을 전하는 신문 기사를 보면, 거의 예외 없이 신임자들의 출신 고교가 표시돼 있다. 이른바 지역 편중 인사에 대한 갑론을박이 벌어질 때도 한 사람의 출신 지역을 가르는 중요한 기준이 바로 출신 고교이다.

평준화 이후 세대가 명실상부한 사회 주력군으로 자리잡고, 나아가 각 분야의 중요한 의사결정권을 지닌 직위에서 활동하게 되면 그런 풍토도 어느 정도 잦아들 거라 기대해 보지만, 아직까지는 학연 지연으로 '만수산

드렁칡'처럼 얽힌 고등학교 인맥 파워의 위력은 여전하다. 내가 입시철마다 접하게 되는 현수막은 그런 현실의 끝사락쯤에 해당한다고 볼 수 있을 것 같다. 우리 지역과 우리 고교가 배출한 자랑스런 서울대 합격생. 그가 우리 지역과 우리 고교를 위해 무언가 큰 기여를 할 수 있으리라는, 그리고 선배들의 빛나는 전통을 이어 당연히 그렇게 해야 한다는 기대와 당위가 구체화된 것이 바로 그런 현수막인지도 모른다.

개인에 따라 다르겠지만 적어도 내 친구들에게는 출신 고교 인맥이나 지역 인맥에 기댄다는 건 먼 나라 이야기다. 요컨대 나와 비슷한 세대의 '강남 8학군' 고교 출신자들 가운데 세칭 명문대 졸업생이 많다고 해도, 그들이 '우리가 남이가' 정서로 뭉칠 가능성은 별로 없다고 생각한다. 그들 가운데 '우리가 남이가'라며 지연이나 학연 정서를 은근히 조장하고 나서는 사람이 있다면 웃음거리가 될 가능성이 크다. 그들의 네트워크는 기능과 계약의 매끌매끌한 네트워크이지 정실과 연고의 끈적끈적한 네트워크가 아니다.

그들은 중학교 시절 '애플II' 컴퓨터로 시작, 고교와 대학과 사회 초년병 시절을 거치면서, 그러니까 10대 초·중반부터 20대 중반에 이르는 10년 동안 16비트, 286, 386, 486, 펜티엄 컴퓨터를 차례로 경험했다. 중학교 친구들 가운데 1979년 기존의 '애플II'를 개량한 '애플II+'를 세운상가에서 조립한 호환 기종을 보유한 녀석들이 제법 있었고, 그런 친구 집에 몇 명이 모여 간단한 게임도 하고 프로그래밍에 관한 이야기도 나누던 기억이 엊그제 같다. 돌이켜보면 중학교 입학 선물로 받은 앨빈 토플러의 《제3

의 물결》 내용 가운데 상당 부분이 우리 사회에서 현실화되는 데 10년 남짓의 시간이 걸렸다.

광장에서 밀실로

세대 구분이라고 하면 최근에는 이른바 386세대가 가장 자주 회자되곤 한다. 386세대는 잘 알려져 있듯이 30대 연령, 1980년대 학번, 1960년대 출생인 자들을 가리키는데, 그 세대 가운데 출생 연도가 빠른 일부는 이제 이른바 486세대로 일컫기도 한다던가. 하지만 같은 386세대라고 해도 공통의 경험에는 차이가 많기 때문에 일종의 하위 구분이 얼마든지 가능하다. 예컨대 1988년에 대학에 입학한 나나 내 동년배들은 상시적인 검문검색과 최루탄, 화염병이 난무하는 크고 작은 규모의 시위 등에 익숙해져 있기는 하지만, (남학생들의 경우) 군 복무를 마치고 복학한 다음부터는 '동지는 간데없고 깃발만 나부끼는' 현실을 접해야 했다. 어떤 의미에서는 '80년대'의 끝자락에서 투쟁의 여진餘震을 잠깐 경험하고 만 셈이었다. 학번별로 공통의 사회적 · 역사적 경험에 차이가 날 정도로 우리의 '80년대' 현실이 숨가쁘게 진행됐다는 걸 뜻하기도 한다.

1990년대 초 학교 정문 바로 건너편 주차장 자리에 주유소가 들어섰다. 그 자리는 시위가 있을 때 전투경찰과 학생들이 가장 치열하게 공방전을 벌이는 곳, 그러니까 최루탄과 화염병이 연기와 불꽃을 발하는 장소였다. 만일 그곳에 진작부터 주유소가 있었다면 어떻게 됐을까? 그 자리에 주유소가 들어선 것은 한 시대가 종언을 고하고 있다는 걸 보여주는 상징적인 사건이었다. 그 밖에도 '집' 문화에서 '방' 문화로의 전환이 두드러졌다. 이모집, 고모집, 육교집 등에서 막걸리나 소주를 원수라도 진 듯 들이키며 '돌아오지 않는 화살이 되어 기쁘게 싸우러 가자'를 외치던 목소리는 어느 사이 잦아들었다. 대신에 노래방, 비디오방, 소주방이 그 많던 '집'을 하나 둘 대체해 나갔다. 요약하면 집단에서 개인으로, 광장에서 밀실로의 변화다.

나는 이른바 운동권 학생은 아니었고 시위에도 세 차례 정도밖에 참여하지 않았다. '서재란 공동묘지이고, 책 읽기란 자기 몸을 죽은 자에게 빌려주는 한심한 일'이라는 사르트르의 말이 좀 걸리기는 했지만, 대학 시절 나는 도서관이라는 '공동묘지'에서 대부분의 시간을 보냈다. 모교에 각별한 애정을 느끼지는 않지만, 한 가톨릭 성인의 이름이 붙은 도서관에 대해서만큼은 지금도 각별한 고마움을 느낀다. 지금은 다른 학교 도서관들도 대부분 시행하고 있지만, 개교 당시부터 모든 서가가 완전 개가식으로 운영된 덕에 이용하기에 따라서는 거대한 개인 서가를 하나 가지고 있는 것이나 다름없었다.

2학년을 마칠 무렵에는 일종의 라이브러리맵, 그러니까 도서관에서 내가 자주 들르는 서가에 꽂힌 거의 모든 책의 위치를 머릿속으로 정확하게 그릴 수 있게 됐다. 불법 제본의 매력, 그러니까 구할 길이 막막한 외서外書를 복사집에 맡겨 제본하는 일에 탐닉하기 시작한 것도 그즈음이었다. 왜 그렇게 도서관과 책에 탐닉했느냐고 묻는다면 신통한 답은 떠오르지 않는다. 인간과 세계에 대해 이러저러하게 해석할 수 있지 않겠느냐고 각기 다르게 말하는 수많은 사람들 아니 책과 만날 수 있다는 것, 그런 다양한 해석을 즐기는 것, 그게 좋았을 뿐이다.

외국 학술 도서의 불법 복제판을 전문적으로 판매하는 아저씨의 단골 고객이 된 것도 즐거운 경험이었다. 요즘도 그런지 모르겠지만 각 대학의 대학원 연구실을 돌아다니며 주로 대학원생들에게 불법 복제판 원서를 판매하는 분들이 있었다. 책 이외에도 백과사전이나 기타 학술 활동에 도움이 되는 시디롬도 취급했다. 제법 두툼한 도서목록을 배포하기도 했는데, 특히 전집류나 사전류를 싸게 구입할 수 있는 좋은 통로였다. 나는 조지프 니덤Joseph Needham의 《중국의 과학과 문명 Science and Civilization in China》를 비롯하여 10여 종의 시리즈, 사전, 전집 등을 그런 아저씨를 통해 구입했다. 모자라는 돈을 벌기 위해 여의도 모 쇼핑센터 개축 공사장을 비롯한 몇몇 건축 현장에서 일하기도 했다.

저작권법의 적용이 엄격해지고 불법 복제판 단속이 심해짐에 따라, 공공연히 기업 형태로 운영되던 불법 복제판 제작 및 판매업은 일종의 비밀(?) 점조직 형태로 바뀌었다. 시리즈물이나 계속 발간되는 전집류의 경우, 한 번 구입한 사람은 신간이 나왔음을 (정확히 말하면 신간을 복제했음을) 알려주는 일종의 애프터서비스도 받을 수 있었다. 어떤 책을 불법 복제해야 수익을 올릴 수 있는지, 학문의 수요 예측이라는 이 중요한 문제에 관해 아저씨에게 조언도 해드리고 의견을 주고받기도 했으니 나도 공범이었던 셈이다. 매매춘의 경우처럼 불법 복제판도 제작 및 판매자와 구매자가 모두 처벌받는 쌍벌죄에 해당하는지 여부는 잘 모르겠지만, 여하튼 나는 도서관 자료의 불법 제본과 불법 복제판 구입으로 지식욕의 상당 부분을 채울 수 있었다. 그렇게 시간은 지나갔다.

지구의 만보객漫步客

내가 사회철학에 끌린 이유

나는 세상을 해석하는 다양한 방식 가운데 사회철학social philosophy에 각별히 이끌렸다. 한때나마 대학원 진학과 유학까지도 생각했던 분야이니, 지금 생각해도 사회철학은 사뭇 각별한 추억의 이름이다. 당시 대학 사회에서 사회철학이란 대체로 좌파 지향의 철학적 성찰, 바꾸어 말하면 마르크스의 세례를 입은 사회과학 전통과 매우 친화적인 철학적 성찰을 가리키는 개념으로 사용되었다.

돌이켜보면 치열한 투쟁의 대열에 참여하지 않고 학우들의 투쟁을 옆에서 지켜보기만 했던 나 자신에 대한 스스로의 요구, 그러니까 나의 지적인 에너지와 관심을 그런 방향으로 갈무리해야 하지 않겠느냐는 일종의 채무의식(책임감에는 못 미치는)에서 비롯된 관심이었던 것 같기도 하다. 어쩌면 용기 있게 나서서 투쟁하지 못하는 의지박약의 철학도가 자신의 의지박약을 정당화하기 위해 선택한 심리적 방어기제였는지도 모른다.

이유야 어쨌든 나는 무척 열심이었다. 한 선배가 주도하는 철학사 학회 활동에도 제법 열심이었고, 철학 전공자들이 보통《코플스톤 철학사*History of Philosophy*》라고 일컫는 코플스톤 신부Frederick Copleston의 철학사 전권을 일독한 것도 그즈음이었다. 사회철학의 냄새가 나는 책이라면 닥치는 대로 구입하거나 불법 제본하여 탐욕스럽게 읽기도 했다. 지금 바로 내 옆 서가에 꽂혀 있는《사회철학 *Social Philosophy*》가 그 시절을 주마등처럼 떠오르게 해 준다.

제법 큰 활자로 인쇄되어 있는 110여 페이지 분량의 책이어서 대략 열흘 동안 다 읽을 수 있었다. 철학 도서 전문 출판사인 서광사가 지금처럼 자리잡기 전, 그러니까 외국 원서 제본 및 판매업을 하고 있을 때 낸 책이기도 하다. 길지 않은 지면 안에 사회철학의 역사적 전개 과정을 비교적 일목요연하게 정리해 놓았는데, 서양 고대의 사회철학에서부터 시작하지 않고 9~10세기경, 즉 봉건제 사회가 형성되는 시기부터 1970년대 말까지를 다룬다.

저자의 마지막 한마디, "사회철학 연구는 모든 인간적 현상을 좀 더 넓은 시야에서 조망하기 위해 요긴할 뿐만 아니라, 우리가 도대체 무엇을 이루어야 하는지, 바로 그 과제를 체계적으로 궁리하기 위해서도 요긴하다." 이론과 실천, 현실 인식과 현실 개혁의 프로그램, 이런 등속의 이중적인 과제를 떠맡은 사회철학의 운명을 요약하고 있다.

우리나라 저자의 책으로는 한상진 교수의 《민중의 사회과학적 인식》이 각별한 기억으로 남아 있다. 1980년대를 풍미했던 말 '민중.' 물론 민중 개념을 둘러싼 학술적 혹은 실천적 논의는 분분했다. 프롤레타리아와 동의어로 이해하는 사람도 있었고, 1980년대 한국 사회의 계급 분석에서 나름의 유효성을 지니는 특수한 개념으로 이해하고자 하는 사람도 있었다. 한상진 교수는 이른바 '중민中民 이론'을 전개하면서, 민중 개념을 사회 변혁의 실천과 접목시키고자 나름대로 노력했다. 그러한 접목의 방식은 다름 아니라, 바로 이 책에 개진되어 있는 '언술 변증'의 방법이다.

한상진 교수의 '언술 변증'의 방법론을 사회학 이론사의 맥락에서 대략 설명하면 이렇다(물론 내가 오해한 것일 수도 있지만). 우선 '언술 변증'의 방법론은 물적 토대 또는 하부 구조로 상부 구조를 환원하려는 강경한 마르크스주의의 입장를 비롯하여, 인간의 의식을 포함하는 제반 현상을 사회(학)적 요인으로만 설명하려는 환원주의를 배격한다. 이와 동시에 의식의 자율성, 바꾸어 말하면 상부 구조의 자율성을 강조하고, 의미의 생산 주체로서 의식의 능동성과 자발성을 강조하는 이론적 조류와도 거리를 둔다.

물론 한상진 교수는 이러한 두 가지 이론적 조류의 상대적 장점에 대해 긍정적이다. 의미를 생산하는 주체로서 의식의 자율성은 억압적인 현실, 권위주의적인 현실을 분명히 인식하고 그것을 변혁시키고자 하는 노력, 바꾸어 말하자면 '해방적 실천'과 '계몽의 과제'에서 유효성을 지닌다. 그렇다면 문제는 언술이다. 언술, 그냥 쉽게 말해서 '말'은 의식 주체가 전적인 자율성을 행사할 수 있는 영역도 아니고, 그렇다고 해서 구조나 토대로 환원시킬 수 있는 것도 아니다. 말, 담론, 언술은 그 나름의 자율적인 영역을 지니면서, 주체와 구조를 매개한다. 물론 말이라는 것은 중립적이지 않다. 말에는 억압의 가능성도 있고 해방적 실천의 가능성도 있다. 한상진 교수가 주목하고자 하는 것은 바로 후자의 가능성이다.

예컨대 사회적으로 소외되어 있는 집단, 주변부 집단, 억압받는 집단(그것이 계급적 함의를 지니는 집단이든, 소수 인종이든, 그 무엇이든)이 자신의 의사를 왜곡되지 않게 표현할 수 있는 사회적 장치 또는 제도가 마련되어야 한다. 요컨대 공론의 영역에서 구조적으로 배제되어 있는 이야기들을 공론의 장에 참여시키는 (그리고 참여하려는) 실천적 노력이 필요하다.

한편 한상진 교수의 민중 개념은 사실상 '중산층 + 기층민'의 동의어라고 해도 무방하다. 민중 개념을 이처럼 폭넓게 설정할 수 있었던 것은 '80년대' 우리 사회가 소수의 지배 세력이 다수의 시민을 억압하는 구도였기 때문일 것이다. 요컨대 전선戰線이 너무도 분명했다. 한상진 교수의 민중 개념 및 그 개념에 바탕을 둔 실천 전략은 시민운동의 과제와 그 맥을 같이한다. 이는 1980년대 사회 변혁운동 세력의 다양한 전망의 스펙트럼 중에서 사뭇 개량주의적이라는 평가를 받을 수도 있는 관점이었다. 계급론적 시각, 유물론적 시각에 강하게 치우쳐 있는 사람에게는 가망 없는 자유주의로 인식될 소지마저 없지 않았다.

작고한 김현 선생의 말이라고 기억한다. '세상은 죽음이다. 하지만 세상을 죽음이라고 말하는 바로 그 말은 죽음이 아니다.' 세상을 죽음이라고 말하는 바로 그런 말의 가능성을 극대화시키는 실천적인 프로그램이 한상진 교수가 이 책을 통해 모색한 사항이 아니었을까 생각해 본다. 물론 강경한 마르크스주의자는 이렇게 말할지도 모른다. '세상을 위해 기꺼이 죽지는 못해도 그러한 죽음에 대해 얼마든지 말할 수 있는 지식인의 초상'이라고 말이다.

《민중의 사회과학적 인식》은 당시 운동권의 이론적 · 실천적 지향과는 사뭇 다른 방향의 내용인 데다가, 당시 내가 철학적 주제로서의 '이론과 실천'의 문제에 몰두하고 있었던지라 참신하게 다가왔다. 그 방법론의 최종 목표라 할 수 있는 '권위주의와 억압으로부터 해방된 사회'는 여전히 멀기만 하다. 어쩌면 그것은 영원한 노스탤지어인지도 모른다. 아담이 선악과를 입에 넣은 이후, 그러니까 인간이 자기 자신과 우주의 분열을 인식하고 대자적 · 반성적 인식의 단계에 도달한 이후부터 세계와의 불화는 끝나지 않을 것이며 끝나서도 안 될 것이다. 비록 그 불화의 모양새가 시대에 따라 다를지라도 말이다.

동양과 서양을 아우르는 학문을 위해

사회철학에 대한 관심의 흔적은 지금도 내 서가에 가득하지만, 서서히 중국학에 대한 관심에 역전당하게 됐다. 고전古典을 읽으려면 양洋의 동서를 막론해야 한다고 생각했기에 중국 고전을 꾸준히 읽어오기는 했지만, 좀 더 구체적으로 중국학에 대한 관심을 갈무리하기 시작한 것은 1991년부터였다. 중국 고고학 분야의 세계적인 권위자 장광직張光直 교수(하버드 대학 동아시아 언어 및 문명학과 명예 교수)가 1981~1982년 사이에 준비한 강의록을 바탕으로 한 《신화, 미술, 제사》(동문선, 1990)라는 책을 접한 것이 중요한 계기가 되었다.[*]

이 책에서 특히 주목해야 할 것은 부제목이다. '고대 중국에서 정치적 권위의 형성' 정도로 번역할 수 있는데, 바로 이러한 문제 의식 때문에 이 책은 비단 중국 고고학 또는 중국학 전공자들뿐만 아니라 넓은 의미의 사회과학도들도 꼭 읽어볼 만한 가치가 있다. 요약하면, 중국 문명의 기원이 정치적 권위의 형성과 밀접한 관련이 있음을 신화학, 고고학, 인류학, 문자학 등의 각종 자료를 바탕으로 치밀하게 논증하는 내용이다.

저자는 고대 중국 문명에서 정치적 권위의 획득을 위한 필수 조건들로 대략 씨족, 제사, 예술, 문자, 도덕적 권위, 무력, 경제력 등을 거론하고 그러한 조건들 사이의 관계를 검토하는데, 광범위한 자료를 자유자재로 활용하면서 일관된 문제의식을 파고드는 치밀함이 돋보인다. 때문에 비교적 짧은 분량이지만 독자들에게 고도의 집중을 요구한다. 중국학도가 아닌 일반 사회과학도들이 눈여겨 보아야 할 부분은 7장 '정치 권위의 흥기'이다. 중국이라는 주제 영역을 넘어 일종의 보편 이론을 암암리에 지향하고 있는 부분이다. 그 중 일부를 보면 다음과 같다.

---

[*] 원제는 《*Art, Myth, and Ritual : The Path to Political Authority in Ancient China*》, Harvard University Press, 1983.

사람들은 아직까지 중국 역사를 역사의 보편 규율을 총괄하는 데 필요한 연구 대상으로 삼고 있지 않다. 19세기와 20세기 초, 중국과 서방 세계가 서로 접촉할 때, 사회사상의 전수는 서방으로부터 중국 쪽으로의 일방통행이었다. 당시 서방 사회의 사상가와 역사가 대부분은 2,000여 년의 문자 기록을 갖고 있는 낯선 중국의 역사를 연구할 적합한 수단과 방법을 찾지 못했다. 우리가 위에서 살펴본 마르크스와 베버의 한정된 이론들이 이것을 증명하고 있다. 근래에 와서 사회과학계에 중국의 모델이나 이론과 관련된 연구가 많이 등장하고 있다. 그러나 직접적으로 중국의 원시자료에 기초한 연구는 매우 보기 힘들다. 일찍이 메리 라이트는 이러한 상황을 안타깝게 여겨 다음과 같이 말했다.

'만일 사회과학자의 목적이 가능한 한 개괄적·보편적 이론을 수립하는 데 있다면, 만일 어떤 이론의 포용량 또는 설명력이 모든 연구 대상을 취하여 결론 내려져야 하는 것이라면, 학자들은 마땅히 자신들의 연구와 유관한 중국 자료를 분석해 봐야 하지 않겠는가. (중략) 정치 권위의 흥기에 대한 문제는 어떠한 지역의 고대 문명과도 모두 관계가 있다. 새로운 자료를 갖게 된 오늘날에서야 우리는 중국 역사에 비추어 본격적으로 이 문제에 대한 연구를 시작할 수 있게 되었다. 이로 말미암아 알게 된 어떠한 규율이 서방학자들의 이론과 같을 수도 있고, 근본적인 차이를 갖게 될 수도 있다. 여하튼 중국의 자료들은 앞으로 사학계의 제반 이론에 중대한 공헌을 하게 될 것이다. 분명한 새로운 자료로써 기존의 이론들이 더욱 명확하게 증명되든지, 혹은 기존 이론에 어느 정도 수정을 제공하게 되든지, 중국 자료의 연구로 말미암아 이루어진 이론들은 장차 더욱 큰 적용성과 정확성을 갖추게 될 것이다.'

사회철학이 어떤 보편적인 전망을 획득하려면 서양의 역사적 경험만을 레퍼런스로 삼아서는 안 된다는 지극히 당연해 보이는 통찰. 나는 이 통찰을 장광직의 이 책을 통해 분명하게 인식할 수 있었다. 그리고 진작부터 공부해 오던 중국의 고전, 역사, 사상에 기울이는 관심의 양과 질을 높이기 시작했다. 이와 아울러 과학사, 정확히 말하면 중국과학사에 대한 관심도 더욱 체계적으로 갈무리해 나가기 시작했다. 특히 조지프 니덤의 논저를 광범위하게 수집해 읽는 데 열심이었고 중요하다고 생각한 부분을 번역, 정리하기도 했다.

졸업 후 일이지만 중국과기대학中國科技大學 석운리石雲里 교수와 인연을 맺기도 했다. 그는 《중국고대과학기술사》 천문학편의 저자인데, 이 책에는 중요한 사항이 깔끔하게 정리되어 있다. 책을 읽고 나서 궁금한 점 몇 가지를 이메일을 통해 묻자, 석운리 교수는 친절하게 답해 주면서 자신이 2주 뒤 연세대학교에서 열리는 동아시아 천문학 관련 소규모 학술 세미나에 참석할 예정이라는 것도 알려주었다. 발표자들과 관련 연구자들 10명 정도가 모이는 대학원 수업 규모에 가까운 세미나였는데, 나는 불청객으로 슬쩍 끼어 앉아 있다가 중간 휴식 시간에 내가 이메일로 질문했던 사람임을 밝히고 인사를 나누었다.

짧은 대화였지만 그는 우리나라 전통 천문학에 관해서도 (당연한 일이겠지만) 깊은 관심을 갖고 있었다. 특히 선교사들을 통해 서양 천문학의 영향을 받은 이후의 중국 천문학이 조선 천문학에 미친 영향에 관심이 많았다. 알고 보니 그 주제는 석운리 교수가 맡은 연구 과제, 그러니까 중국 국가 차원의 과학기술사 연구 지원 과제이기도 했다. 그 사실을 알고 나니 솔직히 기분이 좋지만은 않았다. 좋은 연구 주제이기는 하지만, 국가 차원에서 중국의 전통적인 학문적 우월성을 확인하는 작업의 일환이라고도 볼 수 있기 때문이다. 내 기분을 짐작해서였을까? 그는 조선 천문학 또는 천문 사상의 고유성을 확인하는 작업이기도 하다고 첨언하였다.

그로부터 한 달 뒤 석운리 교수는 이수광의 《지봉유설芝峰類說》의 천문 부분을 구해서 보내달라고 부탁해 왔다. 인용하려면 판본 문제도 중요할 것 같아 나는 《지봉유설》의 판본 관련 사항을 간단히 정리해서 복사한 자료와 함께 보내주었다. 그리고 홍대용의 《의산문답醫山問答》의 천문 관련 부분도 복사해 첨부했다. 세미나 휴식 시간에 나눈 대화에서 석운리 교수가 홍대용의 지전설地轉說에 관해 잘 모르고 있다는 것을 알았기 때문이다.

앎의 궁극으로 가는 길

미래에 대한 별다른 계획도 없이 이것저것 터무니없이 파고들던[杜撰穿鑿] 대학 생활도 끝나가고, 앞으로의 삶의 방향을 정해야 하는 갈림길에 서게 됐다. 얼른 떠오른 것이 대학원 진학과 유학, 그러니까 직업적 · 전문적인 학자로서의 삶이었다. 하지만 학문에 관한 일종의 제도론적 정의, 즉 공인된 학술 기관에서 일정한 코스를 밟아 인증서(학위증)를 취득한 사람이, 역시 공인된 지면을 통해 연구 성과를 발표함으로써 이루어지는 학문이 나와 맞지 않는다는 걸 아는 데 그리 긴 시간이 걸리지는 않았다. 학(술)계, 학자 공동체, 학자 집단 등이 공인하는 일종의 '정상 과학' 활동으로서의 학문도 나름의 의미가 있지만, 독단의 마에 빠질 위험을 감수하고서라도 독학지사獨學之士의 길을 걷는 게 즐겁게 살 수 있는 길이라고 판단했다.

사람은 가능하다면 자기가 하고 싶은 것을 하면서 살아야 한다. 물론 나는 '태어나자마자 은퇴한 사람' 즉 경제적인 문제에 전혀 구애받지 않고 지적인 관심만을 추구할 수 있는 처지가 아니었다. 믿을 건 '뜻이 있는 곳에 길이 있다'는 무책임한 격언 밖에 없었다. 대학을 졸업할 무렵 노트에 기록해 놓은 중국 사상 관련 원서의 번역 원고를 들고 여러 출판사 문을 두드렸다. '맨땅에 헤딩하기'였는데 다행히도 골이 들어갔다. 그 첫 골을 계기로 나는 대학 졸업 후 번역가라는 직함을 달고 활동하게 됐다. 번역가라고는 하지만 초판 1쇄 혹은 잘해야 2쇄 찍고 마는 책들만 줄기차게 번역하는 형편이었다. 룸펜 인텔리겐치아 혹은 지식 날품팔이였던 셈이다(물론지금도 그렇다).

하지만 독립 연구학자라는 정체불명의 길은 늘 마음속에 간직하고 지내왔다. 헤이든 화이트Hayden White가 로망스 형식으로 역사를 구성하고 은

유로 설명했으며 무정부주의 시각에서 역사를 고찰했다고 평가한, 프랑스 역사가 쥘 미슐레의 편지글 내용을 되새기곤 했다.

나는 겉보기에 잡다한 뭇 사실史實들을 한데 녹여 당시의 현실 그대로의 통일된 줄거리를 다시 세울 만한 불길을 찾아낸 것 같다. 초점을 세우고 광범위하게 고찰함으로써. 인간 활동의 전 부문을 총동원해서만이 낱낱의 사회적 사실을 해석할 수 있다. 나는 지금의 학문 분류법이 아무것도 아님을 점차 잘 알게 됐다. 서로 동떨어진 많은 요소들을 화합시키자면 하나의 커다란 힘이 있어야 한다. 그 많은 정열을 그대로 재현하자면 나 자신의 정열이 또한 함께 들끓어야 한다.

조각 하나, 그림 한 폭까지 법제사와 관계가 있다는 사정을 밝히기 위해 나는 법학, 예술 등 갖가지 실오라기를 한데 꼬아보련다. 이런 종합은 학문에서 일찍이 없던 일이다. 봉건 군주의 벽감壁龕을 떠받들고 있는 작달막한 농노를 묘사한 조각을 비롯하여, 장 구종의 디아나 여신상, 왕궁의 화려한 갖가지 조상과 베랑제의 시에 이르기까지 낱낱이 들추어 사회의 움직임을 살펴보련다. 이러한 겹실에는 산업과 종교가 끼여 있다. 이러한 상호 관계를 얼추 짐작해 보기는 쉽지만, 그 상호 작용의 방식과 분량을 정확하게 단정하고 새로운 학설을 하나 세운다는 건 수월한 일이 아니다.

이 말을 처음 접했을 때의 묘한 흥분이 지금도 생생하다. 한 시대 인간들의 삶과 생각의 총체를 사실상 전지全知한다는 것. 앎의 궁극이 있다면 바로 그런 게 아닐까 하는 생각. 그런 전지를 일종의 '규제적 이념'으로 놓고 그 이념을 향해 한걸음씩 전진하리라는 각오. 인식과 이해에 온전히 바쳐진 삶. 물론 《파우스트》 제1부 '서재의 장'에 나오는 다음과 같은 말에 비추어본다면 그것은 회색의 삶이다. "벗이여, 모든 이론은 회색이라네. 생명의 황금나무만이 초록인 것을."

내 삶의 지향점은 어떤 색깔인가

초록이건 회색이건 삶의 지향으로 정한 하나의 색깔에 충실하다는 게 중요하다. 나는 과연 얼마나 충실했을까? 호적胡適이 쓴 《사십자술四十自述》이라는 책이 있다. 1933년에 나온 자서전인데 호적이 1891년에 태어났으니 제목대로 불혹의 나이라는 40대 초반까지의 삶을 돌이켜보는 내용이다. 40대 초반에 자서전을 썼다면 이른 감이 없지 않지만, 신문화운동의 기수로 크게 활약하면서 중국의 지성계는 물론 사회 전반에 큰 영향을 미친 호적이고 보니, 보통 사람의 마흔 살이 지닌 밀도를 뛰어넘는 삶의 밀도가 담겨진 자서전이라고 할 수 있다.

올해 내 나이 서른여섯이니 지금 자서전을 쓴다면 '삼십육자술三十六自述'이라 제목을 붙여볼 수 있을 법하다. 물론 자서전을 쓸 생각도 없고, 쓴다고 해 봐야 그게 무슨 삶의 밀도 같은 걸 반영할 리도 없다. 다만 어느 누구든 삶에서 중요한 고비나 매듭이 있게 마련이라고 볼 때, 서른여섯인 지금의 내가 바로 그런 상황에 처해 있다는 생각이 든다. 사실 자서전이라는 장르만큼 중요하면서도 잘못되기 쉬운 경우도 드물다. 집필하는 사람의 솔직함이 전제되어야 하는데, 솔직함이라는 것이 결코 쉽지 않으니. 이렇게 볼 때 버트런드 러셀의 자서전은 단연 자서전의 백미라고 할 수 있다.

나는 고등학교 1학년 때 러셀의 자서전을 처음 읽었는데, 고등학교 1학년 나이에 걸맞게(?) 러셀의 청소년기에 각별한 흥미를 느꼈다. 특히 성 문제에 대한 그의 솔직한 고백에 다소 충격을 받기도 했다. 과도한 자위행위 습관 때문에 공부를 하기 위해 책상머리에 앉아도 도저히 주의를 집중할 수 없었다는 고백, 어느 겨울날 땅에 굴을 파고 집안의 하녀(러셀 집안은 수상을 배출하기도 한 영국의 전형적인 귀족 집안이다)를 유인하여 키스와 포옹을 하고 하룻밤을 같이 보내자고 한 적이 있다는 고백(그때 하녀는 당연히 거부하면서, 당신이 훌륭한 사람인 줄 알았는데 그렇지 않다는 것을 알게 되어 실망스럽다고 말했다).

내가 러셀 자서전에서 얻은 가장 큰 수확은 '타인의 권리를 침해하지 않는 그 어떤 행동에 대해서도 국가나 타인이 간섭할 수 없다'는 원칙에 매우 철저한 그의 태도였다. 러셀은 포르노에 가까운 시를 쓴 어느 젊은 시인이 구속되자 그를 석방시키려고 노력했다. '시인을 그가 쓴 시 때문에 구속한다는 일은 있을 수 없다'고 생각했기 때문이다. 결국 그 시인은 러셀의 노력으로 석방되기는 했는데, 막상 러셀은 그 시인이 쓴 시를 읽어보고 매우 역겹게 느꼈다고 한다. 하지만 러셀은 '시가 아무리 역겹다고 하더라도, 그것이 타인에게 피해를 끼친다고 할 수는 없다'고 말한다.

러셀이 세상을 떠나기 몇 해 전인 1967년에 집필한 글이 하나 있다. 사실상 그가 생전에 마지막으로 집필한 글이라고 할 수 있다. 이 글은 비트겐슈타인 전기와 러셀 전기 집필자로 유명한 레이 몽크Ray Monk가 러셀의 수고에서 발굴하여, 캐나다 온타리오 소재 맥마스터 대학 부설 러셀 아카이브Russell Archives 창립 25주년을 기념하여 〈인디펜던트〉지에 처음 소개하였다. 그 가운데 일부를 번역해 보면 다음과 같다.

잠시나마, 우리가 사는 이 행성이 도대체 무엇인지, 어떤 형편인지 곰곰이 생각해 보자. 지금도 힘겨운 노동과, 배고픔과, 항시적인 위험이 도처에 기다리고 있으며, 사랑보다는 증오가 득세하고 있다. 그러나 좀 더 행복한 세상도 얼마든지 가능한 법이다. 기계가 수행하는 단조롭고 반복적인 일의 연속보다는, 그리고 무시무시한 경쟁보다는, 사람과 사람의 화해와 상호 협력이 훨씬 더 두드러진 곳. 우리가 마음 속 깊이 사랑할 수 있는 모든 것들이, 오로지 죽이고 파괴하는 것만을 임무로 하는 가공할 만한 기계를 위해 희생당하지 않는 곳. 산을 이룰 정도로 무수한 시체가 쌓인 곳이 아니라 웃음과 환희가 흘러넘치는 곳.
이런 것이 불가능하다고 하지는 말자. 결코 그렇지 않다. 간절히 소망을 품고 보잘것없으나마 행동에 나설 수 있는 사람, 남들을 고문하여 고통을 주는 따위의 일과는 애초부터 거리가 먼 사람, 그런 사람들에게만이 어떤 가능성이 있다. 우리들은 각자의 내면 안에 이 세상을 더욱 아름답게 만들 수 있는 예술가를 한 명씩 가두어놓고 있다. 부디, 우리가 가는 모든 곳에서 그 예술가가 환희와 행복을 마음껏 펼칠 수 있도록, 자신 안의 그를 기꺼이 석방하기를!

내 안에도 러셀이 말한 '세상을 더욱 아름답게 만들 수 있는 예술가'가 한 사람 들어 있는지 잘 모르겠다. 설령 있다고 해도 '그를 기꺼이 석방시킬 수' 있을지 자신이 없다. 발터 벤야민Walter Benjamin이 떠오른다. 그에게 파리는 하나의 거대한 극장이었다. 그는 파리라는 극장에서 상연되는 다양한 드라마를 관람하는 도시의 만보객漫步客이었다. '세상은 하나의 무대요, 남자나 여자는 모두 배우에 지나지 않으며, 등장할 때도 퇴장할 때도 있으니, 한 사람은 때에 따라 여러 역할을 하는데, 그 공연은 7막이다(70평생을 7막의 연극에 비유).' 셰익스피어의 《뜻대로 하세요》에 나오는 말이다. 나는 세상이라는 거대한 극장을 관람하는 한 사람의 만보객이다. 역사, 문학, 철학, 자연과학 등 다양한 이름이 붙여진 세상에 대한 다양한 이해와 해석을 즐기고 싶은 욕심 많은 관람객이다. 막이 내려지고 불이 꺼질 때까지 두 눈을 똑바로 뜨고 지켜보는 성실한 관람객이 되고 싶다.

에필로그

나의 실험을 마치며

다시 찾은 나의 역사

내가 북경으로 간 까닭은

1995년 내가 북경을 방문한 중요한 목적 중 하나는 국자감國子監에 있는 심삼경비림十三經碑林의 탁본을 구입하기 위해서였다. 청淸의 건륭제 시대에 조성되어 건륭석경乾隆石經*으로도 불리는 십삼경비림은 유교 경서를

---

* 석경 가운데 최초인 한나라의 희평석경熹平石經은 후한 영제靈帝 시대에 경서 문자가 혼란스러워지는 것을 바로잡기 위해, 학자 채옹(蔡邕 : 132~192)의 주청을 받아들여 조성토록 하고 태학太學 문 밖에 세워놓은 것이다. 희평석경의 글씨를 직접 쓰고 새기는 작업을 주도했던 채옹은, 후한 조정을 어지럽히던 10명의 고위직 환관, 즉 십상시들의 행패를 규탄하는 상소를 올려 모함을 받고 쫓겨났다. 이후 실권을 장악한 동탁이 채옹의 명망을 이용하고자 189년 조정으로 불러들여 중용했지만, 동탁이 죽은 뒤 채옹은 왕윤에 의해 투옥된 끝에 세상을 떠났다.
또한 희평석경의 일부가 1923년 낙양에서 출토된 바 있으며, 글씨체는 예서隸書이다. 그 밖에도 위나라의 정시석경正始石經, 당나라의 개성석경開成石經 등이 유명하며, 북송과 남송 시대에도 석경이 조성된 바 있다. 정시석경 가운데에는 《상서尙書》와 《춘추좌전春秋左傳》이 남아 있으며, 글씨체가 고문·전서篆書·예서 세 종류로 되어 있어 삼체석경三體石經으로도 불린다.

돌에 새긴 것인데, 그 탁본을 국자감에 가면 구입할 수 있다는 정보를 얻어들었던 것이다.

유교 경서의 그 많은 문자를 돌에 새기는 수고를 한 까닭은, 경서의 표준 정본 텍스트를 확정하고 그것을 오래도록 보전한다는 의의 때문이었다. 유교 경서는 단지 학술 차원뿐 아니라 국가 통치 이념이자 제반 사회 운영의 원리로서 중요하게 인식했기 때문에, 표준 정본 텍스트의 확정과 보전은 무척 중요한 국가적 사업이었다. 한漢 제국을 가리켜 예교禮敎 국가 체제라 일컫기도 하는데, 표준 경서의 확정은 예교 국가 체제의 최대 과제라고 해도 과언이 아니었던 것이다.

예컨대 후한의 장제章帝는 기원후 79년 유학자들을 소집하여 백호관白虎觀에서 오경五經의 교정 작업을 주제로 한 토론회를 열었다. 《한서漢書》의 편찬자로 유명한 반고班固가 이 토론회의 관련 자료를 취합하고 일종의 회의록인 《백호통白虎通》을 작성했다.*

---

* 회의의 내용을 기록해 놓은 문헌으로 현재까지 전해지는 《백호통》을 실제 반고가 작성했는지의 여부는 단정짓기 힘들다. 이 문제에 대해 윌리엄 홍洪業이라는 학자는 《백호통》이 삼국 시대의 것이며 반고가 편찬한 것이 아니라는 견해를 내놓기도 했다. 또한 현존하는 《백호통》 텍스트가 기원후 79년에 개최된 실제 회의와 직접적으로 관련이 있는지조차 의심스럽다는 견해를 밝힌 바 있다(이상은 《白虎通引得》: Harvard-Yenching Institute Sinological Index Series No.2, 1931의 서문과 Harvard Journal of Asiatic Studies 20, 1957, 110~111, note 50.).
이에 비해 《백호통》을 영역한 학자 증주삼曾珠森은 《백호통》이 후한 말기 또는 위魏 왕조 초기에 작성된 것 같다는 윌리엄 홍의 견해는 다소 무리라고 보았다. 증주삼의 견해에 따르면, 수개월 동안 계속된 회의의 결과 두 개의 다른 문헌이 성립되었다. 회의의 모든 과정과 내용을 기록해 놓은 문헌으로서 100권이 넘는 방대한 분량의 《백호의주白虎議奏》와, 그것의 축약본이라 할 《백호통의白虎通議》가 바로 그것이다. 전자는 전해지지 않으며 일종의 축약본인 후자가 아마도 현재

증주삼이 영역한《백호통》에 얽힌 각별하다면 각별한 개인적 사연이 있다. 이 책을 경학 관련 도서의 참고 문헌 목록에서 발견하고 교육학술정보원의 통합 검색 서비스를 검색해 보았더니 서울대 중앙도서관에만 소장되어 있는 것으로 나왔다. 그러나 확인해 본 결과 실제로는 도난 혹은 분실로 인해 책이 없었다(당시 친절을 베풀어주신 이름 모를 사서 선생님에게 감사드린다). 외국 중고 서점 통합 검색 사이트에서 검색해 보아도 없었다. 결국 미국 뉴욕에 있는 아시아 관련 중고 서적(학술서 위주)과 귀중본 전문 서점 'Asian Rare Books'에 문의했더니 두 권 가운데 1권만 있고 가격은 67달러라고 하였다.

당시는 우리나라가 막 IMF 체제로 들어설 무렵이었다. 워낙 구차한 살림이어서 IMF라고 특별히 더 나빠질 것도 없는 형편이었지만, 'IMF 분위기에 휩쓸린 나머지' 구입하지 않겠다는 의사를 전했다. 그런데 1999년 5월에 그 서점에서 연락이 왔다. 나머지 2권도 구해 놓았으며 가격은 모두 137달러라고 했다. 나는 잠시 고민에 빠졌다. 137달러라는 거금을 탕진할 것인가? 좀처럼 찾아오기 힘든 기회라고 판단하여 결국 구입 의사를 밝혔

우리가 볼 수 있는《백호통》이 아닐까 하는 것이다.
증주삼은 반고가《백호통》편찬에 참여했다는 데에 동의하면서도 다음과 같은 언급을 덧붙였다. '반고가 과연《백호의주》를 편찬했는지, 아니면《백호덕론白虎德論》(증주삼은《후한서》에 언급되어 있는 이 문헌이 바로《백호통의》와 동일한 문헌이라고 추정하고 있다)을 편찬했는지는 확정할 길이 없다. 또 어느 쪽이든 간에, 반고는 어디까지나 편집자이지 집필자는 아니다' (이상은《Po Hu T'ung : The Comprehensive Discussions in the White Tiger Hall》(2 vols., Leiden, 1949 and 1952) 1권의 서문 부분을 참고.).

다. 서점 주인의 요구대로 우체국을 통해 국제우편환을 보냈다. 우송료를 아낄 생각에 선편으로 책을 보내달라고 했지만, 책방 주인은 '특별 봉사' 차원에서 자기 부담으로 항공편으로 보내주겠다고 하면서 자신의 고객 리스트에 나를 등록시키겠노라고 했다. 세계 각국의 고객들이 두루 등록되어 있는데, 새로운 귀중본을 입수하거나 흥미 있는 책이 들어오면 반드시 이메일로 연락을 주겠다고 했다. 우리나라에서는 거물급 인사가 아니면 좀처럼 오르기 힘든 리스트!

여하튼 그 후 한 달 정도 지나서 책이 도착했다. 수십 년이 지난 책답게 오래된 족보 수준에 가까운 상태였다. 정말 반갑기 그지없었다. 주인에게 고마움을 표시하자 주인의 말인즉, 얼마 전에 은퇴한 교수의 장서를 모두 사들였는데, 그 사람의 장서 가운데《백호통 *Po Hu T'ung*》이 들어 있더란다. 그러면서 주위에 그 책을 찾는 사람이 있으면 자기에게 꼭 연락해 달라고 하였다. 나는 물론 그러겠노라 답했지만, 솔직히 미안한 마음 금할 길 없었다. 만일 내 주위의 누군가가 그 책이 필요하다고 한다면, 어떻게 137달러를 내고 구입하라고 권할 수 있겠는가. 차라리 내가 갖고 있는 책을 불법 제본하라고 권할 것이다. 그 주인이 알면 기가 찰 노릇인지도 모른다. 여하튼, 스티븐 펠드만이라는 이름의 그 주인에게 다시 한번 고마움을 전하고 싶다.

경학經學, 특히 한대漢代 경학은 나의 주된 관심사 가운데 하나지만, 별도의 긴 논의가 필요한 주제이기에 이 정도에서 그치고 다시 북경 방문 이야기로 돌아가기로 한다. 산이라고는 찾아보기 힘들어 북쪽에서 불어오는 바람을 그대로 맞아야 하는 한겨울 북경의 추위를 뚫고 도착한 국자감은 황량하기 그지없었다. 사실 관광지로서 매력은 찾아보기 힘든 곳이 국자 감이었고, 오히려 근처에 있는 라마교 사원인 옹화궁擁和宮이 볼거리로 적 합했다(그래서 그런지 국자감은 입장료도 받지 않았다. 중국에서 입장료를 내지 않고 들어갈 수 있는 역사 유적이라니!). 하지만 나는 탁본을 구하고 싶다는 마음에 옹화궁은 생략하고 국자감으로 향했다. 1,000위안이라는 거금, 그 러니까 당시 환율로 약 10만 원이 넘지 않는다면 구입하고야 말겠다고 자 못 단단하게 마음먹기도 하였다.

1995년 나의 북경 여행의 두 가지 중요한 목적 가운데 또 다른 하나는 도서 구입이었다. 그래서 골동품과 고서화를 취급하는 상점이 모여 있는 유리창琉璃廠의 몇몇 규모가 큰 서점들을 돌아다녔지만, 도서 구입은 여의 치 않았다. 우리나라의 중국 도서 전문 서점에 비해 오히려 도서의 구색이 떨어지는 것이었다. 출국 전에 이미 사정을 전해 들어 알고 있었지만, 중 국의 출판업이나 도서 유통 사정상, 원하는 책을 구입하는 게 정말 쉬운 일이 아니었다. 결국 중화서국中華書局에서 나온 표점본 25사 가운데《한 서》와《후한서》, 그리고 현대 중국 사상에 대한 연구서 몇 권을 우리나라에 서보다 싼 값에 산 것으로 만족해야 했다.

북경 국자감에는 십삼경비림 이외에 청나라 때까지만 해도 석고문石鼓 文*이 보관되어 있었던 것으로 알려져 있다. 나는 북경에서 석고문 탁본도 구하고 싶었지만 방도를 찾지 못하여 다음을 기약해야 했다. 석고문은 중국에서 가장 오래된 석각문石刻文, 즉 돌에 새긴 문자다. 북 모양을 한 열 개의 돌에 사언시四言詩가 새겨져 있는데, 전국戰國 시대 군주가 사냥을 하던 상황을 적어놓았기 때문에 엽갈獵碣이라고도 한다. 네모난 것은 비碑, 둥근 것은 갈碣이라 했는데 석고는 원형이기에 갈이라 한 것이다. 그 조성 연대는 기원전 5세기 말이라는 설, 기원전 8세기 중엽이라는 설 등이 분분하다.

어느 노신사와의 만남

일단 국자감에 도착은 했지만 십삼경비림이 정확히 어디에 있는지, 그리고 어디에서 탁본을 구입할 수 있는지 알 길이 막막했다. 이번에도 형편 없는 중국어 실력과 필담, 바디랭귀지를 총동원할 수밖에 없었다. 청소를 담당하는 분으로 보이는 아주머니에게 물어보았지만, 얼굴만 멀뚱 쳐다보고 묵묵부답이더니 이내 발걸음을 다른 곳으로 돌리는 것이었다. 더욱 막막해진 나는 이곳 저곳을 기웃거리기 시작했다.

* 석고문은 산시성陝西省 바오지시寶鷄市 지역에서 당나라 때 처음 출토되었고, 오대五代 시대에 흩어진 것을 송나라 때 다시 모아 휘종徽宗 때 카이펑開封으로 옮겼다. 금나라가 송나라를 패퇴시킨 뒤 연경(燕京 : 오늘날의 북경)으로 옮긴 후 청나라 때부터 국자감에 보관했다. 중일전쟁 발발 이후 당시 고궁박물원古宮博物院 원장이던 금석학자 마형(馬衡 : 1881∼1955)이 강남 지역으로 옮겨놓았다가 다시 북경으로 옮겨와 현재 북경 고궁박물원에 소장되어 있다. 글씨체가 무척 훌륭한 것으로도 정평이 나 있는데, 그래서 그런지 뛰어난 서예가인 구양순(殿陽詢 : 557∼641), 저수량(楮遂良 : 596∼658) 등을 비롯한 많은 서예가들이 모범으로 삼기도 했다.

그러기를 10분쯤, 짙푸른 인민복을 입고 머리를 가지런하게 빗어 넘긴 안경 쓴 중년 신사 한 사람이 자전거를 끌고 다가오는 것이 보였다. 작가 라오서(老舍 : 본명 舒慶春, 1899~1966)와 무척 많이 닮은 분이었다. 속으로 적합한 중국어 문장을 연신 중얼거리며 연습을 하다가 그 신사가 나를 스쳐 지나갈 무렵 재빨리 물었다.

"선생님! 실례합니다만, 십삼경비림은 어디에 있습니까?"

잠깐 동안 아무 말 없이 나의 행색을 살피던 그 신사가 입을 열었다.

"십삼경비림……. 있기는 한데 지금은 개방하지 않는다."

나의 심정은 당연히, '옹화궁이나 구경하고 갈 걸 추운 날씨에 헛수고했구나!' 였다. 실망하는 빛이 너무나 역력했던지 그 신사가 나에게 물었다.

"보아하니 외국에서 온 모양인데, 어인 일로 먼 곳에서 예까지 와 십삼경비림을 찾는고?"

"나는 대한민국에서 왔는데, 십삼경비림의 탁본을 구할 수 있다는 말을 들었습니다. 나는 중국 고전학을 공부하는 사람입니다."

대답을 들은 신사는 아무 말 없이 손짓으로 따라오라는 표시를 했다. 신사를 따라 들어간 건물 안에는 그곳 관리 직원으로 보이는 사람들 몇 명이 업무를 보고 있었다. 신사는 그 가운에 어느 젊은 여성에게 다가가더니 한참 동안 이야기를 나누었다. 실력 반 눈치 반으로 알아들은 내용인즉, 이 외국인이 십삼경비림을 보기 위해 여기까지 왔는데 한 번만 특별히 보여 줄 수 없겠느냐는 것이었다. 하지만 그 여성의 태도는 겨울바람만큼이나 냉랭했다. 직급은 분명 신사가 높아 보였지만, 사회주의 중국 특유의 평등

관념과 일종의 관료주의가 작동한 듯 싶었다. 직급이 낮아도 자신이 관장하는 사항에 관한 한 일종의 텃세를 마음껏 부리는 분위기였다.

이윽고 다시 내 곁으로 돌아온 신사의 표정과 태도는, 오히려 내가 미안함을 느낄 정도의 안타까움 바로 그것이었다. 사정을 말해 보았지만 아무래도 관람이 불가능하다는 말과 함께, 신사는 다시 손짓으로 나를 어느 건물 안으로 이끌었다. 바로 그 신사가 일하는 사무실이었다. 차 한 잔을 앞에 놓고 신사와 나는 대화를 나누기 시작했다.

"남조선에는 유교 문화가 비교적 온전히 보전되어 있는 것으로 알고 있다. 특히 예의도덕 측면에서 공맹孔孟의 고향 중국보다 훨씬 더 낫지 않은가?"

"연장자에 대한 공경과 효孝의 정신 및 풍습이 어느 정도 살아 있기는 하지만, 온전히 보전되어 있다고까지 하기는 힘듭니다. 공맹의 도를 숭상하며 유교 전통을 지켜왔다는 자부심으로 자신의 고장을 추로지향鄒魯之鄕이라 일컫는 사람들도 있지만……."

"목적한 바를 못 이루어 정말 안타깝겠다. 유교 유적지라면 산둥성山東省에 많은데 그곳을 방문해 보는 것이 어떤가? 북경에서 도교 사원 백운관白雲觀은 가보았는가?"

"이번에는 북경만 돌아보고 귀국할 예정입니다. 백운관은 내일 가볼 작정입니다."

"여하튼 십삼경비림 보겠다고 한겨울에 예까지 찾아온 사람은 처음 봤다."

"그렇습니까? 허허! 이렇게 따뜻한 차를 대접받고 보니 제 마음도 추운 줄 모르겠습니다."

실례가 될까봐 그분의 이름이나 하는 일을 물어보지 않은 것이 지금도 후회된다. 무협지 풍으로 '대협의 존성대명尊姓大名을 감히 여쭙습니다' 혹은 수궁가에서 자라가 화타華陀에게 말하듯이 '감히 묻삽나니 선생의 존성대명을 알고자 하나이다' 정도로 물어보았으면 될 것을. 여하튼 따뜻한 차 한 잔과 뜻밖의 친절 덕분에 국자감을 나서는 나의 발걸음은 가벼워졌다.

스스로에게 물어본다. 중국 고전학을 공부한다는 이유를 대기는 했지만, 과연 그것이 유일한 이유였을까? 물론 탁본으로 방 안을 그럴 듯하게 꾸미고 싶다는(과연 그럴 듯할 것인지는 해 봐야 알겠지만) 마음도 없지 않았다. 하지만 더 근본적으로는, 나름대로 중국 고전학을 공부하는 사이에 공자, 유교, 경서, 이런 등속의 문화 아이템 혹은 전통을 흠모하는 마음이 생겨났기 때문은 아니었을까? 혹은 부지불식간에 공자, 유교, 경서를 '그들의 전통'이 아닌 '나의 전통'으로 받아들이고 있기 때문이 아니었을까?

내가 중국 고전을 독학으로나마 공부해 온 까닭은 과연 무엇인가? 전도된 국학의 전철을 다시 밟는 꼴 이상이 못 되는 것은 아닐까? 한반도에 뿌리내리기 전인 천 년 전의 나에게는 중국 고전이 온전한 나의 전통이자 국학이었을 것이다. 그러나 지금의 나에게 중국 고전은 어디까지나 '그들의 고전' 이상도 이하도 아니다. '그들의 고전'을 철저하게 상대화시켜 바라보지 않는다면 나는 천 년 전의 나에 머물러 있는 꼴이 되고 말 것이다.

일단 그들의 고전을 그들의 고전으로 상대화시키는 것, 바꾸어 말하면 철저하게 역사화시키는 것, 이것은 나의 전통이니 그들의 전통이니 하는 식으로 전통을 무 자르듯 편 가르지 않고, 전통에 대한 해석에서 보편적 지평을 획득하기 위한 필요조건이자 일종의 필요악이다. 예컨대 공자가 우리 민족(동이족)이라는 식의 주장은, 공자를 역사적으로 상대화시키는 데 실패한 사람이 저지르는 편 가르기 행태가 아닐까 한다. 공자가 동이족이었다는 따위의 사실은 (적어도 나에게는) 중요하지 않다. 중요한 것은 내 편 네 편이 아니라 전통의 열린 가능성에 마음을 열어놓는 것이다. 공자라면 공자가 오늘날의 나와 우리에게 지니는 의미, 시대와 장소를 뛰어넘을 수 있는 보편적인 의미가 중요할 뿐이다.

대표적인 고전 중에 하나인 《논어》에 대한 텍스트 비평적 연구 성과를 대폭 수용한 책으로 김승혜(서강대 종교학과) 교수의 《유교의 뿌리를 찾아서》가 있다.* 이 책의 특징은 역사 비판적 연구 방법에 기초를 두고 있다는 점인데, 역사 비판이란 텍스트를 연구하는 현대적 방법론을 총괄하는 '역사 비판적historical critical' 연구를 뜻한다. 텍스트의 저자, 성립 연대, 기원이 되는 요소의 분석, 사회적 배경과 연결지어 텍스트의 특성을 고찰하는 것, 텍스트가 성립되기까지의 다양한 원자료 혹은 전승의 발전 단계를 고찰하는 것 등을 모두 포괄하는 방법론으로 쓰인 이 책이 어쩌면 고전의 보편적 의미를 찾는 연구에 있어 하나의 모델이 될 수도 있겠다는 생각이 든다.

---

* 이 책은 1990년 민음사에서 나온 《원시유교 : 논어, 맹자, 순자에 대한 해석학적 접근》의 개정판이다.

그물코로서의 나

역사적인historical 나는 절해고도의 로빈슨 크루소가 결코 아니며 유형, 무형, 언어적, 비언어적 전통과 전승의 배들이 꾸준히 드나드는 분주한 항구의 주민이다. 요컨대 나는 무수히 다양한 전통의 편린들이 여러 방향으로 중첩, 교직하는 그물코로서의 나이다. 비단 나 자신뿐만 아니라 나를 이루는 전통도 각각 다양한 다른 전통들과 상호 교직되어 있는 그물코이기는 마찬가지다.

바로 그런 교직의 갈래와 방향을 가늠할 필요성, 나를 이루는 다양한 전통의 정체를 좀더 정확히 파악함으로써 내가 누구인지 좀 더 분명하게 알 필요성, 내가 중국 고전을 공부하는 정당한 까닭은 바로 그것인지도 모른다. 내가 고대 중국 노나라의 연대기인《춘추》를 공부하는 까닭, 내가 중국 고대 시가집인《시경詩經》을 공부하는 까닭, 내가 고대 중국 주나라의 정치 · 제도 전범인《주례周禮》를 공부하는 까닭이 다 그럴 것이다. 어디 중국 고전뿐이랴. 희랍 고전, 라틴 고전, 산스크리트 고전. 심지어 이스라엘 민족의 역사서인 구약을 삶의 중요한 지침 가운데 하나로 받아들여야 하는 기독교인들이 성서를 공부하는 까닭마저도, '부분적으로는' 마찬가지가 아닐까 한다.

중국 고전, 중국학, 유교, 공자, 경서……. 이런 사항들을 꼬투리삼아 천 년 전의 나와 오늘날의 나를 함께 생각해 볼 때, '너 자신을 알라' 는 고대 희랍의 델포이 신탁이 지니는 의미가 새삼스럽게 다가온다. 나는 중국에서 건너온 사람의 후손으로서 '나의 고전' 을 공부하는 것도 아니며, 우리 전통의 근간을 이룬다는 까닭만으로 '그들의 고전'을 공부하는 것도 아니다. 다만 바로 지금 여기에 살아가고 있는 나로서, 나 자신을 이루는 역사의 잔여residue에 대한 이해를 통해, 나 자신을 더 잘 이해하기 위해 공부할 뿐이다.

그러한 자기 이해의 깊이가 더해질수록, 나와 역사의 잔여를 부분적으로 공유하는 다른 많은 사람들에 대한 이해의 깊이도 더해질 것이다. 요컨대 서양 고전이든 중국 고전이든 고전 공부를 통한 자기 이해는 편협과 배타의 관견管見에서 벗어난 보편적 세계 시민의 가능성을 높여준다. 우리 것, 내 것을 찾기 위한 고전 공부, 뿌리 찾기로서의 고전 공부는 적어도 나에게는 무의미하다. 애당초 나의 뿌리, 우리의 뿌리는 결코 한 갈래일 수 없으며, 자기 이해에서 자기란 단선單線으로 이어져 내려온 순일純一한 자기가 결코 아니기 때문이다. 순일한 자기의 신화는 순일한 우리의 신화와 동전의 양면을 이루면서 다양한 모습으로 나타난다. 선민選民 의식, 자민족중심주의ethnocentricism, 배타적 민족주의, 인종주의, 모두가 볼썽 사나운 모습이 아닐 수 없다.

'동아시아' 혹은 '동북아시아'라는 개념이 단순히 지리적 규합 개념에 머무르지 않고 EU에 견줄 만한 실질적이고 유의미한 지역 공동체로 거듭 날 수 있으려면, 우선 일본의 재일 한국인 문제와 우리나라의 화교 문제, 그리고 중국의 소수 민족(특히 티베트) 정책 문제 등이 보편적으로 납득할 만한 수준으로 해결되어야 한다. 그러한 해결의 출발점은 나와 다른 상대방을 '틀림'이 아닌 '다름'으로 용인하고 이해하려는 노력이며, 동아시아 지역 국가들이 공유하는 역사적 체험을 상호 관계적으로 기술하고 평가하려는 진지한 노력이다. 이런 맥락에서 보면 중국 고전은 동아시아적 보편성과 중국적 특수성이라는 두 가지 측면을 지닌다. 그 보편과 특수의 긴장 혹은 길항拮抗의 모양새를 역사적으로historical 가늠해 보는 노력이 학문적인 차원에서 동아시아의 미래를 위해 중요한 의미를 지닐 수 있다.

남겨진 절반

온전한 '나'를 위한 역사 찾기

대학교 4학년 때 신촌 지하철 역 구내에서 인디언 피리를 불며 서 있는 미국인을 만난 적이 있다. 은갈색 구레나룻이 그럴듯했고 눈빛이 무척 맑아 보였다. 한참을 서서 피리 연주를 감상한 나는 그가 바닥에 놓아둔 모자에 거금 5,000원을 넣었다. 술김에 저지른 거금 희사였는데, 1,000원권 지폐 몇 장에 동전만 가득했던지라 그는 나를 오래 쳐다봤다. 내가 어렵사리 입을 열었다.

"한번도 못 본 피리인데……."

"인디언 전통 악기 가운데 하나다."

"그런가? 미국에서 온 듯한데, 한국을 여행 중인가?"

"그렇다. 사실은 싱가포르 태국, 홍콩, 일본을 거쳐 서울에 왔다."

"으흠, 세계 여행 중이군. 세계 여행 이야기 좀 듣고 싶다."

가까운 카페로 자리를 옮겨 대화를 계속 나누었는데, 그는 대학원에서 인류학을 전공하고 있었다. 인류학자로서 잠깐 살펴본 한국의 인상에 대해 묻자 그는 이렇게 답했다.

"한국 사람들은 너나 할 것 없이 한국교The Korea Cult 신자가 아닌가 하는 생각이 든다."

"한국교? 그런 종교는 없는데……. 언제 생겼지?"

"하하! 이방인인 나를 바라보는 눈길도 그렇고, 이야기를 나누어본 한국 사람들의 태도도 그렇고. 이곳에서 외국인이 살아가기란 정말 힘들 것 같다."

"아! 일종의 collectivism〔집단 행동(사고)적 경향〕 같은 것을 말하는 건가?"

"꼭 collectivism이라고 말하기는 그렇고, 뭐랄까 내셔널리즘이라고 하는 편이 좋겠다."

"오래 머무른 것도 아니면서 잘도 본다."

"내 전공이 명색이 인류학 아닌가?"

인류학 전공의 뜨내기 이방인의 눈에 비친 우리 모습은 '순일의 신화를 숭배하는 부족'의 모습이었는지도 모른다.

고전학이 순일의 신화에서 벗어나기 위한 실마리 역할을 할 수 있다고 한다면 나만의 과장일까? 일본 문부성이 후원하는 특정 영역 학술진흥 공모 연구과제 가운데 하나로, 교토 대학이 주도하는 '고전학의 재구축' 프로젝트의 취지를 인용해 본다.

인류 문명은 과거에 축적된 지식의 총체 위에서 성립되어 이어져왔다고 볼 때, 인간과 세계에 관한 정선된 지식의 집성이라 할 고전의 의미는 매우 중요하다 하겠다. 고전의 언어로부터 체득할 수 있는 숭고한 인격, 고매한 사상, 투철한 인간 이해, 명석한 논리 등은 어느 시대에서든지 따라야 할 학문의 규범이자 존숭의 대상이었다. 고전 안에 함축되어 있는 깊은 정서와 소망은 인간에게 늘 안위와 치유의 원천이 되어왔다. 그러나 고전 읽기는 그처럼 수동적인 측면에만 제한되어 있지 않다. 고전은 언제나 신선한 촉발력으로 고차원적인 인식과 인간 이해의 지평을 열어왔다. 고정되어 있는 우리의 인식틀을 해체시키고, 더 넓은 새로운 시야를 열어주는 것이다.

결국 고전과의 대화는 세계의 새로운 의미를 발견하고, 우리 자신을 재창조하는 작업이다. 고전은 오랜 동안 세계 각 문명권에서 문화의 근간을 이루어왔고, 사람들의 사상과 감성의 골조를 형성해 왔다. 고전학은 인류의 탁월한 정신 활동의 기록을 수집, 보존, 구명하는 중요한 책무를 맡고 있는 학문 영역이다. 고전학을 통해 여러 민족의 사고 방식과 감성의 근원을 이해하고, 기존의 인식틀과 언어를 넘어서는 시야를 획득함으로써 현대 세계의 방향을 정위하고, 좀 더 근본적으로는 사람으로 살아간다는 것의 깊은 의미를 추구할 수 있는 것이다.

보편은 억압이기도 하고 해방이기도 하다. 알렉산드로스 대왕이 아니었다면, 로마 제국이 아니었다면, 한漢·당唐 제국이 아니었다면, 심지어 영미英美 제국이 아니었다면, 보편 문명으로서 서양과 동아시아, 나아가 세계에 대한 전망은 힘들었을 것이다. 하지만 그 전망은 대개 특수에 대한 억압으로서의 보편, 타자의 말살을 추구하는 방향의 보편, 동일성의 신화를 확대시키는 보편이었다.

관용과 환대의 미덕을 갖춘 보편의 가능성, 해방으로서의 보편의 가능성……. 고전에 끼어 있는 역사의 더께를 층위별로 자세히 밝히는 작업은 궁극적으로 그러한 가능성의 탐색일 수 있다.

'표'라는 성을 지녔다는 점 외에 나와의 관련성을 분명하게 고증하기도 힘든 옛 사람들 이야기에서 시작된 이 책은, 적어도 고전에 관심을 갖고 연구한 내가 지극히 개인적으로 그런 가능성을 실험해 본 결과라고 할 수 있다. '족보와 성씨와 조상과 집안이라는 실험실에서 진행된 의도적인 객관화의 실험'이었다고나 할까? 그 실험에는 예상했던 대로 적지 않은 무리가 따랐고, 스스로 아쉬운 점도 무척 많았다. 예컨대 아무리 객관화시킨다 해도 거기에는 나만의 '바라보는 시점 혹은 시좌'가 있기 마련이다. 그것이 결국 무수한 시점과 시좌들 가운데 어느 하나일텐데, 아무리 객관화한다 해도 당연히 무리가 따를 수밖에……. 더구나 족보와 성씨와 조상을 신화라 생각하여 그 신화를 걷어치우고 싶다면, '족보와 성씨와 조상에 관해서는 할 말 없음!' 이렇게 말하면 그만인지도 모른다. 하지만 나는 지금까지 구구한 말들을 쏟아놓고 말았다.

또한 나는 이 책에서 무수한 어머니들의 역사에 접근해 보지 못했다. '고증할 길 없음'이라는 핑계를 대어볼 수도 있겠지만, 아버지들의 역사도 고증할 길을 찾기 힘든 건 마찬가지인데 (완벽하진 않지만) 이렇게 했지 않은가. 그렇다면 나는 의도적이지는 않더라도 '역사의 절반'을 빼먹은 셈이다. 지금으로써는 그 절반을 대상으로 한 실험은 아쉽게도 기약 없는 다음 기회로 미루어둘 수밖에 없을 듯하다.

'우리의 역사'를 넘어서 '내 역사'로

《나의 천 년》은 하나의 역사적인 실험이다. 저자 표정훈이 시도한 이 실험은 국가나, 민족 또는 집안을 단위로 하는 집단의 역사, 이른바 '우리의 역사'로부터 해방을 시도했다는 점에서 특기할 만하다. 기왕의 역사란 역사상에 존재했던 수많은 개인의 존재를 뭉뚱그려서, 결국 아무런 형체도 없이 전체 속에 녹여버리고 마는 그런 것이었다. 또는 기껏해야 개인이란 역사의 한 부분일 뿐이라는 명제를 반복해서 입증하는 역사였다.

21세기의 개인주의자 표정훈은 집단의 역사에 반기를 들고 나선다. 과감하게도 '내 역사'를 쓰겠다고 선언한 것이다. 그가 이 책에서 서술하려는 개인의 역사란 무엇일까. 그의 나이는 36세이지만, 그는 '내 몸 안에 천년의 역사가 흐르고 있다'고 주장한다. 표정훈은 지난 천 년의 세월 속에 내가 아닌 내가 무수히 존재해 왔으며, 그들의 역사가 다름 아닌 '내 역사'라고 생각한다. 내가 아닌 나들은 아버지, 할아버지, 증조할아버지를 거쳐서 16세기의 통역관이던 표헌, 15세기의 선비 표연말로 소급되며, 그 종착

점에는 서기 960년에 중국에서 한반도로 이주해 왔다는 표대박이 자리하고 있다.

사실 저자는 족보의 기록을 그리 신임하지 않는다. 그렇기 때문에 누가 누구의 아버지가 되고, 할아버지가 되는지를 구체적으로 따지려들지 않는다. 다만 중요한 점은 어린 시절부터 아버지와 할아버지에게서 익히 들어온 표씨 성을 가진 역사적 존재들이 자연스레 저자의 내면에서 내가 아닌 나들로 자리매김되었다는 사실에 있다. 역사적 사실성 여부와는 별개로, 표정훈이라는 한 개인의 정체성이 형성되는 데에는 앞에서 언급한 여러 명의 표씨들이 일정한 역할을 담당했다. 이 책은 바로 그들의 역사이다. 객관적인 시각에서 바라본 신창 표씨 가문의 총체적인 역사가 아니라 오히려 거꾸로다. 표정훈의 내면에 자리를 잡은 표씨들의 역사이자, 자유분방한 표정훈의 사고방식으로 풀이되는 '내 역사'인 것이다.

개인의 역사가 하필 부계의 혈통을 거슬러 올라가게 된 점, 역사상에 이름을 남긴 사람들을 중심으로 전개된 점에 대하여 저자는 유감을 표하는 동시에 그렇게 될 수밖에 없었던 까닭을 매우 진술하게 토로한다. 그렇다. 꼭 그만큼 한국 사회는 남성 중심, 부계혈통주의적이다. 표정훈이 한 사람의 성인으로 자라난 1980년대까지도 사정은 그러하였다.

조상들의 눈에 비친 표정훈은 분명히 버르장머리 없는 발칙한 후손일지도 모른다. 그를 직접 품에 안아서 기른 아버지와 어머니, 할아버지와 할머니를 벗어나기만 하면 대수도 촌수도 계산할 의욕을 잃어버리는 그 버릇없는 현대인은 아버지의 아들, 할아버지의 손자이기를 거부한다. 그에게 다만 아버지란 한 세대 전의 나이며, 할아버지란 두 세대 전의 나일 뿐이다. 그런 점에서 나는 아비의 아비가 되고, 할아비의 아비가 되기도 하는 기이한 현상이 이 책에서는 벌어진다. 발상의 전환은 과연 '우리의 역사'를 '내 역사'로 뜯어고치는 역할을 거뜬히 해 내고 있다. 아마도 표정훈의 이러한 글쓰기는 그만의 것일 수 없을 것이다. 이는 '네 역사'이기도 하며 '또 다른 나의 역사'이기도 하기 때문이다.

푸른역사 편집부

나의 천 년

2004년 8월 25일 초판 1쇄 인쇄
2004년 8월 30일 초판 1쇄 발행

지은이 ——————— 표정훈
펴낸이 ——————— 박혜숙
편집 ——————— 이근영, 조세진, 이소영, 진봉철, 안희주
기획 ——————— 유인정
영업 ——————— 양선미
관리 ——————— 정옥이
인쇄 ——————— 백왕인쇄
제본 ——————— 정민제본
펴낸곳　　　　도서출판 푸른역사
　　　　　　　우 140-170 서울시 용산구 동자동 5-1 성사빌딩 207
　　　　　　　전화: 02 · 756-8956(편집부) 02 · 756-8955(영업부)
　　　　　　　팩스: 02 · 771-9867
　　　　　　　E-Mail: bhistory@hanmail.net
　　　　　　　www.bluehistory.co.kr
　　　　　　　등록: 1997년 2월 14일 제13-483호

ISBN 89-87787-89-3 03900

• 잘못 만들어진 책은 교환해드립니다.